MIT BUTLER

UND

BOOTSMANN

Ein Bootstörn anno 1890
von Friesland
über die mecklenburgischen Seen
bis nach Böhmen

von Henry Montagu Doughty

illustriert von seinen Töchtern

mit einem Nachwort von Peter Maubach

(Regionalmuseum Neubrandenburg)

übersetzt von Christina Bechly

© Quick Maritim Medien, Rechlin, Hafendorf Müritz, Boeker Land-straße 1, D-17248 Rechlin (Müritz); ISBN: 978-3-9808910-8-0; printed in Germany 2009; Redaktion: Dagmar Rockel; Layout und Grafik: Eva Irina Mühleck; Produktion: Steinkopf, Stuttgart.

Meinen

lieben Mitreisenden

widme ich diesen Bericht

über unsere glücklichen Tage

gemeinsam auf der Gipsy,

1890-1891.

Das Boot

Doughty beschreibt die *Gipsy* in seinen Vorbemerkungen, so dass wir sein Boot hier nur kurz im historischen Zusammenhang betrachten. Boote, die keinem wirtschaftlichen Zweck dienten, sondern lediglich als bewohnbares Freizeitgefährt benutzt wurden, waren bis in die 60er Jahre des 20. Jahrhunderts in Europa die Ausnahme. Im 19. Jahrhundert, als auch das sportliche Segeln mit Jollen und Kielbooten noch in den Kinderschuhen steckte, war der wohnlich ausgebaute Lastensegler von H. M. Doughty eine echte Sensation. Für gewöhnlich lebte die Crew auf gewerblich genutzten Schiffen in einem kleinen Verschlag, wo gerade mal Hängematten aufgehängt werden konnten. Von ausgiebigen, an Bord zubereiteten Mahlzeiten träumten die Besatzungen der Frachtschiffe nicht einmal. Kein Wunder also, dass die komfortabel mit Küche, Salon und Damenkabine ausgerüstete Wherry unterwegs oft bestaunt wurde.

Die *Gipsy* ist auch für heutige Verhältnisse ein geräumiges Boot. Mit über 16 Metern Länge und einer Breite von mehr als vier Metern verfügt sie theoretisch über eine Grundfläche von 66 Quadratmetern – wenig im Vergleich zu einem englischen Landsitz, aber selbst mit zehn Menschen an Bord noch wesentlich komfortabler als ein Zug- oder Kutschenabteil. Doughty war also auch ein Pionier des Wassertourismus, wie wir ihn zumindest auf den Gewässern östlich der Elbe erst seit dem Mauerfall kennen.

Zu diesem Buch

Es gibt wohl nur wenige Bücher, die mehr als hundert Jahre warten müssen, bis sie als Übersetzung in einem anderen Land erscheinen. „Mit Butler und Bootsmann" ist so eines. 1892 in England veröffentlicht, erschien es kurz vor Weihnachten 2001 schön gebunden mit Leinenrücken und Goldprägung und jetzt als Taschenbuch. Was hat es mit diesem Buch auf sich?

Als ich 1998 beschloss, mich selbstständig zu machen und Verlegerin zu werden, sagte mein Mann: „Prima, ich hab ein Buch, das du machen kannst." Er überreichte mir „Our Wherry in Wendish Lands", den Bericht eines Bootstörns durch das Deutschland der Kaiserzeit. Als Reprint von 1985. Er hatte das Buch im Frühjahr 1991 zur Eröffnung der ersten Hausbootbasis in den neuen (damals wirklich noch ganz neuen) Bundesländern, geschenkt bekommen. Ein Aufkleber der Werft, die im Auftrag meines Mannes die ersten Hausboote für die mecklenburgischen Gewässer gebaut hatte, klebt heute noch in dem Exemplar.

„Schönes Buch", dachte ich, „aber viel Arbeit zum Übersetzen." So blieb „Our Wherry in Wendish Lands" in meinem Bücherregal an der Müritz stehen. Bis eines Tages ein Artikel in der Lokalzeitung von einem Buch berichtete, das von den Erlebnissen eines Engländers in Mecklenburg berichtete und in der Monographie-Reihe des Regionalmuseums Neubrandenburg herausgekommen war. „Da ist mir wohl einer zuvor gekommen", dachte ich und besorgte mir das Buch. Nach einem Blick hinein und einem Gespräch mit dem Museum war klar, dass die Neubrandenburger nur die Mecklenburg betreffenden Kapitel hatten übersetzen lassen. Gerade mal fünf von fünfundzwanzig Kapiteln. Außerdem war die Auflage eher klein und der Museumsmitarbeiter, Peter Maubach, war gerne bereit Kontakt zu „seiner" Übersetzerin herzustellen. Ein Glücksfall, wie sich zeigen sollte.

Peter Maubach war auf das Buch aufmerksam geworden, als ihm, beziehungsweise dem Museum, jemand eine offensichtlich nachträglich kolorierte Zeichnung eines Neubrandenburger Stadttores anbot, die, wie sich herausstellte, aus dem Buch stammte. Seine Recherchen führten nach einigen Umwegen zu Henry Montagu Doughtys Reisebericht, der (wie oben erwähnt) 1892 in England erschienen war: Der Umstand, dass Doughtys Töchter ihre Zeichnungen immer nur mit Initialen signiert hatten und sie auch im Buch nur abgekürzt erwähnt werden (schließlich erhöhte es zu dieser Zeit die Heiratsaussichten einer jungen Dame nicht, wenn man von ihr wusste, dass sie derart unkonventionelle Reisen unternommen hatte), erschwerte die Quellenforschung zusätzlich. Peter Maubach recherchierte außerdem, ob und was die Zeitungen damals über die Reise berichteten, einige Ausschnitte davon sind seinem Nachwort als Faksimile beigefügt.

Wer hätte nicht Lust, heutzutage genau den Törn von 1890/1891 nachzufahren! Seit dem Mauerfall vor 20 Jahren und der Öffnung der mecklenburgischen Binnengewässer durch Instandsetzung einer einzigen (!) Schleuse (in Dömitz), können wir sagen: Auf geht's! Bis auf ein kleines Teilstück (der Bolter Kanal zwischen Müritz und Havelseen ist nicht mehr passierbar, man fährt seit 1936 auf der Müritz-Havel-Wasserstraße nach Mirow) kann man sich genau an Doughtys Wegbeschreibung halten. Der geneigte Leser wird feststellen, dass sich manches geändert hat, aber erstaunlich vieles – von der unberührten Natur bis zu den Eigenarten der Menschen – findet man auch über 100 Jahre später noch genauso vor, wie es die Besatzung der *Gipsy* erlebt hat.

Viel Spaß beim Lesen und einen schönen Törn wünscht Ihnen Quick Maritim Medien

Dagmar Rockel

Vorbemerkungen

Unsere Norfolk Wherry, die *Gipsy*, lag 1889 im Winterlager in Leeuwarden in Friesland. Während der letzten beiden Sommer waren wir auf allen friesischen Gewässern gesegelt und hatten die Runde in den übrigen Niederlanden gemacht. Es war Zeit für uns Zigeuner[1], weiterzuziehen und neue befahrbare Gewässer zu finden.

Was wir suchten, war ein Revier, das nicht nur für uns neu war, sondern ganz und gar unbekannte Gewässer – sofern es die in Europa noch gab. Sie sollten für eine Norfolk Wherry zugänglich und noch von keinem englischen Segler erforscht sein.

Wir studierten viele Karten, bis wir auf eine deutsche Karte in großem Maßstab stießen, die ein Labyrinth von Seen in Mecklenburg enthüllte.

Begierig, zu erfahren, was über diese Gewässer bekannt war, suchte ich sorgfältig in Büchern, fand aber nichts. Kein englischer Schreiber hatte, soweit ich feststellen konnte, für diesen Gegenstand seine Feder eingetunkt – niemand hatte sie je gesehen, wenige hatten auch nur von ihnen gehört. Sie liegen außerhalb der Touristenströme. Es schien genau das Abenteuer zu sein, das wir suchten. Aber waren diese unbekannten Seen erreichbar?

Ich besorgte die beste Gewässerkarte, von deren Existenz ich wusste, Sympher und Maschkes „Karte der Deutschen Wasserstraßen", datiert von 1887 und zusammengestellt nach offiziellen Quellen im Auftrag des Preußischen Ministers für öffentliche Bauten. Mit ihrer Hilfe entdeckte ich eine Reihe von Wasserwegen, auf denen es möglich zu sein schien, die Mecklenburger Seen zu erreichen.

Von Leeuwarden aus würden uns Kanäle durch Friesland und Groningen zum Seehafen Delfzijl bringen. Von da würden wir die Ems aufwärts bis zur Mündung des Hunte-Ems-Kanals segeln, der auf der Karte durch das Großherzogtum Oldenburg zu einem anderen Fluss führte, der Weser.

Von Bremerhaven an schienen die Weser, die Geeste und ihre Verlängerung, der Geeste-Hadelner-Kanal, Anschluss an die Elbe zu haben. Elbaufwärts mussten wir etwa einhundertfünfzig Meilen gegen den Strom nach Dömitz segeln, von wo die Neue Elde den Schweriner See erreichen würde. Und von diesem ersten der großen Seen schien die Elde zu einer langen Kette weiterer Seen zu führen. Wir fanden heraus, dass die Schleusen der Kanäle groß genug und die Wassertiefe wahrscheinlich ausreichend waren. Vielleicht müssten wir

---

[1] *Gipsy: englisch für Zigeuner –Red.*

manchmal den Kiel abnehmen. Dennoch gab es eine Ungewissheit wegen der Durchfahrtshöhen unter den Brücken und ob sie fest oder beweglich waren.

Die Wherry würden wir vielleicht einen Winter in Mecklenburg lassen müssen; aber einmal dort, schien es möglich, unsere Fahrt im nächsten Jahr fortzusetzen – man wird sehen, dass wir das taten – über die Havel in die Oberelbe. Und diesen Strom hinauf, vorbei an historischen Städten und nahe am Harz, über Dresden und vielleicht sogar über Sachsen hinaus, nach Böhmen. Das waren unsere Pläne.

Wir werden vielleicht Leser haben, die nicht schon durch Erzählungen ihrer früheren Abenteuer Bekanntschaft mit der *Gipsy* gemacht haben. Sie gehört zu einer ländlichen Familie, den Norfolk Wherrys, die durch die Jahrhunderte immer wieder für ihre Aufgaben modifiziert und verbessert wurden und mittlerweile praktische Perfektion erreicht haben. Tausende von Meilen sind wir mit der *Gipsy* gesegelt, in Norfolk, in den Niederlanden und in Deutschland. Und dorthin, wo wir waren, hätten wir bestimmt nicht mit einem anderen bewohnbaren Segelschiff gelangen können.

Die Wherry[2] ist stark und von anmutiger Form, der Rumpf geklinkert. Ihre Länge 53 Fuß (16,16 m), ihre Breite dreizehn Fuß sechs Zoll (4,12 m), ihr Tiefgang drei Fuß (0,91 m), ohne den abnehmbaren Kiel nur zwei (0,61 m). Ihr einziger Mast steht sehr weit vorn und ist fast so hoch, wie das Schiff lang ist, er steckt in einem nach vorn und achtern offenen Mastsockel, und ist

---

[2] *Wherrys sind zu Doughtys Zeiten auf den Norfolk Broads, einem Gewässersystem aus Flüssen, Seen und Kanälen im Osten Englands, vor allem als Lastensegler entwickelt und eingesetzt worden. Die naheliegendste deutsche Entsprechung des Schiffstyps wäre Ewer. Da Ewer und Wherry jedoch andere Einsatzbereiche hatten, haben wir in der deutschen Bearbeitung den englischen Namen beibehalten. –Red.*

mit mehr als einer Tonne Blei ausbalanciert, so dass ein Kind ihn niederlegen und aufrichten könnte; nur wenige Brücken sind zu niedrig für die *Gipsy*. Ihre Takelung ist denkbar einfach: es gibt keine Wanten, nur ein baumloses Segel, dessen nach achtern ansteigendes Oberliek von einer enormen Gaffel gehalten wird.

Zur Unterkunft: Ein niedriges Deckshaus erstreckt sich von direkt hinter dem Mast bis kurz vor das Heck – wo nur ein paar Fuß Länge für ein kleines Cockpit für den Steuermann bleiben. Das hintere niedrigere Ende enthält die Küche mit einem modernen Herd und die Männerkabine. Zum Bug hin wird das Kajütdach höher, mit einer Reihe Fenster an jeder Seite. Darin liegen die beiden Haupträume, der Salon und die Damenkabine. Zwischen Salon und Damenkabine liegt ein Niedergang und achtern vom Salon noch einer. Unter beiden ist Platz für je ein Bad. Gegenüber dem achteren Niedergang ist die Pantry mit enorm viel Stauraum und einem Filter. Die Damenkabine hat vier Betten, nicht übereinander, sondern hintereinander, zwei auf jeder Seite. Sie ist mit kaltem Wasser versorgt, es gibt einen Frisiertisch, einen großen Drehspiegel und zwei geräumige Kommoden. Am Esstisch im Salon ist Platz für acht Leute. Haken für zwei Hängematten sind in den Balken darüber. In beiden Kabinen sind überall Spinde und Schubfächer. In der Vorpiek – unter Deck vor dem Mast – ist eine Ein-Mann-Koje und Stauraum für leere Kisten, Taue, Blöcke und allerlei Schiffszubehör. Einrichtung und Ausstattung unserer Wherry waren ursprünglich geplant für den Eigner, seine vier Töchter und zwei Söhne, einen Steward und zwei Seeleute, samt Kleidern und Vorräten für drei Monate. Das schafft sie gut.

1890 bestand unsere Besatzung aus zweien meiner Töchter, mir selbst als Skipper und denselben drei guten Leuten, die mir bei früheren Fahrten gedient hatten – unserem Butler Ifould, Koch und Steward zugleich, Wilson, einem Fischer aus einem Küstendorf in Suffolk und einem friesischen Seemann, Pieter de Vries. Wir nahmen nur ein Beiboot mit, die *Snail*, schifften uns am 26. Juli 1890 in Harwich ein, reisten von Rotterdam über Amsterdam nach Enkhuizen, kreuzten die Zuider Zee, nahmen die Eisenbahn von Stavoren und stießen in Leeuwarden zu unserer kleinen *Gipsy*.

KAPITEL I

Von Friesland her

„Denk einen Augenblick an jene Mitmenschen....die an Festtafeln sitzen müssen, sich in Ballsälen drängen oder grausam in Kirchenbänke gezwängt sind – denk nur an die und erinnere Dich, wie viele arme Teufel in solch schicklichen Verhältnissen leben – und Du wirst Dich um so mehr an Deiner eigenen herrlichen Flucht ergötzen."

Eothen

*„Then take thy way adventurous skiff,
More daring far than Hippogriff,
And be thy own delight"*[1]
Wordsworth

busy day of unpacking, and then, trim with fresh paint, white deck, and new white sail, our wherry was quanted through the water streets of Leeuwarden. At the bridge by the Beurs we had a few minutes to wait; time to admire the fresh-faced Boerins in gorgeous bonnets over golden casques, who, passing over, stopped to smile at us.

Ein geschäftiger Tag mit Packerei, dann wurde unsere Wherry – ordentlich frisch gestrichen, mit weißem Deck und neuem weißen Segel – durch die Wasserstraßen von Leeuwarden gestakt. An der Brücke bei den Beurs mussten wir ein paar Minuten warten und hatten Zeit, die frischen Gesichter der Bäuerinnen unter ihren großartigen Hauben über goldenen Kappen zu bewundern, die im Vorübergehen anhielten und uns zulächelten. Und dann, nach der Potmarge, wurde uns eine köstliche Brise und schöner

---

[1] *etwa: „Nun fahr dahin, abenteuerliches Schiff, weit wagemutiger als das Flügelross, und freu dich an dir selbst."-Red.*

Sonnenschein zuteil, als wir durch die sicherlich grünsten aller grünen Felder der Welt glitten. Wir segelten durch das Lange Meer, das Wijde Ee[2], durch die Brücke am Bergummer Dam, bis wir schließlich auf das Bergummer Meer hinauskamen. Wir hätten den günstigen Wind besser ausnutzen sollen, aber der schöne See war unwiderstehlich; wir hatten nicht das Herz, ihn gleich wieder zu verlassen. Nachdem wir eine Stunde oder so herumgesegelt waren, gingen wir querab von der Mündung des Suameerder Meeres vor Anker.

Es war ein einmalig schöner Abend. Mit dem Beiboot zogen wir ohne Eile durch Schilfdickicht und blühende Binsen, durch Flächen von Sumpfbohnenkraut und wühlten uns durch einen Teppich von Lilienblättern. Wildvögel – Enten, Regenbrachvögel und große Brachvögel – überflogen uns fast lautlos, Blässhühner krächzten heiser aus dem dichten Reet, Seeschwalben strichen schreiend über unsere Köpfe. Später ergoss der volle Mond seinen Glanz über die ganze Szenerie. Die Wherry schwamm bewegungslos, allein. Die Nacht regierte heiter und still. Süßer, friedlicher Hafen! Die aufgeregte und geräuschvolle Welt konnte selbst unsere leichtesten Träume nicht stören, so weit entfernt waren wir von ihrem Getriebe.

Am nächsten Morgen wehte uns ein unverändert günstiger Wind über das Caspar Robles Diep auf Groningen zu, aber die Schleuse am Stadtende des Kanals war geschlossen und in Reparatur, so mussten wir einen Umweg über das Aduarder Diep machen. Bevor wir umdrehten, hätte es beinah noch eine Havarie gegeben: Die Brücke war offen, der Wasserweg auf der anderen Seite schien frei. Wir segelten hindurch, um eine Biegung herum, um uns plötzlich total blockiert zu sehen. Vier Dampfer, eng zusammen, füllten die ganze Breite des Kanals aus. Wir konnten nicht rechtzeitig stoppen, der Zusammenstoß schien unvermeidlich. Aber ein Dampfer fuhr etwas voraus, ein anderer ein oder zwei Schläge zurück, so konnten wir uns gerade eben durch schieben. Sie kamen alle aus der gleichen Richtung und hätten für entgegenkommende Fahrzeuge natürlich genug Raum lassen müssen.

Wir kamen auf dem Aduarder Diep nur langsam vorwärts, einer Treckschute folgend, wenn wir stakten, und von ihr gefolgt, wenn wir segelten. Sie tutete an allen Bauernhäusern und hielt auf Verlangen, um Güter oder Passagiere ein- und auszuladen.

Die Groninger Bauernhäuser sind enorm groß. Mehr Korn als in Friesland wird hier angebaut, und mehr Ertrag verlangt einen riesigen Bau, wenn Schuppen, Ställe und Wohnhaus unter einem einzigen Dach vereint sein sollen.

---

[2] Das gleiche Wort Ea, das Wasser bedeutet, kommt in East Anglia in Namen vor wie Pophams Ea, St. Johns Ea und eventuell auch in der Stadt Eye, die dem Verwaltungsbezirk, in dem der Autor lebt, den Namen gibt.

Dann fuhren wir rechter Hand in das große Reit Diep, das von der Lauwers Zee nach Groningen hinein fließt. Es ist tödlich langweilig, darauf zu segeln, da es „wie Lethe fließt, ohne Windung, sanft wie ein Strom von Öl" – jedenfalls tief unten zwischen den Deichen, die den Wind abhielten und uns die Sicht begrenzten.

Wir schlängelten uns die belebten Wasserstraßen von Groningen entlang, stakten durch die hüben und drüben begrünte Gracht, wo wir voriges Jahr hätten liegen sollen, aber nicht lagen, und setzten nach der letzten Stadtbrücke auf dem Schiffskanal nach Delfzijl das Segel. Wie immer im Sommer waren Leute entlang der Ufer eifrig beim Heu machen. Bei einem Hof waren Männer auf den Feldern beim Raps dreschen: Eine Plane war auf den Boden gespannt, die Stängel darauf gehäuft und immer rundherum über den Haufen zogen Pferde eine Rolle oder einen Zylinder, der an einem Ende dünner war als am anderen, so dass er immer im Kreis lief.

Nach einigen Meilen auf diesem schönen Wasserweg bogen wir südwärts in einen engen Einschnitt ein, der, wie wir hofften und auch fanden, in das Schild-Meer führte. In dieser Nacht lagen wir zum letzten Mal auf einem niederländischen Gewässer vor Anker.

Am Morgen gingen wir früh ankerauf, machten einige Meilen auf dem Schild-Meer, das vom starken Westwind aufgewühlt und voll Schaumkronen war, hielten schließlich auf eine Brücke an der Ostseite zu, von der wir annahmen, dass sie die Einfahrt des kleinen Kanals nach Delfzijl überspannte. Noch vor Mittag erreichten wir die Außenbezirke von Delfzijl und stoppten vor einem geschlossenen Schleusentor. Wir erfuhren, dass es nicht vor drei Uhr geöffnet werden würde, wenn die See außen und das Süßwasser innen gleich hoch sein würden. wIch musste mich sofort entscheiden. Sollten wir an diesem Tag hinaus segeln, sobald das Schleusentor geöffnet würde? Ich betrachtete mir das Gewässer, das eigentlich nur ein Meeresarm ist, aber mehr wie offene See aussieht. Wir müssten den Hafen vor vier Uhr verlassen. Die Sonne würde um halb acht untergehen, wir konnten also, sagen wir, mit gut vier Stunden Tageslicht rechnen.

Wir hatten keine Karte vom Dollart, aber der hilfsbereite Schleusenwärter half mir mit allem, was er wusste. Der Fluss war vielfach von Sandbänken blockiert. Nach zwei roten Tonnen am Hafenausgang müsste ich hinüberkreuzen und auf eine Reihe von schwarzen Tonnen stoßen, nicht weit vom jenseitigen Ufer. Diese müsste ich den ganzen Weg an Backbord behalten. Ja, natürlich könnten wir überall halten, aber er würde mir raten, auf alle Fälle erst nach Emden zu ankern. Es waren etwa anderthalb Stunden bis Emden. Die Ebbe lief mit vier oder fünf Knoten, aber mit so gutem Wind müssten wir das deutsche Wachtschiff oberhalb von Emden vor Dunkelheit erreichen. Sollten wir nicht besser einen Lotsen anheuern? All dies abwägend, rechnete ich damit, dass Zeit wäre, auf alle Fälle den Dollart zu passieren und in der Dämmerung einen bequemen Ankerplatz zu erreichen. Womöglich könnten wir ewig auf besseres Wetter warten. Dieser Westwind war gerade richtig, und die Angaben unseres Freundes schienen ganz einfach. Ich beschloss, unser Glück zu versuchen und meinen Nacken nicht dem Joch eines Spielverderbers von Lotsen zu beugen.

Nachdem dies beschlossen war, gingen wir in die Stadt, um unsere letzten Einkäufe zu erledigen. In zwei Stunden würden die vertrauten Niederlande nur noch eine Erinnerung sein und das Herumzigeunern auf deutschen Gewässern die neue Tatsache. Es war Zeit, unser holländisches in deutsches Geld umzuwechseln. Außerdem erstand ich ein neues Hanftau – gutes Ankertauwerk würde man brauchen in den Gezeiten solch großer Flüsse wie Ems, Weser und Elbe.

Pünktlich öffnete das riesige Tor, und wir segelten bald zum Hafen hinaus. Zwei englische Dampfer entluden am Kai. Ihre Crews starrten auf das seltsame kleine Gefährt und zeigten auf unsere blaue Flagge und den Jachtclubstander. Selbst in englischen Häfen, außer in Yarmouth oder Lowestoft, würde man sich über eine Norfolk Wherry wundern. Sie sind typisch für das Broadland. Aber seltsam müssen wir tatsächlich auf der Ems ausgesehen haben, wo „seit Jamblicus Zeiten" kein Schiff gleicher Bauart und Takelung gesehen worden ist.

Nachdem wir die beiden roten Tonnen passiert hatten, steuerten wir mit nur einem Reff im Segel nach Kompass. Der Wind war stärker als wir gedacht hatten. Zudem machte die gegen den Wind laufende Tide die See kabbelig. Sofort begann die unglückliche *Snail*, die achtern hin- und hertanzte, vollzulaufen; Riemen, Mast und Bodenbretter schwammen heraus und weg. Das Ruder ging nach Lee, wir drehten bei, holten das Boot längsseits, schöpften das Wasser heraus und machten uns dann auf die Suche nach den verlorenen Sachen. Im rauen Wasser war es schwer, so kleine Objekte zu entdecken, aber Wilsons scharfe Augen sichteten ein Ding nach dem anderen, und schließlich gelang es uns – man könnte eher sagen ihm – alles zu bergen.

Nach und nach wurde der Fluss enger. Große Wellenbrecher, anscheinend auf Inseln gebaut, tauchten zu unserer Rechten auf; morastige Bänke wie im Humber bei Niedrigwasser, und jenseits davon, zu unserer Linken, ein grüner Deich. Dann kamen rote Dächer und zwei Kirchtürme, was, wie wir annahmen, Emden sein musste. Ein paar Schiffe lagen in diesem Abschnitt des Flusses, und ein deutsches Schiff mit breitem Heck segelte mit uns stromaufwärts. Seine Takelung war seltsam: ein Sprietsegel, wobei das Sprietende auf die Luvseite ragte wie eine dreispitzige niedrige Rahnock.

Wir segelten hinein in das Unbekannte, bis wir inmitten einer Menge einheimischer Boote ein Schiff vor Anker erspähten mit wehender Flagge an der Gaffelnock. Kein Stoppsignal erfolgte, aber es war offensichtlich das Wachschiff. Das Licht wurde schwächer, dies schien ein guter Platz, also drehte ich bei und warf für die Nacht den Anker.

Da ihre Boote nacheinander vom Zollschiff zurückkamen, lichteten die einheimischen Schiffe eins nach dem anderen ihre Anker, drehten – die Tide hatte gewechselt – in das freie Wasser und segelten stromaufwärts. Endlich legte ein Boot bei uns an, und ein eilfertiger Unteroffizier mit Degen ersuchte mich, mit ihm an Bord des Wachschiffs zu kommen. Sie wiesen mich in ein stickiges Büro voller schwitzender Seeleute. Zwei kurz angebundene, aber wohl meinende Zollbeamte, die offensichtlich glaubten, ich sei taub, gingen meine Papiere durch.

Wo war mein Ladungsverzeichnis? Wieviel Pfund Büchsenfleisch, wieviel Wein und Spirituosen hatten wir an Bord? Mein Name? Name des Schiffes? Woher? England! Welche Route kamen Sie? Zuerst durch Holland und heute von Delfzijl. Jawohl. Aber wie kamen Sie von England nach Holland? Zur See. Nein? Ich erwähnte vorsichtig, dass, da England eine Insel sei, wir deshalb doch wohl zur See hatten kommen müssen. Ach so! Sie sahen etwas zweifelnd drein, akzeptierten aber schließlich die Tatsache. Es ist also ein seetüchtiges Schiff! Nun, sie müssten gehen und das Fleisch und die Weinflaschen ansehen und ich müsste bezahlen.

„Aber lassen Sie Jachten bezahlen für Vorräte, die an Bord verzehrt werden?"

„So, so, eine Jacht? Gehören Sie zu einem Jachtclub?"

„Ja, zum Royal Harwich Jacht Club."

„Harrwisch! Harrwisch! Ist das ein holländischer oder deutscher Jachtclub?"

Sie gingen mit mir zurück auf die Wherry, besahen sich ein paar Vorräte, tranken mit Vergnügen mehrere Gläser Sherry und sagten schließlich knarrend „All right!" Eine Quittung und Freigabebescheinigung sollte ausgestellt werden. Aber noch immer würde ich bezahlen müssen. Ich fragte besorgt, wieviel – wieviele 2o-Mark-Stücke dachte ich. Sehr langsam und ernst sagten sie: „Sie ... müssen ... bezahlen ... 95 Pfennige!"

So nahe an den Niederlanden sind die Schiffe, die die untere Ems benutzen, Mischlinge in ihrem Aussehen. Es gibt nicht so viele rein holländische Schiffe, wie man denken sollte, aber viele holländisch aussehende deutsche. Old Pieter, unser holländischer Schiffer, wollte die Ähnlichkeit nicht zugeben. Er bestand darauf: Die deutschen Schiffe seien ebensowenig einem niederländischen Schiff ähnlich wie die *Gipsy* einem Rahsegler. Patriot, der er ist, hält er eine friesische Tjalk für das Musterbild der Schiffsbaukunst.

Während des Abends glitten immer mehr Schiffe mit der Flut herein, nahmen ihre Segel herunter und ließen ihre Ankerketten heraus rasseln, als sie etwa querab von uns waren. Beim Ankern stellten sie ihre Ruderpinnen quer, und die Tide wirbelte sie herum, als sie wieder ankerauf gingen.

Vor dem Abendessen der Mannschaft schickte ich Pieter mit der Weisung, soviele Tipps für unsere Route nach Oldenburg zu sammeln, wie er kriegen könnte, an Bord eines dieser Schiffe – sein Holländisch würde vielleicht einigermaßen von Platt sprechenden Deutschen verstanden werden. Die Karte zeigte, dass sich der Fluss gerade oberhalb von Leer verzweigte und dass aus dem östlichen Arm der Ems-Hunte-Kanal herausführte. Aber es gab keine weiteren nützlichen Einzelheiten über das Navigieren dort. Nach ausgedehntem Palaver kam er ganz seelenruhig und erfreut aussehend wieder.

„Nun, Pieter?"

„Oh, Sie müssen umkehren, Sir."

Einen Moment lang dachte ich, er wäre betrunken.

„Was meinst du, um Himmels willen?", japste ich.

„Der Käpt'n, der sagt, Sir, es gibt keinen Weg nach Oldenburg."

„Keinen Weg nach Oldenburg – du kannst das nicht richtig verstanden haben. Sprach der Schiffer Holländisch?"

„Nein Sir, aber ich spreche Deutsch so gut wie Englisch. Er ist fünfzig Jahre alt und sein ganzes Leben lang auf dem Fluss gefahren. Er sagt, Sie können nicht nach Oldenburg gelangen."

Pieter konnte nicht erklären, was der Hinderungsgrund wäre. Der Käpitän hätte es ihm gesagt, aber er könnte so fremde Namen nicht im Kopf behalten. Der Hauptgedanke seiner Rede war jedoch immer: ‚Sie werden nicht nach Oldenburg kommen.'

Zu Hause hatte ich unsere Route mit minutiöser Sorgfalt ausgearbeitet. Mr. Stanford hatte mich auf Grund der Revierbeschreibung „Deutsche Wasserstraßen, 1872" freundlicherweise informiert, dass die Kanäle zwischen Ems und Unterelbe für Fahrzeuge unserer Größe schiffbar wären und dass der Ems-Hunte-Kanal geeignet wäre für Schiffe von einem bis fünf Meter Tiefgang, fünf Metern Breite und 1200 bis 1600 Tonnen Fassungsvermögen, was genug für uns war; die Karte aus Berlin hatte das bestätigt. Ich zog sie jetzt wieder zu Rate. Es war klar, unmissverständlich.

Alarmierend war, milde ausgedrückt, solch ein Konflikt der Zuständigkeit. Der Kapitän eines Emsschiffes müsste es wissen. Andererseits hatten uns örtliche Ratschläge schon öfter irregeführt. Außerdem erreichte mich dieser aus zweiter Hand durch einen vielleicht unzureichenden Übersetzer. Ich nahm selbst die Karte mit zum Wachschiff. Der diensttuende Offizier war sehr höflich. Er selbst hatte von einem Kanal nach Oldenburg nichts gehört, sah es aber klar auf der deutschen Karte. Freundlicherweise sandte er ein Boot zu einem Schiffer, der, wie er sagte, den Fluss genauestens kannte. Sir Oracle kam, kratzte sich am Kopf, starrte mich an, gab vor, die Karte zu verstehen, und brachte schließlich seine Kiefer auseinander, um zu sagen: „Nein! Kein Kanal nach Oldenburg!" Dem Zolloffizier schien das ganz schlüssig: „Sie können das nicht machen, Sir. Die Karte ist falsch." Ich ging auf die *Gipsy* zurück und fühlte mich ziemlich flau. Aber trotzdem, als die Flut am nächsten Morgen kam, lichtete ich den Anker und startete stromaufwärts nach Leer. Leer war näher an dem problematischen Kanal. Wir konnten dort wieder nachfragen und würden vielleicht etwas völlig anderes hören.

Auf alle Fälle hatten wir eine großartige Fahrt: Guter Wind und vier Knoten Tide trieben uns mit gut zehn Knoten vorwärts, wir mussten nur wenig kreuzen. Wir passierten strohgedeckte Windmühlen, farbige Kirchtürme und verschiedene Dörfer, von denen nur die Dächer über die Deiche lugten – alles sehr holländisch aussehend. Jedes Dorf schien einen eigenen kleinen Hafen zu haben. Die Landschaft – gelegentliche Ziegelflächen und das alles – war sehr ähnlich dem Lek, sagen wir von Wijk bij Duurstede bis nach Vreeswijk. Der Kanal ist leicht zu befahren; gut bezeichnet, wie er ist, mit schwarzen Tonnen an der Backbordseite. Ein Boot, das wir passierten, bat uns, es in Schlepp zu nehmen. Die erste große Biegung nach links war der Weg nach Leer, sagten sie uns. Dann erreichten wir ein paar einheimische Boote. Pieter wurde als Dolmetscher eingesetzt und legte den Schiffern die Frage vor: „Ist dies der Weg nach Oldenburg?"

„Ja, gewiss."

„Warum können wir denn da nicht hin? Was gibt es für ein Hindernis?"

„Aber ja, Sie können diesen Weg weiter segeln nach Oldenburg. Wir machen dort selbst regelmäßig Geschäfte. Es ist Wasser genug, Raum genug unter Brücken und in Schleusen, kein einziges Hindernis." Pieter übersetzte all das und schwor bei allen Göttern, diesmal gebe es kein Missverständnis. Der andere Schiffer und die Wachschiffleute müssten uns falsch berichtet haben. Daraufhin wollte ich mit einem Aufenthalt in Leer keine Zeit verlieren. Wir segelten an der Stadt vorbei, in einer großen Schleife zurück bis nahezu dorthin, wo wir herkamen, und durch eine offene Eisenbahnbrücke. Dann hörte der Wind auf, die Flut wurde weniger, die Hitze tropisch; sogar der noch verbleibende Wind war heiß. Wir trieben träge dahin. Dieser Nebenfluss, der den Namen Ems beansprucht, ist ein vergleichsweise kleiner, ziemlich hübscher Fluss mit buschigen Baumgruppen und holländisch aussehenden Bauernhäusern an seinen Ufern. Eine Familie saß im Schatten und sah uns an ihrer Haustür vorübergleiten. Die Worte „mooi schip" klangen vertraut – Holländisch und Platt müssen ziemlich ähnlich sein. Schließlich hatten wir die Tide gegen uns, es war nicht genug Wind, um gegen die Ebbe anzugehen, es blieb also nichts weiter, als anzuhalten. Nach einer Gabelung, ein kurzes Stück weiter auf dem rechten Arm, vertäuten wir das Schiff an Bug und Heck – in einiger Entfernung vom Ufer, um dem fallenden Wasserstand Rechnung zu tragen.

Wir drei – die beiden Mädchen und ich als Korbträger – gingen auf „Futtersuche". Wir klopften bescheiden an die Hintertür eines Bauernhofes. Große, blonde, dickbeinige Bauernmädchen kamen heraus und starrten uns an. Der Hausherr, sechs schlaksige bäurische Fuß groß, guckte mit einer Art nobler Toleranz über unsere Köpfe hinweg in die Luft. Nur Ausländer offensichtlich. Er gab sich Mühe, die armen Kreaturen nicht zu verachten, die vor ihm standen und nach Lebensmitteln fragten. Gott hatte sie zu einem unverständlichen Zweck geschaffen – es war für ihn sichtlich anstrengend, sich zu einer Antwort herabzulassen. Schließlich – im Vertrauen darauf, dass wir nicht gerade bösartig wären – ließ er uns vorsichtig in denselben Raum mit seinen Möbeln und verkaufte uns für einen guten Preis einige Pfunde seiner Butter. Hannoversche Butter, sagte das Mädchen stolz.

„Und wo wollen Sie jetzt hin?"

„Vielleicht nach Berlin."

„Berlin?" Und dann in frohlockendem Ton: „Sie können von hier nicht nach Berlin kommen, Sie sollten besser wieder umkehren."

In jener Nacht wurden wir alle von einem plötzlichen Aufruhr wach. Ich stolperte an Deck. Ein einheimisches, stromabwärts fahrendes Schiff war von einer Bö erfasst worden und musste eilig die Segel herunternehmen. Es blies fürchterlich. Die Dunkelheit wurde von blendenden Blitzen erhellt. Mit den flatternden Segeln, dem Klappern von Blöcken und Spieren, dem Rasseln der Kette, dem Pfeifen, Heulen und Zerren des Windes und den heiseren Schreien der Männer war es eine wilde, wirre Szene, die aber bald vorüber war. Der Wind hörte plötzlich auf und eine Flaute folgte.

Am nächsten Morgen musste Pieter sorgfältig instruiert werden. „Geh zu dem Fährmann, Pieter, der wird es gewiss wissen, und zum Kapitän jenes Schiffes. Frage sie, ob dieser Fluss, auf dem wir sind, den ganzen Weg nach Oldenburg schiffbar ist. Aber, versteh richtig, Pieter, ich meine die Stadt Oldenburg. Es gibt ein Land Oldenburg und seine Hauptstadt hat denselben Namen. Frage jetzt nicht nach dem Land, sondern ob wir zur Stadt Oldenburg gelangen können."

„Ich verstehe sehr gut, Sir, es ist die Stadt Oldenburg und nicht das Land, wo Sie hinwollen."

Nach geraumer Zeit erstattete Pieter Bericht. Er hatte mehr als einen Schiffer besucht, sagte er, außerdem den Mann von der Leda-Fähre – der Zweig der kleinen Ems, auf dem wir waren, war die Leda. Der Fährmann war siebzig oder achtzig Jahre alt. Er kannte den Fluss von Kindheit an. Sowohl er als auch die Kapitäne sagten, wir könnten ohne weiteres nach Oldenburg kommen.

„Bist du auch sicher, dass du nach der Stadt und nicht nach dem Land Oldenburg fragtest?"

„Ja, Sir, völlig sicher. Es ist die Stadt, wo wir hin können, es ist ein guter Weg dorthin und genug Wasser."

Also machten wir uns, als die Tide um 10.30 Uhr kenterte, frohgemut wieder auf den Weg. Für unseren Kurs war der Wind gut, aber der Fluss war so gewunden, dass wir ewig halsen mussten. Zuletzt, nach dem zweiten Schlag nach Steuerbord und dem ersten nach Backbord, fanden wir uns an einer Schleuse, die Einlass in den Ems-Hunte-Kanal versprach.

Während die *Gipsy* in der Schleusenkammer war, ging ich ans Ufer, um den versprochenen Wasserweg auszukundschaften. Ein wissend aussehender Mann sprach mich an. Ich konnte der Flut seiner Worte nicht folgen, aber eine gewisse Feierlichkeit in seinem Benehmen und das oft wiederholte Wort Oldenburg wirkten bedenklich. Ich überredete ihn, an Bord zu kommen, damit die jungen Damen für mich dolmetschen konnten. Ihnen erklärte er, dass dieser Kanal nie fertig geworden war. Hier war er offen, wie wir sahen, und auch nahe bei Oldenburg, aber ein Zwischenstück war noch nicht einmal ausgehoben. Er sagte, er sei hier zu Hause und kenne jeden Zoll des Kanals. Des Mannes Gesicht zeugte von seiner Ehrlichkeit und zwang mich, wohl oder übel seiner Rede zu glauben. Da war kein Zweifel möglich, wir hatten den ganzen Weg umsonst gemacht und unsere Zeit vergeudet. Nicht einmal die *Gipsy* konnte über Meilen trockenen Landes segeln. Wir mussten schmählich wieder umkehren.[3]

Wir waren jetzt, fand ich heraus, nahe der Grenze zum Großherzogtum Oldenburg, gerade „auf der kalten Seite der Schwelle". Pieter hatte sich an die Unterscheidung zwischen Land und Hauptstadt gehalten. Aber die Frage war: Hatte er nicht versucht, oder vergeblich versucht, es diesen Deutschen an der Leda-Fähre klarzumachen? Er sah jetzt beschämt und einfältig genug aus, und ich machte mir, nachdem das Unglück einmal geschehen war, nicht die Mühe, weiter nachzuforschen.

Wir mussten sofort beschließen, welchen Kurs wir nehmen wollten. Unter unseren Plänen, die jetzt alle zunichte gemacht worden waren, waren Besuche

---

[3] *Der Hunte-Ems-Kanal wurde erst 1893 eröffnet. -Red.*

mit der *Gipsy* in der Residenzstadt Oldenburg und der Hansestadt Bremen. Könnten wir Oldenburg und Bremen nicht mit dem Zug erreichen? Wir hörten von einer nicht so weit entfernten Station namens Augustfehn und dass man dorthin auf dem Kanal gelangen könne. Ich beschloss, nach Augustfehn zu segeln.

Was vom Ems-Hunte-Kanal in Erinnerung bleibt, ist ein gerader, enger Graben, zu sehr mit Brücken bestückt, aber ohne Brückenwärter wie auf holländischen Kanälen, um sie zu öffnen. Wir bezahlten einen Mann dafür, dass er am Ufer entlang rannte und jede Brücke hob, wenn wir herankamen. Aber irgendwann mussten wir unseren Läufer verlassen und die übrigen Brücken selber öffnen. Als wir kurz nach dem Dorf Barrsel ein Stück offenes Wasser erreichten – wie wir hörten wurde es Nordwasser genannt – ankerten wir für die Nacht. Näher an Barrsel hätten wir nicht Halt machen können, da wir so extreme Neugier erregt hatten, dass wir nahe am Ufer keine Ruhe gefunden hätten.

Früh am nächsten Morgen ging es ankerauf. Wir hielten uns bald links, heraus aus dem Nordwasser, stakten einen kleinen Kanal entlang und hielten genau diesseits von vier sich kreuzenden Wasserstraßen, in Sichtweite von Augustfehn. Sumpfmyrthe bedeckte die Wände des Kanals. Es gab einzelne Flecken von weißen, kleinblütigen Wasserlilien; der Ausblick über eine düstere moorige Fläche wäre gräßlich gewesen, hätte die Sommersonne sie nicht mit großer Pracht beschienen. Obgleich Sonntag war, luden Männer ihr Heu auf Ochsenkarren. Die Frauen, die in diesen Land nicht nur Frauenarbeit leisten müssen, hatten den gefährlichen Platz oben auf den schwankenden Ladungen.

Eine träge Lok beförderte uns weiter durch das Land: eine ebene Heide, Wälder von meist schottischen Föhren, kleine Einfriedungen mit Hecken darum und jetzt dicht mit gelben Kornpuppen bestanden. Hier und da ein altes Anwesen, rote Ziegel und Fachwerk, mit Stroh gedeckt und ohne Schornsteine.

Die unbedeutende ländliche Hauptstadt von Oldenburg hat wenig Malerisches zu bieten. Ein ziemlich wunderliches, weitschweifiges, weißes, blaugedecktes Schloss; ein paar alte Giebelhäuser, die irgendwo standen, nicht genug, um den Eindruck einer mittelalterlichen Straße zu erwecken. Der Großherzog wohnt nicht in dem alten Schloss, sondern in einem schmucken bürgerlichen Haus in einer modernen Vorstadt nahe am Fluss. Es war ein betrüblicher Gedanke, als wir da in Hitze und Staub umherliefen, wie schön wir mit der *Gipsy* auf demselben Fluss hätten hersegeln können, wenn die ärgerliche Karte uns nicht falsch informiert hätte.

Dieser Fluss, die Hunte, ruft einem einen anderen Fluss mit fast demselben Namen – Hunse – ins Gedächtnis, der von Drenthe in die Lauwer Zee fließt. Könnte es nicht sein, dass beide Namen von den nicht-mongolischen Hunnen der Sage[4] abgeleitet sind und dass beide Flüsse ihnen als Einlass ins „Hunaland" dienten? Es ist bezeichnend, dass sowohl die jetzige Provinz Drenthe als auch das jetzige Großherzogtum Oldenburg reich sind an den gleichen kunstlosen Steindenkmalen, die auf Deutsch Hünengräber und auf Holländisch Hunnebedden heißen. Vom alten Hunsland wird wohl nicht mehr gesprochen; aber was die Namen angeht, so ist Wasser immer weit beständiger als Land: Flüsse behalten ihre Namen immer, während die Länder, durch die die Flüsse fließen, von neuen Herren in neuen Sprachen neue Namen bekommen. Der für gewöhnlich genaue Baedeker spricht von einer „umfassenden Sammlung germanischer und anderer Altertümer" im hiesigen Museum und nährte unsere Hoffnung, dass wir ein paar ausgegrabene Überbleibsel der Hünen entdecken könnten. Aber der Mann, der uns im Museum herumführte, wahrscheinlich nur der Hausmeister, hatte nie von Hunnen oder Hünengräbern gehört. Und soweit er wüsste, gab es im Museum überhaupt weder Waffen, Geräte oder Zierrat, weder prähistorische noch sonstwelche. Wir mussten uns damit zufriedengeben, es gab auch keinen Katalog.

Ich hätte liebend gern ein Hünengrab gesehen, aber die mecklenburgischen Seen, das auserwählte Objekt unserer Kreuzfahrt, stellte alle zwischenzeitlichen Attraktionen in den Schatten. Und trotz des jetzigen Rückschlags war es noch möglich, sie zu erreichen. Wenn die Karte sich nicht wieder als falsch erwies, existierte ein Kanal von Emden an der Ems nach Wilhelmshaven am Jadebusen. Wir müssten erst nach Emden zurücksegeln und dann durch diesen Kanal nach Wilhelmshaven. Von Wilhelmshaven könnten wir, wenn das Wetter es erlaubte, nach Bremerhaven segeln – „by the outsides", außenrum wie Pieter sagen würde – und dort auf unsere ursprünglich geplante Route einscheren. Mit einigem Glück müssten wir die Seepassage an einem langen Tag, vom Morgengrauen bis zur Dunkelheit, machen können. Wenn ich dies Vorhaben ausführen wollte, wagte ich nicht mal, für meine geliebten Hunnen noch einen Tag zu verlieren. Das einzige, was wir uns noch gönnen könnten, wäre ein Tag für einen Besuch von Bremen.

---

[4] Für Material über diese skandinavischen, norddeutschen oder möglicherweise wendischen Stämme erlaube ich mir, auf die 3. Aufl., Kapitel XXI, der „Friesland Meres" hinzuweisen.

KAPITEL II

Unsere erste große Hansestadt

„How dead? Why, very dead indeed!"[1]
Killing no murder

„Oh, ich stamme von königlichen Eltern ab. Mein Vater war ein Räucherschinken, mein Großvater ein Weinfass. Meine Paten waren Peter Pickelhering und Martin Martinsochse. Aber meine Patin war eine lustige Edelfrau, in jeder Stadt wohl beliebt. Ihr Name war Frau Margarete Märzenbier."
Marlowes Faust

he first sight of our first great Hanseatic Town did not fulfil our expectations. The eloquence of Baedeker had raised our hopes too high. Looking for the „glamour of the past shed on the realities of the present;" longing for the walk through the streets, which was to be a „feast of varied and permanent enjoyment;" and having in the tedious train hugged the sweet prospect to our hearts of stepping out of it straight into the strangeness of mediaeval history, we eagerly pressed through the crowd at the station – into a modern-looking town.

Der erste Anblick unserer ersten großen Hansestadt erfüllte unsere Erwartungen nicht. Der beredte Baedeker hatte uns zu große Hoffnungen gemacht. Ausschau haltend nach dem „Glanz der Vergangenheit, der die Jetztzeit vergoldet"; mit Verlangen nach einem Gang durch die Straßen, der „ein Fest des immerwährenden, vielfältigen Vergnügens" sein sollte, und nachdem wir im langweiligen Zug sitzend an unserem Busen die süße Erwartung genährt hatten, direkt in die Seltsamkeiten mittelalterlicher Geschichte auszusteigen, drängten wir uns eifrig durch die Menschenmenge am Bahnhof – und kamen in eine moderne Stadt.

---

[1] *etwa:* „Wieso tot? Tatsächlich gänzlich tot."-*Red.*

Ein Londoner „Cabby" würde in den Boden versinken, wenn er die vor dem Bremer Bahnhof wartenden Droschken sähe: elegante offene Gefährte mit wohlgepflegten Pferden davor und mit Kutschern in Livree und Kokarden an den Hüten. Aber wir wussten was Besseres, als gleich im ersten Augenblick durch eine alte fremde Stadt zu fahren. Die Erfahrung hatte uns gelehrt, dass man die Schönheiten einer alten Stadt am besten aufstöbert, wenn man zu Fuß geduldig durch Straßen und Gassen wandert. Das Alte hält sich am längsten in düsteren Straßen, wo moderne Notwendigkeiten noch keine Umbauten erforderlich gemacht haben.

Wir bereiten uns immer vor, indem wir über einen neuen Ort lesen und eine Karte studieren, aber vor Ort keine andere Führung gelten lassen, als die örtlichen Fotografien anzuschauen. Die sollten eigentlich hilfreicher sein, als sie es in den meisten Städten sind. Die beliebtesten Objekte der motivsuchenden Fotografen scheinen brandneue Bahnhöfe und ähnliches zu sein. Aber sicherlich würde die ganze Schönheit einer Stadt eher durch Fotos der schattigen Seiten der Objekte deutlich werden. Auf die alten Gebäude aus dem goldenen Zeitalter der bürgerlichen Architektur hatte die Sonne Jahrhunderte lang geschienen, und vielleicht würde sie bald damit aufhören ... In vielen engen Straßen, besonders in der Langen Straße, stehen noch Giebelhäuser, die die reichen Hanseaten bauten und alte Speicher, in denen sie ihre Waren stapelten. Aber von keinem einzigen konnten wir ein Foto auftreiben.

Alte Giebel gibt es hier so viele wie in den Niederlanden, aber der Stil der beiden Länder klafft weit auseinander. Diese deutschen Behausungen sind kühner gebaut, höher und sogar von verhältnismäßig größerer Breite. Die Raumaufteilung im Inneren verlangt das: In der Mitte der Giebel-Straßenfront führen große Doppeltüren in eine Halle, die weniger schmuckvoller Empfangsraum ist, als ein Platz, wo die verschiedensten Dinge gelagert werden. Der Architekt musste auf beiden Seiten dieser großen Eingangsdiele Platz für die Wohnräume finden.

Natürlich gingen wir zum Dom. Wir hatten kaum einen Rundgang im Inneren gemacht – kirchenähnlicher als die kahlen Schuppen in den Niederlanden – als der Küster fragte: „Möchten Sie die Mumien sehen?"

„Oh ja, natürlich, junge Damen müssen alles sehen."

So folgten wir ihm – einer von uns nur unwillig – ein paar Stufen hinab in eine Gruft, den Bleikeller.

„Dieser Mann", der Führer zeigte fröhlich auf ihn, „war ein Engländer, wie wir glauben. Er ist seit vierhundert Jahren hier! Dieser hier, unser jüngster, nicht mehr als hundert. Bitte herumzugehen, meine Damen und Herren!"

Es war ein schrecklicher Platz. Särge standen herum wie offene Schränke, die die Toten in ihren letzten Gewändern zeigten. Die Ausführungen des Küsters sowie sein Gehabe hatten einen Beigeschmack von Lächerlichkeit,

aber in seinem vollen Ernst war es ein fürchterlicher Ort. Da lag, was einst
Menschen waren, grausige, abscheuliche Leichen, erhalten nur von der Luft
des Kellers – „Bitte schließen Sie die Tür, Madame" – aber nicht bewahrt
vor den schrecklichen Veränderungen der Bestattung, sondern nur vor dem
ekligen, sichtbaren Verfaulen.

Wir hatten uns einer Gruppe angeschlossen, um diese makabre Toten-
schau mitzumachen. Ein paar zeigten menschliche Gefühle für den Schrecken
der Örtlichkeit, aber eine dicke, muntere Frau konnte sich kaum losreißen. Ihre
Glotzaugen weideten sich mit unverhülltem Vergnügen an den eingeschrumpf-

ten Toten – zu denken, wie alt sie waren! Sie war offensichtlich eine Kennerin: Solch schöne, seltsame, verkrustete Leichen! – man konnte den Gedanken auf ihrem Gesicht lesen. Ihr guten Christen von Bremen, verbergt – ich flehe Euch an – verbergt diese armseligen Reste der Sterblichkeit. Begrabt Eure Toten, stellt sie nicht länger zur Schau. Bedeckt ihren Staub mit reinerer Erde. Die Erinnerung an dieses geisterhafte Leichenhaus verfolgte uns tagelang.

Man sagt, die Bremer wurden von einem Engländer zu Christen gemacht, der auf Verlangen Karls des Großen von einem Erzbischof von York ausgesandt wurde. Wir hätten sein Grab besuchen sollen; sein Name war Willibald und er soll hier beerdigt sein. Aber wir konnten in dieser Kirche nicht länger atmen. Einen schlechten Geschmack hinunterschluckend eilten wir an die frische Luft und machten einen heilsamen Spaziergang rund um den weiten sonnigen Marktplatz. Dieser weitläufige Platz und die großen Gebäude drum herum – der ehrwürdige Dom, das stattliche alte Rathaus, die moderne prachtvolle Börse – erzählten mehr von langem ununterbrochenen Wohlstand, als irgend ein Teil einer der anderen Städte, die wir gesehen hatten.

Jedoch, welch bunt durcheinander gewürfelten Veränderungen war diese Stadt unterworfen! Eine freie Hansestadt – einmal reich weit über alle Träume des Geizes hinaus; dann in Rebellion gegen die femeähnliche Gerichtsbarkeit der Liga, dann durch deren Schuldspruch „enthansed" und halb verfallen, Gras auf den Straßen und Hunger und Verzweiflung darin; erobert oder besetzt nacheinander von Schweden, Dänen und Hannoveranern; angegliedert dem napoleonischen französischen Imperium; wieder in ihre alten Freiheiten eingesetzt; und in unseren Tagen das letzte Vorrecht auf einen freien Hafen aufgebend, untergehend und sich verschmelzend mit dem Deutschen Zollverein.

Törichterweise hatten wir erwartet, mehr von der alten Bremer Bausubstanz zu finden. Aber man konnte sich eigentlich nur wundern, nach solch erstaunlichen Wirrnissen überhaupt noch Altes zu finden.

Nur eine grimmige alte Steinfigur vor dem ehrwürdigen Rathaus hat all diese Stürme abgewettert: Sie steht dort seit nahezu fünfhundert Jahren und hat schon einen noch älteren hölzernen Vorgänger ersetzt. Er trug – und trägt vielleicht noch heute (wir konnten die Schrift nicht erkennen) – folgende Inschrift: „Ich bin ein Zeuge der Freiheit, die Karl der Große und viele andere Kaiser dieser Stadt verliehen haben, und ich rate euch, Gott dafür zu danken." Dieser ungeschlachte alte Riese ist der Roland. Die Tradition sagt, dass die Roland-Statuen hier und in einigen anderen Städten des Reiches auf Befehl Karls des Großen aufgestellt wurden. Zu Ehren von Roland, Karls Neffen, der ihm half, diese Länder zu unterwerfen; Karl der Große räumte diesen denkmalgeschmückten Städten große Privilegien ein, die solange gültig sein sollten, wie die Statuen stünden. Eine einleuchtendere Theorie ist, dass der Name von Rügenland, Ruland, kommt, was Städte bezeichnete, die oberste Gerichtsbarkeit über Verbrecher besaßen. Das wird durch das archaische Standbild selbst erhärtet. Von seinem Nacken hängt ein Schild mit dem kaiserlichen Adler herab, in seiner rechten Hand hält er ein gezogenes Schwert und zu seinen Füßen sieht man einen Kopf und eine Hand, vielleicht die eines Verbrechers.

Und nun, wie der Schwätzer Pepys sagen würde, zum Lunch. Wir stiegen ein paar Stufen hinab in ein anderes Gewölbe, dessen Rippendecke auf vielen Pfeilern ruhte; fast eine Krypta, aber keineswegs den Toten gewidmet. Sie quoll über von durchaus lebendigen Genießern. Wir fanden einen Seitentisch, entlegen, aber unruhig. An den Gewölben über unseren Köpfen entlang hallten die robusten deutschen Stimmen rollend wider – man wäre besser taub gewesen. Das alte Sprichwort „Germanorum bibere est vivere"[2] scheint auch jetzt, wie schon immer, den Geist dieses Raumes auszudrücken. Wie Hawthorne sagt, müssen die modernen Deutschen sich doppelt so oft erfrischen wie andere Leute, sind aber immer noch wimmernde Säuglinge verglichen mit den Trinkern des Mittelalters. Was für pamphlagonische Tafeleien und was für yvronische Trinkgelage mag dieser alte Keller wohl gesehen haben?[3] Man kann sich vorstellen, wie die stämmigen bürgerlichen Esser zu Werke gingen, wie sie ihre Bärte über den starken Getränken wiegten, die Gläser klingen ließen und ihre bacchanalischen Strophen sangen, nachdem sie lange gedarbt hatten während einer nicht enden wollenden Debatte in der großen Halle darüber. Nach dem Essen mussten wir den berühmten Weinkeller sehen, pflichtschuldig die zwölf Apostel bestaunen und unter der legendären Rose stehen. Was auch immer diese dickbauchigen Fässer enthalten mögen – nach meinen Erfahrungen sind sie wahrscheinlich alle leer –, ich kann mich verbürgen für die Güte des Deidesheimers im Flaschenvorrat des Ratskellers.

Bevor wir aber über die Weser zum Neustädter Bahnhof gingen, mussten wir noch die große obere Halle des Rathauses besichtigen. Auf der alten Wendeltreppe können die städtischen Handelsmänner nur langsam nach oben gekommen sein. Was einem zuerst auffällt, ist die stattliche Größe der Halle und der Hauch würdigen, obgleich etwas martialischen Alters, der darin lebt. Der für seine geräumige Länge und Breite eher niedrige Raum hat eine hölzerne Decke, die von riesigen bemalten Balken gekreuzt ist, an denen Schiffsmodelle hängen: von sehr seltsamen alten Kriegsseglern bis zum ersten Dampfer der deutschen Flotte.

---

[2] *etwa:* Für die Deutschen ist Trinken Leben. – *Red.*

[3] Lesen wir nicht, dass man von den Teutonen in römischen Zeiten vermutete, sie hätten Eingeweide von größerem Fassungsvermögen als die Menschen anderer Völker. Sagte nicht Melanchthon „Wir Deutschen essen uns krank und in die Hölle"? Und: „Deutsche müssen gutes Essen und volle Bäuche haben" schrieb Landgraf Philip von Hessen-Rheinfels an seinen Bruder Wilhelm IV. Landgraf von Hessen-Kassel am 14. März 1575.

Es war, wie wir hörten, der Fluss Jümme, der die gekreuzten Wasserwege oberhalb unseres Liegeplatzes bei Augustfehn bildete, derselbe Fluss, den wir an der Leda-Fähre von der Leda hatten abgehen sehen. Wir machten uns auf, mit gutem Wind zurückzusegeln, aber kein Wind konnte immer gut sein auf solch einem schlangengleichen Fluss. Er war zuerst abscheulich eng. Wir hoben ein oder zwei Brücken selbst. Dann kam eine, die wir weder öffnen noch drunter durch fahren konnten. Hier hatten wir unsere erste Begegnung mit einem deutschen Brückenwärter. Dieses Exemplar einer reizenden Rasse stand selbst auf der Brücke, schmauchte seine Pfeife und betrachtete, die Hände tief in den Hosentaschen, die herankommenden Fremden. Arglos riefen wir so, wie man Brücken in Holland anruft. Er nahm keine erkennbare Notiz. Wir riefen wieder – es war schiere Atemverschwendung. Wir segelten mit nettem Tempo, da der Strom mit uns lief. Ich zweifelte nicht daran, dass der Mann uns durchlassen würde – wenn auch in letzter Minute. Mein Vertrauen hielt, bis wir zu nahe heran waren: Nun mussten wir hastig das Segel runternehmen und stoppen, wenn das überhaupt noch ging, indem wir nahe am Ufer längsschabten. Pieter sprang raus, stemmte den Bootshaken ins Gras, schlang ein Tau um einen Holzpfosten und ließ langsam Leine. Aber wir hatten einen zu langen Weg und konnten nicht weiter nachlassen. Schnapp – riss das Tau und wir wurden zwischen die Pfähle getrieben. Da stand der schlaksige Trottel von einem Brückenwart, die Pfeife noch in derselben Ecke seines nutzlosen Mundwerks, die müßigen Hände noch immer in den Taschen – stur und unbeweglich.

„Sie sind der Brückenwärter?"

„Ja."

„Haben Sie uns nicht gesehen?"

„Doch."

„Konnten Sie uns nicht rufen hören?"

„Doch, natürlich."

„Warum öffneten Sie dann die Brücke nicht?"

„Sie haben nicht bezahlt."

„Aber wir hätten selbstverständlich bei der Durchfahrt bezahlt."

„Sie müssen das Schiff stoppen und den Zoll zu mir nach Hause bringen."

Wir wurden den liebenswürdigen Menschen rechtzeitig los. Ein Storch, der auf einem Bein an seinem Nest auf einem roten Ziegelturm zwischen den Bäumen stand, verfolgte unsere Abfahrt mit mehr Ausdruck als jener.

Rechtzeitig kamen wir auch aus der lästigen Jümme heraus. Da, wo die Leda einmündet, wird der Fluss breiter, und etwa eine Meile oberhalb von Leer ist er eine hübsche Wasserstraße geworden. Wir kreuzten zur Stadt – einem großen deutschen Beccles –, wobei die *Gipsy* leicht durch eine ganze Flotte von Schaluppen hindurchsegelte. Leer schien uns ans Ufer einzuladen, als wir nahe kamen, aber Odysseus band sich am Mast fest. Solange noch Tageslicht herrschte und Ebbe war, wollten wir nicht halten, und als der Fluss eine Biegung machte, strebten wir mit günstigem Wind eilig in den Hauptstrom der Ems.

Die Kettenfähre war in Gang und eine Fährbootladung junger Damen winkte uns Gipsies mit ihren weißen Taschentüchern zu, als wir vorbeifuhren. Ich machte meine höfliche Verbeugung, doch sie wurde grausam missachtet. „Wir möchten den Damen guten Abend sagen", riefen sie in vorzüglichem Englisch. Aber die Mädchen waren leider nach unten gegangen.

Wir kreuzten weiter den großen Fluss herunter, bis wir um halb neun im Dunkeln gegenüber der Mündung eines Baches vor Anker gingen, während die Tide noch mit etwa vier Knoten an uns vorbeilief. Wie mir mein Kompass unten anzeigte, schwojten wir erst kurz vor Mitternacht, als die Flut einsetzte, um den Anker. Als es am nächsten Morgen um sechs Uhr ebbte, machten wir uns auf und kreuzten gegen einen leichten Wind, aber mit einer starken Tide unter uns.

Wie vorgesehen passierten wir das Wachschiff und hielten scharf Ausguck nach der Einfahrt nach Emden. Wir machten sie trotzdem ein paar Augenblicke zu spät aus und warfen, da wir sie verfehlten, etwa fünfzig Yards unterhalb der Einfahrt den Anker. Ein Fischkutter lag oberhalb von uns. Wir brachten eine Warpleine zu ihm an Bord, holten uns daran etwas näher und scherten in das totenstille Wasser des Kanals ein. Unser Anker hatte sich an einem unter Wasser liegenden Wrackteil verfangen, und wir hatten Mühe, ihn hochzubringen. Die Schleuse lag direkt vor uns, aber wir brauchten länger als wir wollten, um mit dem leichten Wind dorthin zu segeln. Der Kanal führte durch von der Tide freigelegte, übelriechende Schlammbänke. Wir brauchten eine Stunde, um durch die Schleuse zu kommen; der Zoll nahm mehr als eine halbe Stunde in Anspruch, und die Stadt lag noch eine Meile kanalaufwärts. Zwischen den hohen Deichen war es fast windstill, so brauchten wir für diese

Meile zwei Stunden.

Ich hatte meine Freigabe vom Wachschiff mit zum Zollhaus genommen. Plötzlich hieß es: „Ihr Schiff muss aber an den Kai kommen!"

„Warum?", fragte ich einen Mann an der Schleuse, der Englisch sprach.

„Ach", antwortete der mit einem Grinsen, „sie haben eben noch nie ein Schiff wie das Ihre gesehen".

So schwankten also zwei Zollbeamte an Bord, inspizierten den Salon und gingen wieder, offensichtlich enttäuscht, dass ihnen nichts zu trinken angeboten worden war.

Eine Barke im Schlepp eines kleinen Bugsierdampfers kam heraus, als wir in den kleinen Hafen einfuhren. Unsere Papiere mussten jetzt dem Hafenmeister vorgelegt werden. Nachdem diese Prüfung hinter uns lag, verholten wir uns mit Bootshaken am Kai und den Verladerampen entlang, als jemand uns vom Ufer aus anrief. Er wäre gerade im Aufbruch zu einem Spaziergang, sagte er, würde aber wahrscheinlich in einer halben Stunde zurück sein. Was uns das anginge, war uns nicht gleich klar, aber ein paar Yards weiter stießen wir auf eine geschlossene Brücke, und dieser Mann erwies sich als der Brückenwart. Ohne mit der Wimper zu zucken, ließ er uns eine ganze Stunde warten. Nach hundert Yards eine andere Brücke: Dort warteten wir eine halbe Stunde, ehe

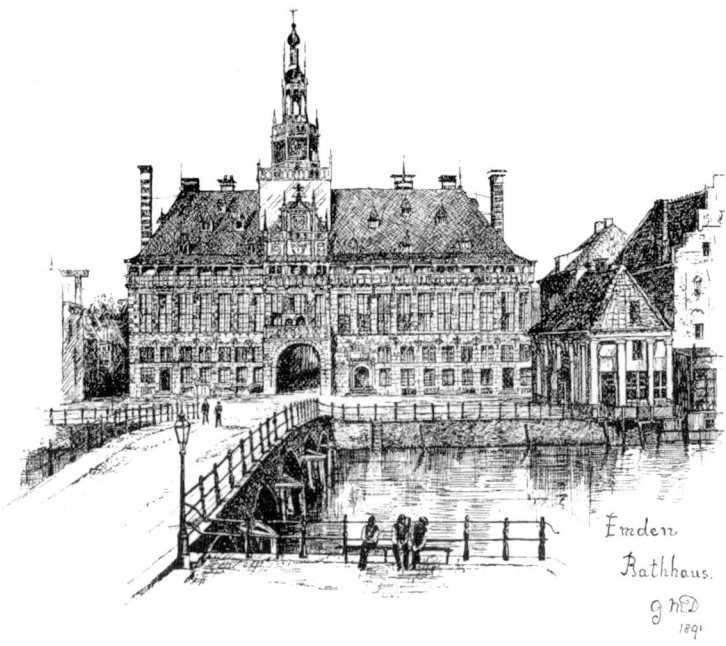

Emden
Rathhaus.
g hD
1891

der Mann sie öffnete. Dann kam eine Schleuse, die eine dreiviertel Stunde geschlossen blieb. Nachdem wir durch waren, legten wir am Ufer an, noch in der Annahme, einen Platz für die Nacht gefunden zu haben. Bald kam ein Gefährt unter Segel heran mit nur einem Mann an Bord. Die fremde Yacht bot Gelegenheit, sein Schiff zu stoppen, was er auch ganz besonnen tat, indem er uns einfach rammte. Andere Schiffe mit knapper Mannschaft würden ohne Zweifel seinem Beispiel folgen! Die am Ufer vertäute *Gipsy* enthob die anderen Schiffer nämlich aller Mühe: So lange wir dort lagen, brauchten sie das Segel nicht so bald zu reffen oder das Risiko einzugehen, nahe am Ufer auf Grund zu laufen. Es war selbstsüchtig von uns, aber anstatt den Schiffern, die zur Schleuse wollten, als Prellbock zu helfen, einen überflüssigen Weg zu vermeiden, fuhr ich zu einem Rastplatz weiter oberhalb dieser ungemütlichen Stelle.

Emden ist eine malerische Stadt. Holländische Giebel von alten Gebäuden stehen dicht an dicht an den Straßen. Dieses Land war die alte Grafschaft Ostfriesland, und der Anblick dieser Hauptstadt – dem „Auge von Friesland", wie es einst genannt wurde – ist in der Tat eher holländisch als deutsch. Man könnte sich vorstellen, in einer friesischen Stadt zu sein, wenn man vom vergleichsweisen Mangel an Ordnung und Farbe und dem gänzlichen Fehlen charakteristischer Kleidung absieht. Die alten grünen Wälle gibt es noch, und große Windmühlen stehen Schildwache wie die Dokkumer Mühlen auf den Bollwerken.

Die Stadt war in alten Zeiten sehr wohlhabend, und es lag an England, dass dieser Wohlstand herrschte. Während wir gegen Spanien fochten und während zur selben Zeit die Holländer ihren heroischen Krieg führten, waren die niederländischen Häfen geschlossen. Und Emden, damals kein Mitglied der erlauchten Handelsvereinigung, der Hansischen Liga, wurde ein großer Handelsplatz für englische Waren.

KAPITEL III

Zwischen Ems und Elbe

„Ill seemes (sayd he) if he so valiant be
That he should be so sterne to stranger wight;
For seldom yet did living creature see
That courtesie and manhood ever disagree."[1]
Faerie Queen

„Die See ist von endloser Weite, wo große Schiffe sich wie kleine Punkte
ausnehmen; keineswegs bricht des Seemanns Herz, wenn der Himmel oben
und die Wasser unten ruhig sind; wenn es aber stürmt, kommen seine Sinne
in Aufruhr. Trau ihr nicht, fürchte sie sehr. Ein Mann auf See ist ein Insekt auf
einem Splitter, entweder verschlungen oder tödlich verwundet."
Brief von Amru an Omar
The Caliphate von Sir William Muir

o Ways of pleasantness nor paths of peace are North German canals. The language of my diary anent their charms too highly flavoured for transcription. This Ems-Jade ditch was made for gunboats to pass from Wilhelmshaven to the Ems. We found scant room in it for even a Norfolk wherry.

Die norddeutschen Kanäle sind weder vergnügliche noch friedvolle Wege. Was die Beschreibung ihres Charmes betrifft, ist die Sprache meines Tagebuches zu übertrieben. Dieser Ems-Jade-Graben war einst für die Passage von Kanonenbooten von Wilhelmshaven zur Ems gebaut worden. Wir fanden selbst für eine Norfolk-Wherry kaum Platz: Der Kanal ist eng, nicht einmal durchgängig fünfzig Fuß breit, in der Mitte nicht mehr als sieben Fuß tief und

---

[1] etwa: „Es scheint nicht gut, sagt er, dass er als ein solcher Held so streng gegen einen Fremden sei; denn selten sieht man unter uns Lebenden, dass Höflichkeit und Mannhaftigkeit sich widersprechen." - *Red.*

sehr seicht an den Seiten. Es herrscht wenig Verkehr und die Behörden scheinen nichts zu unternehmen, um mehr Schiffe anzuziehen.

Am Anfang hatten wir Glück: Der Aufseher über die Wasserstraße fuhr uns in seiner Dampfbarkasse voraus. Entweder weckte er die Brückenwärter und sie waren noch nicht wieder eingeschlummert, bevor wir durch die Brük-ke gefolgt waren; oder er tat noch mehr und sprach ein freundliches Wort zu unseren Gunsten. Auf jeden Fall wurden die Brücken schnell für uns geöffnet. Alles ging glatt wie Butter bis zur vorletzten Brücke diesseits von Aurich. Wir warteten dort mehr als eine Stunde – kein Brückenmann war im Dienst. Schließlich ging ein Bote in die Stadt, aber – es ist nicht erlogen – er war betrunken. Endlich erschien ein Beamter in Uniform – der Chef des Brückenwarts, wie ihn Pieter taufte – und ließ uns freundlicherweise durch.

Volltönende Glocken läuteten in Aurich, als wir vorbeifuhren. Wir hätten gehalten, um den Ort anzusehen, wenn dieser Kanal nicht die reine Hölle gewesen wäre. Mehr und immer mehr Brücken! Bei einer, wo kein Wärter zu finden war, konnten wir uns gerade eben unten durch quetschen – Segel runter und Mast gelegt. Wir stakten weiter, bis wir vier Meilen hinter Aurich stoppten. Dort trafen wir eine holländische Tjalk, die nach Groningen heimfuhr. Ihre Crew hatte die mürrische Art dieses Landes angenommen. Überall in den Niederlanden grüßten uns Schiffer mit freundlichen Verbeugungen. Aber hier in Ostfalen findet man

> „A wild amphibious race
> With sullen woe displayed on every face,
> Who far from civil arts and social, fly,
> And scowl at strangers with suspicious eye.“[2]

„Noch nie habe ich solche Leute gesehen, niemals“, war der verächtliche Kommentar unseres alten Friesen.[3]

Der Kanal östlich von Aurich ist ein tiefer Einschnitt durch flaches, teilweise bebautes Heideland, dessen kleine Felder mit Hafer, Buchweizen,

---

[2] *etwa:* „Eine wilde amphibische Rasse mit düsterem Gram auf jedem Gesicht, die – weit entfernt von Höflichkeit und Geselligkeit – vorüberfährt und Fremde mit argwöhnischen finsteren Blicken mustert.“ - *Red.*

[3] Ein wunderliches altes plattdeutsches und lateinisches Distichon, Westfalen betreffend, ist auch auf diese Gegend anwendbar:

> „Hospitum vile,
> Groß Broot, dun Bier, lange Mile,
> Sunt in Westphalia
> Qui non vult credere, Loop Da“

Kartoffeln und Korn bestellt sind. Ich ging eine Weile am Ufer entlang und sah herunter auf unser frisch gemaltes elegantes Schiff, das mit seinem Segel wie unter einer großen weißen Schwinge zu meinen Füßen dahin glitt.

Am nächsten Tag passierten wir eine Schleuse, die uns acht oder zehn Fuß hob und an der wir einen sehr höflichen Schleusenwärter trafen. Schiefe Seitenblicke hatten so lange vorgeherrscht, wir hatten uns so lange wie unter einer dunklen Wolke gefühlt, dass sein Lächeln uns wie Sonnenschein erwärmte.

Dieser Schleusenwärter war an unserem Abenteuer interessiert. Kein englisches Schiff war je durch seine Schleuse gekommen. Doch ich dachte besorgt an den nächsten Kanal von Bremerhaven nach Otterndorf. Obwohl er noch weit entfernt war, fragte ich den Schleusenwärter, ob er irgend etwas über den Geeste-Kanal wüsste. „Nein", war die Antwort aber er hätte eine gute Karte. Als wir sie ansahen, fand sich kein solcher Kanal eingezeichnet. Ich zeigte ihm den auf unserer deutschen Karte.

„Die muss sicherlich richtig sein", sagte er.

Ich erinnerte mich an den Ems-Hunte-Kanal, schluckte aber meine Zweifel hinunter.

Den ganzen nächsten Tag lang krebsten wir auf dem Grund unseres Grabens herum und wären ein gutes Stück vorwärts gekommen, wenn nicht diese Schnecken und Dickhäuter von Brückenwärtern gewesen wären. Ein Mann zeigte das nackte Erstaunen über unseren Mangel an Geduld, nachdem wir ihm zuliebe eine halbe Stunde gewartet hatten – er hatte seinen Kaffee noch nicht ausgetrunken! Ein nächster war mit anderen beim Heumachen, und er und seine Gesellen wollten nicht zugeben, dass er der Brückenwart war; wir sahen dann einen Herrn halten und ihn zum Dienst beordern. Die Qualen des Fegefeuers sind mehr als die anderer Orte geeignet, den Charakter zu läutern. Mein Tagebuch sagt: „Bevor wir aus diesem Kanal heraus sind, werde ich gelernt haben, so geduldig zu sein wie Balaams Esel." Es ist wahr, diese Brückendurchfahrten kosten nichts. Aber wer würde nicht gern die geringen holländischen Gebühren bezahlt haben, um dafür holländischer Aufgewecktheit und Höflichkeit zu begegnen?

Die unteren Klassen dieser Gegenden machen einen peinlichen Eindruck auf Fremde – sie scheinen nicht einmal die Artigkeit von Vieh zu haben; Ochsen lecken sich wenigstens gegenseitig das Fell. Dankbarkeit scheint weit über ihrem Verständnis oder ihrer Erfahrung zu liegen. Wenn man ihnen für irgendwas dankt oder glaubt, Dank erwarten zu dürfen, ist die einzige Antwort ein erstauntes Glotzen.

Endlich verließ der Graben den Einschnitt, und wir segelten durch frischere kühlere Luft bis zu einer Eisenbahnbrücke. Sie würde nicht eher als nach Dunkelheit geöffnet werden, hieß es, also blieb uns nichts weiter übrig, als hier, an der Grenze von Oldenburg, zu stoppen. Am nächsten Morgen hatten wir starken Gegenwind. Wir fanden glücklicherweise ein Bauernpferd – und sie haben sehr gute Pferde in diesem Teil Deutschlands –, das uns die fünf Meilen nach Wilhelmshaven zog.

Endlich lag der Ems-Jade-Kanal hinter uns! Große Erleichterung! Kein gestandener Mann, der nicht fluchen kann, sollte nach uns hier durchsegeln; bei deutschen Brückenwärtern muss man fluchen – oder platzen.

In Wilhelmshaven angekommen, war meine erste Sorge, Informationen über unsere kommende Route zu bekommen. Die Seepassage nach Bremerhaven war einfach, aber wie stand es mit dem Kanal nach Otterndorf? Wir könnten in ihm festsitzen wie im Ems-Hunte-Kanal bei Augustfehn. Wir durchkämmten alle Buchläden der Stadt. Ein freundlicher Buchhändler gab sich einen Haufen Mühe und suchte alle einschlägigen Quellen heraus, die er hatte.

Wir erfuhren soviel, dass ein Kanal existierte, der groß genug für Schiffe von sechzehn deutschen (etwa vierzehn englischen) Tonnen sein sollte. Die *Gipsy* hat über sechzehn Tonnen, es müsste also gerade eben gehen. Wir konnten jedoch weder über die Tiefe oder über die Größe der Schleusen noch etwas über die Brücken finden. So gingen wir zum Lotsenbüro. Der Leiter war höflich, konnte uns jedoch nicht helfen. Er war sich ganz sicher, dass es keine Karte gab und auch ebenso sicher, dass es in ganz Wilhelmshaven keine Person, keinen Lotsen oder sonstwen gab, der irgendetwas über den Geeste-Kanal wusste. Wir entsandten Pieter, die Matrosen auszuhorchen, die auf den Kais herumlungerten. Nicht einer hatte von solch einer Wasserstraße gehört.

Als nächstes kaufte ich eine Karte, die die Jade, die Weser bis Bremerhaven und die Elbe bis Hamburg umfasste. Der Lotsenchef riet mir, einen seiner Männer mit auf See zu nehmen. Um die Überfahrt an einem Tag zu machen, wäre es wesentlich, die Tiden zu kennen. Wir müssten bei Ebbe aus dem Jadebusen auslaufen und draußen auf die Flut treffen, um uns mit ihr die Weser aufwärts zu schieben. Die meisten Lotsen waren mit der Flotte nach Helgoland unterwegs, aber er würde versuchen, einen guten Mann für uns zu finden. Der Lohn für einen Tag würde achtzig bis hundert Mark betragen. Ich ging wieder an Bord und studierte sorgfältig die Karte. Der Weg war wunderbar betonnt. Ich war sehr geneigt, vier oder fünf Pfund zu sparen und das Vergnügen zu haben, mein eigener Lotse zu sein.

Dieses Wilhelmshaven ist kein einladender Ort: Eine gute Straße gibt es, die Roon-Straße mit ausgezeichneten Läden. Alles andere kahle Mauern, hässliche Mietskasernen und langweilige, lange und staubige Straßen. In diesem zweitgrößten Kriegshafen Deutschlands trifft man viele Matrosen auf den Straßen. Die deutsche Vorschrift des „Immer in Uniform" macht die Offiziere sehr auffällig. Sie sind unübersehbar, stattlich und straff eingeknöpft, mit blonden Bärten, gewichsten Schnurrbärten, niemals fehlendem Degen und mit oft ein bisschen zu engen Gürteln. Kriegsmächtig stolzieren sie in unsäglich aufgeblasener Würde umher. Den Fremden beschleicht bei ihrem Anblick Furcht. Ich musste all meinen Mut zusammennehmen, um solch einen mächtigen Mann nach dem Weg zu fragen. Zu meiner großen Erleichterung antwortete er ganz freundlich. Unzweifelhaft sind sie tatsächlich Männer von Welt,

höflich und angenehm. Aber man vermisst den wohltuenden Ton der guten Erziehung unseres eigenen lieben alten Militärwesens.

Das Folgende stammt aus einer Zeitung: „Das kürzlich herausgegebene Buch des Flottenreglements enthält die folgende Mitteilung bezüglich der Uniform eines Admirals: Auf See ist ihm gestattet, Ölzeug zu tragen, Südwester und Jacke, die Hemdbrust muß absolut einfach sein und ohne Rüschen, er darf die Ecken seiner Kragen nicht zurückschlagen oder aufbiegen, der Abstand zwischen den Goldlitzen auf seinen Ärmeln muß ein siebenundzwanzigtausendfünfhundertneunundneunzigstel von einem Zoll betragen. Er braucht die Uniform nicht zu tragen bei der Jagd, am Strand, auf dem Maskenball und wenn er auf halbes Gehalt gesetzt ist. Bei jeder anderen Gelegenheit muß er eine Arztbescheinigung vorweisen, dass das Tragen der Uniform seiner Gesundheit abträglich wäre. Sollte er an einem Sonntag zwischen zwölf und vier Uhr in Berlin, im vornehmen Teil der Stadt, sein, muß er seinen Dreispitz tragen. Wenn er heiratet, muß er bei der Trauung volle Uniform tragen. Der Kaiser selbst hat sich eingehend mit all diesen Einzelheiten befasst!"

Niemals sah ich solch eine Grüßerei. Die Mannschaften salutieren nicht nur ihre Offiziere, sondern sich auch untereinander. Der Junge des Gehilfen des Schiffskochs grüßt den Gehilfen des Schiffskochs. Die Blaujacken sehen wie helle intelligente Kerle aus, viele sprechen Englisch und kommen vielleicht aus einer etwas gehobeneren Schicht als unsere Leute. Da sie meist aus den dänischen Grafschaften stammen, müssen manche von ihnen einen Hang zur Seefahrt haben. Aber ansonsten haben die Deutschen nicht so viel mit Seewasser im Sinn. Sie sehen für englische Augen unseemännisch aus, was an ihrer aufgetakelten Aufmachung liegt: Ihr Knopf- und Tressenaufwand, die goldenen Uhrketten, Zigarren, gewichste Schnurrbärte und schlecht geschnittene schmutzig-weiße Hosen lassen eher an Theatergestalten denken als an Seeleute. Bei all ihrer Grüßerei hörte ich, dass sie ihren Offizieren nur einfach mit „Nein" oder „Ja" antworten. Aber das ist Landessitte, sogar zwischen Dienstboten und Herrschaft. Kein „Sir", „Monsieur", „Mynheer", „Signor", „Señor" oder „Senhor", wie in den meisten anderen europäischen Ländern.

Ein Lotse, Frericks mit Namen, kam am Abend vom Büro und bot uns seine Dienste für vierzig Mark an. Ich überlegte, dass im Falle zu starken Windes, zu rauer See oder dichten Nebels er uns eine gute Abkürzung oder einen sicheren Ankerplatz im Windschatten irgendeiner Sandbank zeigen könnte, und beschloss, dass es doch klug wäre, ihn zu engagieren, auch wenn es mir gegen den Strich ging.

Am Morgen „sagte der König: Segeln! doch der Wind sagte: Nein!" Frericks kam und sagte, es bliese hart aus Osten, und es ginge zu schwere See für unser kleines Süßwasserschiff. Wir lagen in einem Kanal und konnten den Wind nicht spüren. Als ich aber zur Hafenmündung spazierte, fand ich, dass er nicht übertrieben hatte. Und so mussten wir einen müßigen Tag hinter uns bringen, „da wir kein Schiff waren, der mächtigen See zu widerstehen".

Ich sah ein paar kleine Küstenfahrzeuge im Handelshafen liegen. Vielleicht würden ihre Schiffer den Geeste-Kanal kennen. Pieter wurde mit einem Trinkgeld ausgesandt, um mit ihnen zu sprechen. Es zeigte sich, dass ein Mann den Kanal gut kannte. Er sagte, er wäre passierbar für Schiffe unserer Länge und Breite und Tiefgang und schickte mir ein paar Quittungen für Kanalgebühren zum Beweis, dass er dort gewesen war.

In dieser Nacht kam der Kaiser an Bord seiner „*Hohenzollern*" von der formellen Übernahme Helgolands herein.

Am nächsten Morgen hatte der Wind auf Südwest gedreht, was uns gut passte und ruhiges Wasser im Golf bedeutete. Das war unsere Chance. Der Lotse kam an Bord, wir passierten die Schleuse, segelten durch den Hafen, fanden aber die Schleuse geschlossen. Zwei Stunden lang machten wir Halt am Kai. Als wir dort mit unserer flatternden blauen Flagge und dem Clubstander lagen, guckten mehrere Marineoffiziere auf uns arme Fremdlinge herunter und gingen auf die andere Seite. Nicht ein Wort, ein Zuruf oder irgendetwas.

Endlich schwang das schwimmende Schleusentor zur Seite und wir verholten uns in die Kammer der Seeschleuse. Zwanzig Minuten später war das Tor wieder eingeschwenkt, nach dreißig Minuten war es abgesenkt. Die Schleuse leerte sich weitere zwanzig Minuten, dann öffneten sich endlich die Außentore und wir waren frei. Das Segel wurde eilig mit eifrigen Händen gehisst und hinaus segelten wir mit nichts vor uns als offener See.

„Nun ist alles bereit oben und unten, blas, blas, guter San Antonio!", und was wir erbaten bekamen wir – einen leichten netten Wind backbords. Frericks nahm seinen Platz an der Pinne ein, aber der Kanal – wie die Karte gezeigt hatte – war so gut bezeichnet wie eine Landstraße. Alles ging vorzüglich. Schwarze Wolken zogen auf, entluden aber nur kurze Schauer, die See war so sanft, dass die Mädchen an Deck sitzen konnten, und die Tide brachte uns gerade bis zum Bremer Feuerschiff, von wo es in die Wesermündung geht. Das Feuerschiff liegt weit voraus, jenseits eines Labyrinths von Sandbänken. Das einzige Land in Sicht, als wir den neuen Kurs einschlugen, war eine der alten Electriden (heißt nicht heute noch eine Insel Ameland oder Amberland?[4]) die Insel Wangeroog.[5]

Als wir nacheinander zwei Kriegsschiffe passierten, machte die *Gipsy* ihre bescheidene Verbeugung und dippte die britische Flagge. Aber die großen deutschen Kriegsschiffe geruhten das nicht zu bemerken. Ein Schlachtschiff meiner guten alten Flotte würde den Gruß einer Heubarke erwidern. *Noblesse oblige*.

Die Wesermündung ist so gut betonnt wie die Jade. Bei so schönem Wetter konnte nichts leichter sein. Wir hatten die Tide mit uns, und der Wind frischte beständig auf. „Nicht zu viel, guter San Antonio." Seine Heiligkeit schickte genug, bevor der Tag vorüber war.

„Sie segelt sich prima", sagte Frericks.

Als es dunkel wurde, nahm der Wind zu und kam uns entgegen. Der Lotse war jetzt wirklich von Nutzen. „Ree", befahl er, als wir die Lampen in Abständen von wenigen Minuten auf und wieder abblendeten; und jedes Mal, wenn wir wendeten, fanden wir uns nahe einer Tonne, die in der Dunkelheit nicht zu sehen gewesen war. Der Wind gegen die Tide machte die See kurz und kabbelig.

„Besser, Sie gehen jetzt nicht in den Hafen, Käpitän. Wahrscheinlich sind zu viele Schiffe da. Ich schlage vor, Sie ankern draußen, und ich bringe sie am Morgen hinein." Ich dachte, er hätte ganz recht, wir würden nicht so leicht einen guten Liegeplatz finden – es war stockdunkel. Wir fuhren an einem großen amerikanischen Segler vorbei – seine Reihen von erleuchteten Luken sahen aus wie ein ungeheuer langer alter Dreidecker – und kamen näher, die roten und grünen Lichter der Hafeneinfahrt gerade gegenüber und schwanken- de Lichter anderer Schiffe rings um uns her. Wir setzten Frericks mit einem kleinen Extra-Trinkgeld an Land ab und machten die *Gipsy* behaglich für die Nacht. Die kleine Wherry hatte seit ein Uhr vierundfünfzig Meilen auf ihrem direkten Kurs gemacht.

Wir hatten eine unsanfte Nacht, der Wind frischte stürmisch auf. Wir steckten mehr Trosse aus und setzten das Ankerlicht. Schon bald konnte nichts mehr den Schlaf von des Kapitäns Augen vertreiben – weder die an

---

[4] Es steht geschrieben, dass zu Neros Zeiten eine römische Flotte 13.000 lbs des kostbaren Glessum *(Bernstein, engl. amber – Red.)* bei einem einzigen Besuch sammelte. *Elton: Origins of English History*

[5] Das Reich des legendären „Wasserkönigs von Wangerong", der einen Teil der holländischen Küste unter Sand begrub, weil er die Braut aus Dordrecht, die er wollte, nicht bekam.

die Bordwand rumpelnde See noch das sich bewegende Ruder; weder das Schlagen von Tauen noch irgendein anderes der seltsamen Geräusche, die man in einem kleinen Schiff hört, das nachts in rauem Wasser liegt. Am nächsten Morgen gab es jammervolle Gesichter beim Frühstück – „es war solch eine fürchterlich stürmische Nacht."

Pieter ruderte die *Snail* und mich in den Hafen. Ich wollte mich ein bisschen mit den Örtlichkeiten vertraut machen. Wir sahen den Weg die Geeste hinauf und erfuhren, dass wir am Zollhaus würden halten müssen. Ein harter, nasser Rückweg. Dann Anker auf, eine Backbordhalse, – rund achtern – und unter dicht gerefftem Segel mit gesenkter Gaffel und der Schot straff nach achtern jagten wir vor dem Wind hinein und nahmen das Segel herunter, als wir zwischen den Piers waren. An einer Reihe von Schiffen entlang mussten wir eine Strecke nur vor Topp und Takel zurücklegen, bevor wir eine Leine ans Ufer brachten und uns längsseits an den Dampfschiffkai, unterhalb des Zollhauses legten. Ich absolvierte getreulich meinen Zollbesuch.

Woher kamen wir? Wilhelmshaven! Oh, dann müssen wir das Schiff inspizieren. Es half nichts, dass wir zweimal zuvor inspiziert worden waren, am Ems-Wachschiff und in Emden. Wir waren jetzt von See gekommen. Ein Offizier mit mächtiger Kinderschreckstimme und grimmigem Gesicht kam mit mir an Bord.

„Was, so viele Konserven! Verpflegung für zwei Monate! Unmöglich, soviel zu essen!"

Wir versuchten, unseren Ärger zu zügeln und ihn mit netten Worten zu besänftigen. Aber nein! Er hatte sich in seinem Kopf festgesetzt, dass wir nicht zum Vergnügen gekommen wären; wir müssten Konserven und Wein zum Verkauf hergebracht haben. Ich gestehe, ich war unhöflich genug, ihm ins Gesicht zu lachen. Er tobte los, um mit seinem Vorgesetzten zu sprechen, der zweifellos auch über ihn lachte, denn, als er zurückkam – im Niedergang geriet ihm der Degen zwischen die Beine –, brüllte er so laut wie Rolands Horn: „Sie können jetzt weiter!" Die Wherry erzitterte unter seinem Gedröhn.

Dann stakten wir durch den Hafen, vorbei an einem Dock, wo ein großer Viermaster repariert wurde und an Werften, auf denen unter dem ohrenbetäubendem Lärm der Hämmer Eisenschiffe gebaut wurden. Die Städte Bremerhaven und Geestemünde bekamen wir in jeder Richtung der Kompassrose zu sehen, als wir segelnd die Schlingen, Schleifen und Kehren der Geeste entwirrten; einmal auf dem einen Kiel, dann auf dem anderen, das Segel jetzt mittschiffs, dann ausgestellt soweit es ging, einmal halsend, dann im Gegenwind kreuzend. Nichtsdestotrotz kam sie uns wie ein paradiesischer Fluss vor nach diesem todtraurigen Ems-Jade-Kanal. Wir mussten den Mast an der ersten Brücke legen. Aber besser das, dachten wir, als Auseinandersetzungen mit Brückenwärtern.

IN THE SALOON.

Das Land wurde schöner, als wir weiterkamen: Felder von fast friesländischem Grün, in der Ferne erhob sich waldreiches Land. Wir erreichten eine Gabelung, an der mehrere Wasserwege zur Wahl standen: rechts der eigentliche Fluss mit offensichtlicher Strömung, links, nicht zu verkennen, ein Kanal. Wir wählten den letzteren, segelten ein paar Meilen weiter und legten am Abend am Ufer an, wo wir einen Kirchturm querab an unserer Steuerbordseite hatten.

Die Bauernhäuser hier waren alle von dem Typ, der uns nachher so vertraut wurde: Ziegel und Holz, wobei die Ziegel vielleicht ein moderner Ersatz für Lehm waren. Die Dächer sind für gewöhnlich strohgedeckt. Die Giebel bilden fast immer die Frontseite. Der Dachfirst wird oft von Hölzern markiert, die herausragen und sich kreuzen, an Hirschgeweihe erinnernd. Durch große Türen betritt man eine Art Scheune mit Verschlägen für Schweine und Vieh an den Seiten sowie Käfigen für Kaninchen und Geflügel, die von der Decke hängen. Dahinter liegen die Wohnräume. Man sieht selten Gärten um diese Gehöfte. Ihre Umgebung ist schmutzig, aber der anheimelnde Stil der Gebäude und die warme rote Farbe in all dem Grün wirken malerisch.

Die Szenerie um unseren Liegeplatz war anziehend, fast hübsch: Wilder, hügeliger Heidegrund mit viel Wald. Die Straßen waren trockene, sandige Pfade, manchmal eingeschlossen von hohen wuchernden Hecken, an deren Rand im harten Gras Glockenblumen wuchsen.

Am nächsten Tag glitten wir mit leichter Brise den hübschen Kanal entlang. Wasser gab es genug für uns: fünf bis sechs Fuß. Die einzige Einschränkung waren die festen Brücken. Wir mussten ein Dutzend Mal an diesem Tag Segel und Mast herunter nehmen. An einer Stelle segelten wir langsam durch einen tiefen Einschnitt mit Wald auf jeder Seite: Eichen, Buchen, Fichten und schottische Föhren. Dann kam eine Schleuse, ein fröhlicher Garten um des Wärters Haus und eine schöne rote baumgroße Geranie an der Mauer. Er erzählte uns, dass die Durchfahrt erst seit zwölf Jahren offen und kein englisches Schiff je vorbeigekommen sei. Die Ufer hinter der Schleuse waren rosa von Weidenröschen und die bewaldeten Hügel im Hinterland zu unserer Linken rückten näher, als wir weiterfuhren.

Schließlich kam eine Gruppe von roten Häusern um einen roten Turm in Sicht, und der gegenüberliegende Teich, den wir auf der Karte fanden, half uns, das Dorf als Bederkesa zu identifizieren. Es war ein ganz schön großer See, aber die Binsenbüschel, die ihn sprenkelten, ließen ihn seicht erscheinen.

Wir hielten, um frischen Brotvorrat zu übernehmen, und fanden das Dorf sehr malerisch. Wir kletterten eine steile, immerhin mit Kopfsteinen gepflasterte Straße hoch. Sehr alte Giebelhäuser im Fachwerkstil des Landes schienen irgendwie an jeder Seite hingestellt zu sein und blickten aus allen Richtungen auf die Straße. Einige standen nahe beieinander, einige hatten mehr oder weniger Raum zwischen sich. Große Tore, wie in den Bauernhäusern, waren auf allen Giebelseiten, und oft war auf alten Balken über den Türen ein Text oder Wahlspruch in etwas altersdunklen deutschen Lettern geschnitzt. Der Ort sah erbärmlich arm aus. Schmutz und Nachlässigkeit überall. Keine Gärten, nicht einmal Blumen in den Fenstern. Kinder spielten im Rinnstein, der von Unrat überquoll. Misthaufen faulten an den Haustüren ihrer Besitzer. Das „Bouquet d'Allemagne" war fast ein bisschen zu durchdringend.

Welcher Kontrast zu einem holländischen Dorf! Klinkergepflastert, gefegt, strahlend in Reinlichkeit und Farbe. Andererseits jedoch belästigten diese armen Leute die Fremden nicht so wie die friesländischen Bauern es taten; vielleicht waren sie zu apathisch, um neugierig zu sein. Und der Ort war zehnmal so malerisch. Unsere Künstlerinnen hätten sogar die Abwässer und die Gerüche in Kauf genommen, wenn Zeit für ein oder zwei Skizzen gewesen wäre. Und als wir im Weitersegeln zurückschauten, gab Bederkesa mit seinen Hügeln im Hintergrund, einem großen roten Haus oben im Wald und dem silberhellen Wasserlauf darunter ein ganz reizendes ländliches Bild.

Die Geradlinigkeit des Kanals wich ungehinderten Windungen, als der Flusslauf durch flacheres, sumpfigeres Land führte. Die Wasserstraße – verlassen und von Menschen vernachlässigt (wir sahen kaum ein menschliches Wesen zu Wasser oder zu Lande) – war mit Wasserlilien und Urwäldern von Binsen und Rohr zugewachsen. Oft war der Weg hindurch kaum erkennbar. Der Regen der letzten Nacht hatte das Schilfgras niedergedrückt, so dass es über dem tückischen Kanalufer hing und es verdeckte. Wir mussten uns rund um und hinter den verwirrenden Wänden und Büschen von Wasserpflanzen hindurchwinden. Kein Kiel schien seit Jahrhunderten diesen Zauberwald gestört zu haben.

Ein toter Storch trieb vorbei. Das war ein schlechtes Vorzeichen, denn sogleich machte es blubb-blubb unter ihm. Die Stange zeigte vier Fuß Wasser, aber die *Gipsy* lief trotz der erfreulichen Brise schwerfällig und – wie ich fühlen konnte – zu nahe am Grund. Unser Schicksal war für ein paar Meilen in der Schwebe, bis wir zu einem geraden Teil kamen, wo es wieder tief genug war. Dort floss der eigentliche Strom in der Verkleidung eines schilfbewachsenen Grabens nach Norden. Dann eine Geduldsprobe von aufeinanderfolgenden Brücken. Man findet immer mehr Brücken über Kanäle, wie klein auch immer, als über Flüsse, denn Flüsse waren vor Straßen da, während Kanäle sich mit schon bestehenden Wegerechten abfinden mussten.

Das Land wurde jetzt etwas bevölkerter. Eine Jagdgesellschaft auf der Marsch feuerte einen freundlichen Salutschuss für uns ab. Ich sah keinerlei Beute bei ihnen. Dann trafen wir in einem am Wasser gelegenen Dorf auf eine Prozession von schwarz gekleideten Bauern, die offensichtlich von einer Beerdigung zurückkamen. Hartgesichtiges Volk, die armen überarbeiteten Frauen bejammernswert einfach gekleidet. Wir segelten weiter bis zum Abendessen, die Strömung half uns. Unsere Karte war gänzlich wertlos, unser Halteplatz konnte nur vermutet werden, und die Antworten auf unsere Erkundigungen waren gegensätzlich. „Wie weit bis Otterndorf?" – „Sechs Stunden." Ein paar Meilen weiter waren es acht Stunden, ein paar Meter mehr, und es waren drei.

Am nächsten Morgen starteten wir in strömendem Regen, dem eine Flaute folgte. Nach einer zum Verrücktwerden hohen Zahl von Straßenbrücken kamen wir zu einer Eisenbahnbrücke, die half, unsere Position zu bestimmen: etwa fünf Meilen von Otterndorf. Bald danach ein Schwenk westwärts und Gegenwind. Die Männer sprangen mit einer Leine ans Ufer, ich arbeitete mit der Stakstange, so erreichten wir Otterndorf um halb vier.

Es ist seltsam, sich zu vergegenwärtigen, wie wenig diese deutschen Kanäle benutzt werden. Schiffbare Wasserwege zwischen wichtigen Endpunkten – von der Ems nach Wilhelmshaven, von Bremerhaven an der Weser nach Otterndorf an der Elbe. Würde man nicht einen regen Verkehr von Süßwasserschiffen erwarten? Aber unsere Erfahrung war: auf dem Ems-Jade-Kanal drei oder vier deutsche Schiffe sowie eine holländische Tjalk und auf diesem Geeste-Hadelner-Fluss-Kanal nicht ein durchgehendes Schiff. Mangel an Geschäften mag ein Grund oder das Ergebnis uneffektiven Managements sein. Es mag nicht ganz stimmen, aber aus dem Gedächtnis errechneten wir zweiundfünfzig Brücken zwischen Emden und Wilhelmshaven und dreiundzwanzig auf diesem jetzigen Kanal auf einer Strecke von, sagen wir, vierzig Meilen. Man bedenke den Aufenthalt und die Ausgaben.

In den holländischen Provinzen behindern die Brücken die Reisenden nicht, die sich darauf verlassen können, dass sie auf den ersten Anruf hin geöffnet werden. Und auf diesen holländischen Kanälen gibt es Tausende von Schiffen. Das deutsche System ist ärgerlich genug, um hinderlich zu sein. Man muss das Segel runternehmen, am Ufer anlegen und – wenn erlaubt – sich selbst helfen oder einen Boten schicken, um das Haus des Brückenwärters zu finden, was einen Halt von durchschnittlich ziemlich einer halben Stunde je Brücke ausmacht.

Der einzige Verkehr auf diesen Wasserstraßen kommt von kleinen kanuähnlichen Booten, die winzige Torfladungen transportieren. Sie hissen einen Lappen von Segel, und der Skipper benutzt ein Paddel, dessen Blatt mit Eisen beschlagen und gespickt ist, um ihm gleichzeitig als Setzstange zu dienen.

Der Schleusenwärter von Otterndorf unterhält hier, an dem einen von zwei möglichen Durchlässen zur See, Netze für Aale. Auf der ganzen Länge des Kanals existiert kein regulärer Aalfang. Ein trauriger Mangel an Unternehmungsgeist scheint das zu sein. Aber das Vorkommen ist vielleicht nicht groß, denn außer dem See von Bederkesa gibt es keine flachen Gewässer oder Moräste, die in Friesland und Norfolk Brutstätten für Aale abgeben.

KAPITEL IV

Auf der Unterelbe nach Hamburg

„O Navis, referent in mare te novi Fluctus?"[1]
Horace Odes

„Levat ipse tridenti."[2]
Virgil Aen

 e had to stop some hours at Otterndorf. The flood would not make in the Elbe till after six o'clock in the evening, and should we sail now and the wind fall light, we might have to anchor in some place too exposed to be pleasant. It would be wiser to wait for the morning tide, and take the whole flood up with us.

Wir mussten einige Stunden in Otterndorf halten. Die Flut würde in der Elbe erst nach sechs Uhr abends einsetzen; würden wir jetzt lossegeln und der Wind würde nachlassen, so müssten wir vielleicht an einem zu ungeschützten, wenig erfreulichen Platz ankern. Es war klüger, die Morgentide abzuwarten und die ganze Flut mit uns zu haben.

Wir spazierten auf dem großen Seedeich entlang, um zu sehen, wie die Aussicht dort war und kamen an einem drolligen beleibten Krieger vorbei, der uns mit offensichtlichem Misstrauen betrachtete. Er war mit einem Säbel gegürtet und über dem Rücken hing eine schwere Flinte.

Wir fanden eine großartige Aussicht auf die Umgebung: Das gegenüberliegende Ufer war von unserem erhöhten Standort noch in Umrissen zu erkennen, Cuxhaven kam nördlich in Sicht, und Segelschiffe und Dampfer fuhren stromauf- und stromabwärts. Der Schleusenwärter konnte kaum den Blick von uns wenden, als wir dort standen. Ein englisches Schiff, das wahrhaftig durch den Geeste-Hadelner-Kanal gekommen war!

---

[1] *etwa:* „O Schiff, wird die Strömung dich ins Meer zurückbringen?" - *Red.*
[2] *etwa:* „Erhebt selbst den Dreizack" - *Red.*

Am frühen Morgen um 4.45 Uhr weckte ich die Leute. Wir mussten uns durch einen Tunnel und eine Schleuse unter dem Deich durchwinden, und gleich, nachdem das Schleusentor geöffnet war, fuhren wir durch, bevor die Strömung zu stark wurde. Um 6.50 Uhr segelten wir aus der Kanalmündung auf den breiten Strom hinaus. Der Seehorizont lag uns gegenüber, aber dort, wo sich der Strom weiter aufwärts verengte, war Land in Sicht. Ein energischer Wind blies aus Westsüdwest, das Wasser war für unser kleines Schiff rau, und Gischt sprühte über das Vordeck. Zuerst hüpften wir fast vorwärts, denn wir mussten die nachlassende Ebbe aussegeln. Doch als wir die Flut unter uns hatten, segelten wir mit großer Geschwindigkeit dahin. Die Luvgierigkeit der *Gipsy* veranlasste mich, das Segel etwas zu kürzen und zwei Reffs zu stecken.

Zu unserer Rechten passierten wir die Mündung der Oste (ein kanalisierter Fluss, auf dem wir von der Weser her hätten kommen können, wenn wir näher an Bremen herangesegelt wären und einen längeren Bogen gemacht hätten). Dann am anderen Ufer das Dorf Brunsbüttel, dessen Kirchturm, auf der Karte verzeichnet, auf den Grund gesunken sein musste – er war unsichtbar. Dann, wieder auf der Linken, sahen wir das holsteinische Glückstadt. Bald verengte sich das Fahrwasser beträchtlich, und unser Kurs lag zwischen Krautsand und der Insel Pagensand. Ein Feuerschiff markiert Krautsand, und oberhalb der Insel liegt eine Sandbank mit dem nur zu bezeichnenden Namen „Hungriger Wolf".

Ich hatte gedacht, bis Blankenese zu kommen, aber der Wind verstärkte sich immer noch, und wir hätten dort an einem Leeufer liegen müssen. Vielleicht würde eine kleine Bucht auf der Wetterseite von Brunshausen einen geeigneteren Liegeplatz abgeben. Ich fragte ein vorbeifahrendes Schiff, ob sie tief genug wäre und „Ja, Wasser genug!" kam die heisere Antwort durch den tosenden Wind. Sogleich gingen wir über Stag und auf dem anderen Kurs nach Brunshausen. Das Segel kam herunter, als wir in die Hafenmündung einfuhren und uns wegen des Tidenstromes einen Liegeplatz am Kai besorgten. Sechsundvierzig Meilen an einem halben Tag! Was für eine Wohltat ist offenes Wasser! Auf der Geeste hatten wir dreieinhalb Tage gebraucht, um eine kleinere Strecke zurückzulegen.

Wir fanden heraus, dass dieser Nebenfluss Schwinge hieß und dass es bis Stade genug Wasser für uns gab. Stade, hörten wir, war selbst eine alte sehenswerte Stadt und Hamburg von dort mit dem Zug erreichbar. Wir wollten Hamburg sehen, aber nicht mit der *Gipsy* in den Slums eines voll gestopften Hafens liegen. Es wurde daher beschlossen, nach Stade zu segeln und dort für einen oder zwei Tage zu bleiben. Die Tide war umgeschlagen und es war Gegenwind, so mussten die Männer sie den engen Wasserweg hoch schleppen. Da ich es hasste, sie bei der einzigen Arbeit, die ich nicht mitmache, wie Zugpferde schuften zu sehen, stoppte ich, sobald die Stadt in Sicht kam; am

Morgen könnten wir die *Gipsy* mit der Flut weiterbringen. Dann gingen die Mädchen und ich zu Fuß nach Stade und verließen Wilson mit der Order, die Wherry vom Ufer freizuhalten, damit sie flott bliebe, wenn die Tide fiele.

Wie die meisten Städte in diesen kriegsgeschüttelten Ländern hat Stade ein wechselvolles Leben gehabt. Es begann seine Geschichte als „Statio" (daher wahrscheinlich der Name) – Quartier für die Schiffe des Tiberius zur Bewachung der Elbe. Es trat als eine der ersten Städte der Hanse bei. Stade hat seinen Kopf als freie Stadt hochgehalten, aber auch vor nicht wenigen Herren den Nacken gebeugt: vor ihren eigenen Herren, den Erzbischöfen von Bremen; und vor den Dänen, Schweden und Hannoveranern. Im Wettstreit mit ihrer großen Schwester Hamburg beanspruchte sie, von den Schiffen, die die Mündung der Schwinge passierten, Zoll zu erheben[3]. Aber Hamburg erwies sich als zu stark für Stade, das alles Gemeindegut verkaufen musste und tatsächlich „auf tiefe Ebbe" reduziert wurde. Schließlich kamen ihm, wie auch Emden, die englischen Händler zu Hilfe. Sie hatten selbst einen Streit mit Hamburg gehabt und wanderten daher in die Konkurrenzstadt ab. Der Hansetag, von Hamburg angerufen, klagte Stade an, englische Niederlassungen in Deutschland begünstigt zu haben. Stades seltsam formulierte Antwort lautete: „Der Allmächtige Gott hat die Engländer zu uns geführt und uns so ein Mittel zum Lebensunterhalt geschickt, damit unsere Bürger ein wenig Brot bekommen." Letztendlich brachte der englische Handel mehr als den ehemaligen Reichtum zurück.

Wir waren, muss ich gestehen, vom jetzigen Anblick des Ortes enttäuscht: von außen gesehen nur ein verschlafenes ländliches Städtchen. Eine Menge Ziegel, Mörtel, Fachwerk- und Giebelhäuser in den Straßen, eine Anzahl von malerischen alten Speichern rund um das Hafenbecken, die vielleicht aus schwedischen Zeiten[4] überlebt hatten – das war auch alles von Interesse. Wir hörten später von ebenso hübschen wie eigentümlichen Trachten, sahen aber selbst keine.

Bei unserer Rückkehr fanden wir die Wherry auf Grund sitzend. Ich stocherte mit der Stange um sie herum – sie lag an der Kante einer Schlammbank, die genau außerhalb des Kiels in tiefes Wasser abfiel. Beide Männer waren an Land gegangen. Ich setzte ein paar kleine Stangen aufrecht in den Schlamm und laschte sie an Steuerbord an, indem ich die Laschings durch die Speigatts

---

[3] Diese Stader Zölle wurden von Hannover noch bis 1861 auf alle Einfuhren nach Hamburg erhoben und wurden dann abgeschafft. Englands Anteil an den Kosten waren 160.000 Pfund.

[4] Die Stadt wurde 1712 von den Dänen in Schutt und Asche gelegt, als Vergeltung dafür zerstörte Karls des XII. General Steinbock am 19. Januar 1713 die damals dänische Stadt Altona mit großer Grausamkeit.

Street in Stade
K.J.D

an Deck fädelte. Es war jetzt sieben Uhr, und nach Zeitpunkt der Morgentide nahm ich Niedrigwasser für 8.30 Uhr an.

Die Männer waren nur wenige Minuten wieder an Bord, als – knacks – meine Stangen nachgaben und die *Gipsy* augenblicklich auf der Seite lag.

Ein polternder Krach kam von unten – sogar der massive Salontisch war umgestürzt. Glücklicherweise hatten die Mädchen auf der Backbordseite gesessen, sonst wäre er auf sie gefallen. Sie kamen den Backbordniedergang hochgeklettert und weil ich fürchtete, die *Gipsy* würde noch mehr Schlagseite bekommen, bugsierte ich die Mädchen ans Ufer. Keine leichte Übung, denn der Schlamm lag blank auf der Landseite und die Planke war kaum lang genug.

Dann taten die Männer das, was schon hätte erledigt sein können, wenn sie zur Hilfe an Bord gewesen wären: Sie setzten den großen Anker fest in die

Schlammbank, sicherten ihn am unteren Block des Falls und gaben mit der Winde Zug auf das starke Spill.

Die Tide fiel und fiel drei tödliche Stunden lang, und die ganze Zeit mussten die armen Mädchen im langen nassen Gras umher waten, da es keine Hütte oder irgendeinen Unterschlupf gab. Die Nacht war dunkel und kalt, aber glücklicherweise regnete es nicht. Einmal kam ein großer schrecklicher Hund und bellte sie an. Old Pieter vertrieb tapfer den Feind. Aber ihre am meisten verabscheuten Feinde waren große, fette Schnecken, die ihnen unter die Füße gerieten. Sie machten das Beste aus der Sache, spazierten hin und her, neckten mich als verzweifelten Schiffer, der an Bord seines „nächtlich untergegangenen Bootes" blieb und hielten ihre gute Laune mit lustigen Liedern aufrecht. In der Zwischenzeit behielt ich die Tide ängstlich im Auge. Endlich – es war kein Zweifel möglich – hörte sie auf zu fallen. Eine zermürbende Zeit bewegte sich nichts; dann ein leichter Hub – jetzt kam der kritischste Moment: Würde die Wherry volllaufen oder rechtzeitig aufschwimmen? Ich sagte den Mädchen nichts, aber Wilson, Ifould und ich krochen mit einer Laterne auf der Steuerbordseite entlang, die der Kabinenboden geworden war, und holten ein paar Wertsachen herauf.

„Wilson, bleib jetzt an der Winsch und halte ständigen Zug auf den Falls. Ist der Anker sicher, Pieter?"

„Ja, all right, Sir."

Wir konnten den Mast, eine wirklich starkes Stück Holz, unter dem Gewicht wippen sehen. Das Wasser stieg jetzt schnell. Es bedeckte das Deck ganz, erreichte die Aufbauten und kroch bis zu den Kabinenfenstern. Endlich, nicht eine Minute zu früh, fühlte ich eine Bewegung unter mir.

„Sie hebt sich, Sir", rief Wilson.

„Noch einen Zug mehr mit der Winsch."

Sie machte einen kleinen Hüpfer, noch einen und wieder einen, dann war das Wasser weg von den Planken.

„Halte noch Zug auf der Talje."

Ganz sicher müsste sie sich jetzt selbst aufrichten. Und das tat sie endlich, kriegte Wasser unter den Kiel, und alles war wieder im Lot.

Wir räumten unten auf, holten die Damen wieder an Bord – es war lange nach Mitternacht –, und dann gab es ein heißes Glas Grog für jeden. Danach dauerte es nicht lange, und wir waren alle „in die vergessliche Welt des Schlafes" eingetaucht.

Unsere erste Arbeit am nächsten Morgen war, die Schäden festzustellen: Nach alledem nichts Schlimmeres als zerbrochenes Geschirr. Wir hatten jedoch genug von der Schwinge. Ich ließ die Wherry nach Brunshausen zurückstaken, und dann segelten wir mit der Flut wieder in Richtung Blankenese. Da ich fürchterliche Berichte von der Navigation auf diesem Strom gehört hatte, studierte

ich sorgfältig die Karte. Wir hatten die schöne „Kreuzfahrt der *Widgeon*" an Bord. Es erzählte – ich zitiere aus dem Gedächtnis, das Buch blieb auf der *Gipsy* – von der gefährlichen Kraft der Tiden. Auf einem Törn war sie so stark, dass lange Dampfer kaum Kurs halten konnten und die *Widgeon* – ein kleines Schiff mit einem Lotsen an Bord auf Rückreise – auf eine Sandbank lief und eine Tide lang dort liegen musste. Uns begegnete keine außergewöhnlich kräftige Tide, und wir fanden überhaupt keine plötzliche Krümmung im Fahrwasser außer einer einzigen beim Schulauer Feuerschiff und die war einfach. Vielleicht haben sich die Sände seit den Zeiten der *Widgeon* verlagert. Außerdem ist das Fahrwasser wunderbar betonnt.

Da ich jede Tonne auf der Karte abhakte, wenn wir sie passierten, hatte ich keinerlei Schwierigkeiten mit der Navigation. Querab von Blankenese warfen wir während eines tollen Regenschauers den Anker: Unterhalb der vierten roten Tonne, auf über vier Faden Tiefe und sechzig Yards vom Sandstrand entfernt, hätten wir keinen schöneren Platz finden können als hier, gegenüber dem Fischerdorf und querab der höchsten Hügel. Auf einem Gipfel erhob sich ein schlossähnliches Gebäude mit einer deutsche Flagge, die von einem roten Turm wehte. Am ganzen Ufer entlang lagen weiße Häuser, an die steilen Hänge geklammert und eingebettet in Grün.

Bald als das Wetter sich aufklarte, gingen wir an Land und kletterten unebene Steinstufen hinauf, die als Straßen dienen. Das imposante Schloss erwies sich als ein Restaurant und die baumbeschatteten Häuser meist als Pensionen oder Gaststätten. Blankenese ist ein Rosherville von Hamburg. Wir stiegen den Süllberg zum Wirtshausschloss empor und genossen den Ausblick, der uns für doppelt so viele Stufen belohnt hätte. Über die bewaldeten Hügel im Vordergrund schweifte das Auge in die dunstige blaue Ferne über dem breiten glitzernden Fluss. Ozeandampfer zogen Rauchfahnen durch die Luft unter uns und nahmen sich von unserem Sitz wie Spielzeugschiffe aus. Absonderlich spielzeughaft sah auch unsere eigene kleine Nussschale aus, die wir auf kaum wahrnehmbaren Wellen auf- und abhüpfen sahen. Aber es blies wirklich stark. Ifould und Pieter folgten uns, um ebenfalls die Aussicht zu genießen, kamen aber in eine regelrechte Bö. Sie konnten nichts weiter ausmachen als Wasser, weiß von Schaum, und die kleine Wherry, die wie verrückt darauf herumtanzte. Der Grund des Aufruhrs war, dass die Ebbe gegen den Wind stand, was kabbeliges Wasser brachte und das Boot querschlagen ließ.

Wir legten den Mast, als wir an Bord zurückkamen, was die Bewegungen beträchtlich mäßigte, aber die *Gipsy* rollte trotzdem noch fast deckunter. Als der Wind weiter auffrischte und es dunkelte, war unsere Liegestelle keine Garantie mehr für ruhigen Schlaf. Wir waren einerseits zu nahe am Ufer und andererseits zu nahe am Fahrwasser der Seeschiffe. Die ganze Nacht lang, unaufhörlich, kamen heulende große Dampfer fast in Rufweite vorbei. Die wilden Wellen beruhigten sich aber am frühen Morgen, und die Sonne erhob sich über einem ganz herrlichen Tag. Die Landschaft, die gestern hübsch ausgesehen hatte, zeigte jetzt im hellen Sonnenschein ihre volle Schönheit.

Der Fluss war ebenfalls von großem Interesse für uns. In der Nähe lag eine kleine Fischerflotte – ketschgetakelt und mit Seitenschwertern ausgerüstet werden sie „Ewer" genannt. Schwimmend sahen sie nicht besonders seltsam aus, aber als bei Niedrigwasser einer hoch und trocken lag, konnte man nicht umhin, ihren Bau etwas eigenartig zu finden. Statt eines Kiels war eine Art schmaler, spitzer Fischbehälter fest unter seinem Boden angebaut, auf dessen flacher Unterseite der Ewer aufrecht auf dem Grund sitzen konnte.

Hier und da glitten Jachten unter weißen Segeln vorbei. Hinter ihnen schnauften lärmende Dampfer mit spielenden Kapellen und flatternden Wimpeln, die Decks schwarz von Ausflüglern – alles frisch und erfreulich für unsere Augen nach diesen unendlich langweiligen, monotonen Kanälen.

Nach dem Lunch und nachdem Zeichnungen entstanden waren, dampften wir die etwa vierzehn Meilen mit einem der kleinen Flussschiffe nach Hamburg. Unser erstes Geschäft war, einen Schlepper anzuheuern, der die *Gipsy* am nächsten Tag durch den Hafen bugsieren würde. Und dann wollten wir, soweit das an einem Nachmittag möglich war, die Stadt erkunden.

Von der mittelalterlichen Größe der stolzen Hansestadt gibt es nur noch wenige Zeugnisse. Der große dreitägige Brand von 1843[5], zerstörte zahllose der malerischen alten Straßen, die die englischen Feuerversicherungsbüros dann in hässlicher, spießbürgerlicher Stuckarchitektur wieder aufbauten.

Manches, was das Feuer verschonte, ist seitdem „hausmannisiert" worden, und Hamburg sieht jetzt nach all den Stürmen, die darin gewütet haben, wie eine moderne reiche Handelsstadt aus. Es ist tatsächlich die zweitgrößte Stadt und der Haupthandelsplatz von Deutschland und steht an vierter oder fünfter Stelle in der Handelshierarchie der Welt.

Wir blickten in einige der wenigen Kanalstraßen (Fleete), die es noch gibt. Eine, von der wir ein Foto auftrieben, ist wie ein Zwilling dem noch hübscheren Achterburgwal im alten Amsterdam ähnlich.

Wir fragten, ob kein Roland über Hamburg wache. Nein! Da ein Roland die oberste Gerichtsbarkeit verkörperte, musste das Standbild entfernt werden, als Karl IV. durch Übergabe der Stadt an den Herzog von Holstein diesen herrschaftlichen Rechten ein Ende setzte, die Hamburg einst von Karl dem Großen verliehen worden waren.

Für uns war das besondere Gesicht Hamburgs das Alsterbassin, ein viereckiges Wasser wie der berühmte Vijver in Den Haag. Kein mittelalterlicher Hof schmückt seine Ränder, nur moderne Gebäude und große Hotels. Aber es ist vielleicht ebenso attraktiv und fast so malerisch. Größer als der Vijver hat das Becken an drei Seiten die Straßen der Stadt, und nur ein Damm trennt die vierte Seite von einem größeren See, der Außenalster, die sich in das grüne Land hineinzieht. Da Sonntag war, waren beide Gewässer mit Booten und Barkassen belebt. Auf dem Bassin (richtiger der Binnenalster) warfen sich die Crews von Achter-Ruderbooten, wundervoll in weißes Segeltuch gekleidet, unaufhörlich in die Riemen. Und auf der Außenalster schossen Una-Boote unter ihren weißen Segeln fröhlich umher.

Die Kanäle entlang und durch eine Stadtschleuse stakend sahen wir einige der Jachten zurückkommen, die uns am Morgen in Blankenese überholt hatten. Die Stapel von leeren Flaschen, die an Deck aufgehäuft waren, gaben Zeugnis vom feuchtfröhlichen Lebensstil ihrer Eigner. Hamburger hielten immer viel vom guten Leben. Ihre Haupthandelsware in alten Zeiten war Bier. Gambrinus, der König und Erfinder der Braukunst, muss mit Sicherheit der Schutzpatron dieser und anderer deutscher Städte sein.[6]

Durch das lärmende St. Pauli und das Gedränge in Altona zogen wir langsam unsere Bahn. Und dann brachte uns der Zug mit der atemberaubenden Geschwindigkeit von acht Meilen per Stunde zurück nach Blankenese. Die Eisenbahnlinie führt durch eine hübsche Landschaft mit grünen, von

---

[5] *Hier hat sich der ansonsten sehr genaue Doughty um ein Jahr vertan, der Hamburger Brand war vom 5. bis 8. Mai 1842. – Red.*

[6] Überprüfen kann man dies bei John Evelyn, der 1661 diesen Eintrag in sein Tagebuch machte: „Ich speiste mit Mr. Garums, dem Residenten von Hamburg, der sein Fest nahezu neun ganze Stunden ausdehnte, so wie es in diesem Land Sitte ist."

Dornenhecken eingezäunten Feldern, wie man sie außerhalb von England selten sieht.

Wie seltsam kam es uns vor, als wir durch Hamburg-Altona gingen, das noch in naher Vergangenheit, tatsächlich bis zum dänischen Krieg von 1864, eine fremde und rivalisierende Stadt war, obwohl der Name Altona auf Plattdeutsch all zu nah bedeutet. Seltsam auch, dass dieses große Hamburg die eigentliche Existenz seines Handels den Rivalitäten fremder Mächte an der jetzt völlig deutschen Elbe verdankt. Aber so war es. Die Dänen würden, wenn sie gekonnt hätten, den Zugang zur Hansestadt abgeschnitten haben. Nur: Wenn ihre Schiffe von Glückstadt ausliefen, um Handelsschiffe anzugreifen, segelten schwedische Kriegsschiffe sofort von Stade aus los, um sich ihnen entgegenzustellen – und umgekehrt.

Am nächsten Morgen holte uns unser Schlepper pünktlich ab. Und mit enormer Geschwindigkeit – die die kleine Wherry trotz Ebbe nicht vermindern konnte – folgten wir ihm durch einen stinkenden Rauch, der London Ehre machen würde, in einen der großen Häfen der Welt. Reihe auf Reihe von Schiffen mit den Flaggen aller Nationalitäten lagen an den Kais im Fluss und in den zahlreichen Docks auf jeder Seite. Die Luft in diesem großen menschlichen Bienenkorb zitterte von einem unaufhörlichen Gesumm, akzentuiert von den Hammerschlägen der Schiffbauer. Man hätte sich im heimatlichen Hafen fühlen können, nur ist die Elbe zweimal so breit wie Vater Themse, und diese großen Kirchtürme und das hohe Land, auf dem ein Teil der Stadt liegt, geben ein beeindruckenderes Bild als London an seinen Flussufern.

Unser Schlepper brachte uns erst zum Zollhaus, wo unsere Ankunft einigen Wirbel machte. Die Beamten im kosmopolitischen Hamburg zeigten keine so provinzielle Enge, mit der wir anderswo zu rechnen gehabt hatten. Sie sind gewöhnt an den Umgang mit Ausländern, da mehr englische als deutsche Schiffe den Hafen anlaufen und andere Deutsche Hamburg die „Englische Stadt" nennen. Sie taten zweifellos ihre Pflicht ebenso gut, sicherlich schneller, aber es war ein großer Unterschied in der Art, wie sie es taten. Wie unaussprechlich wohltuend war die leichte Höflichkeit dieser Leute von Welt nach der Büro-Arroganz ihrer unwissenderen Mitbrüder. Ich musste unterschreiben, einen kleinen Betrag bezahlen und schon kam ein Offizier an Bord, um uns durch den abgesperrten Teil des Flusses zu geleiten. Ein paar Leute kamen herunter, um sich die erste Norfolk-Wherry auf der Elbe anzusehen, konnten es aber nicht mit ihrer Würde vereinbaren, friedliche Besucher nur finster anzustarren.

„Verzeihung, wir haben noch nie ein solches Schiff gesehen", war ihre höfliche Entschuldigung für eine nur natürliche Neugier. Unser Gast erzählte uns, dass seines Wissens noch keine englische Jacht irgend einer Art je den Fluss hinaufgefahren war.

„Könnten wir", fragte ich ihn, „zum Schweriner See gelangen?" Ja, er glaubte, das könnten wir. Lastkähne genau so groß wie die *Gipsy* wären neulich mit Holzladungen aus Mecklenburg gekommen. Erfrischende Nachrichten! Wir hatten also nicht umsonst all die Mühsal der Kanäle auf uns genommen.

Oberhalb der zwei Eisenbrücken lösten wir uns von dem Schlepper – die höfliche Crew hatte ihr Trinkgeld wohl verdient – setzten unseren freundlichen amtlichen Passagier an Land und machten die *Gipsy* fest an einem enormen Kahn, einem aus einer ganzen Reihe von riesigen Kähnen, die in der Mitte des Stromes vor Anker lagen und darauf warteten, durch die Stadt geschleppt zu werden.

Kapitel V

Die Elbe aufwärts. Das mittelalterliche Lüneburg.

„Seit ich ein Mann bin, kann ich mich nicht erinnern, solche Flächenblitze, solch schreckliche Donnerschläge und solch Getöse von röhrendem Wind und Regen erlebt zu haben."

King Lear

„Ihr Ruhm kommt von ihrem Alter her und von jener tiefen Empfänglichkeit für ihre Aussagekraft, für ernstes Betrachten, für seltsames Mitgefühl, ja sogar für Anerkennung oder Verdammung, die wir in Mauern fühlen, die lange Zeit von den vorbeieilenden Wellen der Menschengeschlechter umspült wurden."

Ruskin - Sieben Lampen

ur expectation from the first had been that with the Elbe above Hamburg would begin the enjoyable part of our cruise, and now, Hamburg behind our backs, the prefatory work achieved, we were all impatience to test the merits of our cruising ground.

Von Anfang an hatten wir erwartet, dass auf der Elbe oberhalb von Hamburg der erfreuliche Teil unserer Kreuzfahrt beginnen würde. Jetzt, mit Hamburg hinter uns und aller Vorarbeit ledig, waren wir voller Ungeduld, die Vorzüge unseres Segelgebietes zu erproben. Doch bei Windstille konnte man flussaufwärts nicht gegen die Ebbe ankommen. Man hatte uns gesagt, wir würden den Tidenwechsel noch zwölf Meilen weiter aufwärts spüren. Aber der Ebbstrom ließ erst nach zehn Stunden nach, und dann, nach einer Zeit Stauwasser, war die Flut so träge, dass sie kaum wahrzunehmen war.

Um vier Uhr begannen wir, gegen den noch immer schwachen Wind zu kreuzen, bis wir nach einer leichten Biegung des Flusses unseren Kurs

At Over on the Elbe.

anliegen konnten. Dann verließ uns der Wind völlig, und wir trieben hilf- und bewegungslos mit flappenden Segeln auf dem ölglatten Wasser. Bald sammelten sich drohende Wolkenmassen und hingen niedrig über unseren Köpfen am Himmel. Ich fühlte drückende Schwüle. „Der Schiffer stand am Steuer, die Pfeife im Mund, und beobachtete, wie der umspringende Wind den Rauch fort blies – mal nach Westen, mal nach Süden."

Windstöße kamen tatsächlich aus allen Ecken. Wir sahen den Rauch aus Hamburger Schornsteinen nach drei Seiten auseinander treiben. Aufmerksam hielten wir Ausschau nach Böen, und eine unheimliche Ruhe war um uns, als wir das Unvermeidliche erwarteten. Endlich flammte ein lautloser Blitz wie ein Schwertstreich durch das Tageslicht, ein plötzliches Krachen der Wolkenartillerie, ein tropischer Regenguss wie aus der Traufe und dann: nicht ein bösartiger Windstoß, wie wir erwartet hatten, sondern die leichteste der leichten Brisen, gerade genug, um uns hinüber zu dem Hafen zu bringen, der sich querab des malerischen Dorfs Over befand. Am Abend um neun Uhr ein neues Gewitter, diesmal ein höchst Furcht einflößendes Unwetter. Der Krieg in den Lüften wütete überall und drohte uns zu umzingeln. Blitze zuckten unaufhörlich, als ob sie die Atmosphäre in Flammen setzen wollten. Ungeheure Donnerschläge entluden sich genau über unseren Köpfen. Das Krachen und der Widerhall folgten unablässig und ohrenbetäubend aufeinander. Schließlich eine feierliche Pause. Dann versetzte uns eine wilde Bö einen ordentlichen Schlag, ein sintflutartiger Regen prasselte auf uns nieder, doch dann – ganz langsam – verzogen sich die kämpferischen Wolken auf ein weiter entferntes Schlachtfeld.

Der Sturm hatte sich jedoch noch nicht verausgabt. Ein erhabenes Schauspiel hielt uns noch für Stunden in Bann. Blitze zuckten blendend weiß von vielen Punkten zugleich, Umrisse von schwarzblauen Wolken vor plötzlich von strahlendem Glanz erhelltem Hintergrund enthüllend. Der breite Strom erschien wie ein See aus poliertem Stahl, mit silbernen Riffeln, überall glitzernd von Lichtflecken – trotzdem nur ein gebrochener und unvollständiger Widerschein der Herrlichkeiten am Himmel. Das war am 18. August. Eine solch königliche Schau hatte ich noch nie gesehen, nicht einmal an der gewitterträchtigen Westküste von Mexiko. Wilson natürlich war einst von solch einem Unwetter überrascht worden, querab von Aldborough, das Mr. Gibson Bowles den „Himmel auf Erden" getauft hat.

In Over war nicht viel zu sehen. Nur vom Fluss aus bot die Gruppe von Häusern – alles Fachwerk mit dicken Reetdächern – einen malerischen Anblick. Die Frauen trugen kurze Röcke, schwarze Mieder, Schürzen und lose weiße Ärmel aus Leinen. Vierländerinnen in ihrer eigenartigen Tracht sahen wir auch in Hamburg auf den Straßen und im Hafen, von wo sie in Booten ans gegenüberliegende Ufer in ihre heimischen Vierlande gebracht wurden. In Deutschland sieht man auch oft Puppen in dieser Tracht.

Ein unsteter Wind, der uns immer wieder zwang, den Mast zu legen, hielt uns am nächsten Morgen auf. Endlich erhob sich eine freundliche, anständige Brise, vor der wir gegen die starke Strömung angehen konnten. Diese Elbe ist unbestreitbar ein stattlicher Strom. Sie übertrifft den Niederrhein an Breite und Wassertiefe und die grüne ländliche Ijssel an landschaftlichen Reizen. Man hält das Fahrwasser wie auf der Ijssel und auf dem Rhein, indem man auf die Schifffahrtszeichen am Ufer zusteuert, nicht weg davon. Als wir einmal ein Zeichen verpassten – sie sind zu klein und unauffällig angebracht – gerieten wir auf eine Sandbank. Aber die Strömung brachte uns genau so bald wieder runter, wie wir drauf gekommen waren.

Die Landschaft wurde immer schöner. Ein Streifen fernen blauen Hochlands schien sich über unseren Wasserweg zu ziehen. Aber der Fluss wendete sich nach links und floss am Fuß der Hügel entlang, die mit schütterem Kiefernwald bewachsen waren, der hier und da von sandigen Kliffs unterbrochen wurde. Am Ufer eine Bucht mit gelbem Sand.

„Wie der Rhein bei Arnheim", war das Urteil, das ich hörte und bestätigte. Aber dies war eine wildere Landschaft. Auf einer langen Strecke kamen wir nur an einem einzigen Dorf vorbei: eine Kirche und eine Gruppe strohgedeckter Häuser, die sich an bewaldete Hänge lehnten.

Der Wind ließ nach, als die Sonne sank, und wir konnten kaum weiterschleichen. Einmal schafften wir ein paar Meter, ein anderes mal standen wir – je nachdem ob „Bäcker oder Teufel" (Wind oder Strömung) den Kürzeren zog. Zuletzt ankerten wir aus Verzweiflung so nahe am Ufer, wie wir uns trauten:

oberhalb einer Fabrik, deren großer Schornstein zwischen den Bäumen aufragte und gegenüber einem Waldweg, der hügelauf durch den Forst führte.

Wir brauchten am nächsten Morgen vier Stunden, um fünf Meilen zu machen, so schwach und unbeständig war der Wind. Mehr als einmal fuhr die *Gipsy* rückwärts, und wir mussten den Anker werfen. Die Eisenbahnbrücke von Lauenburg war schon zu sehen, aber für die *Gipsy* war es so schwer, dahin zu gelangen, wie in das Paradies der Peri. Der Himmel war tiefblau, ruhig und heiter; nicht die kleinste Wolke milderte das grelle Sonnenlicht. Das Wasser war wie Glas, nicht der kleinste Windhauch kräuselte die Oberfläche, nur von der Strömung wurde sie hier und da aufgeraut. Auf unserem sonnenheißen Deck verbreitete sich friedliche Stille. Die Mädchen brachten ihr Zeichenzeug und zwei Skizzen – eine von diesem ruhigen Elbabschnitt und eine lästerliche Karikatur von vier Männern – liegen beim Schreiben vor mir.

Spät am Nachmittag kam ein Schlepper, der sich vor ein paar langsamen großen Lastkähnen abmühte. Deren Größe kam den ungeheuren „Aaks" nahe, die man auf dem Rhein trifft, die aber ganz anders gebaut und getakelt sind. Wir warfen eine Leine zu einem in der Mitte und fügten dem ihren unseren leichten Widerstand hinzu.

Überraschend kam ein Wetterumschwung, unheilvoll kündigte sich ein neues Gewitter an. Wir hatten die Brücke noch nicht erreicht, als die Bö über uns war. Es war kaum Zeit, das Ölzeug hervorzuholen. Der Regen kam strömend wie aus der Dachrinne herunter, dann zuckten gefährliche Blitze, es gab mächtige Donnerschläge und einen heftigen Windstoß, der die *Gipsy* leicht hätte kentern lassen können, wenn sie noch unter Segel gewesen wäre. Der Schlepper ankerte. Wie seine Vorgänger war auch dieses seltsame Unwetter bald vorüber. Der Schlepper lichtete den Anker und bugsierte seinen schwerfälligen Anhang durch die Brücke. Knapp dahinter lösten wir die Schleppleine, liefen über die starke Strömung zum nördlichen Ufer und warfen Anker knapp unterhalb eines versunkenen Wellenbrechers.

Ich sehe diesen gesegneten, schönen Abend nach dem Sturm noch vor mir. Hinter waldigen Hügeln im Westen schimmerte ein goldener Sonnenuntergang über einem sanften Hintergrund von roten Wolken. Und dieses Gold und Purpur wiederholte sich auf der Oberfläche des Stromes, der noch eine Stunde zuvor sturmgepeitscht und jetzt hell und glatt wie ein Spiegel war.

Das Herzogtum Lauenburg, einst ein souveräner Staat (der König von Dänemark war bis 1864 sein regierender Herzog), ist von dem gefräßigen jungen Riesen Preußen verschlungen worden. Der jetzige Kaiser bot Fürst Bismarck das Herzogtum und den damit verbundenen Rang als Landesherr an. Aber der „eiserne Mann von eisernem Charakter", der aus den losen Steinen seines Vaterlandes ein mächtiges Reich aufgebaut hatte, nahm die Ehrengabe nicht an.

Die frühere Hauptstadt des Landes war dieses Städtchen: Löwenburg – die Burg Heinrichs des Löwen. Es besteht hauptsächlich aus einer langen Straße drolliger Häuser mit roten Wänden und roten Dächern, die zwischen Fluss und Hügel gequetscht ist. Auf einem Gipfel gibt es die kümmerliche Ruine eines alten Schlosses, das einst über die Elbe hinüber einem anderen Schloss drohte, von dem keine Spur blieb.

Wir beschlossen, einen Tag in Lauenburg zu bleiben und einen von zwei verlockenden Orten zu besuchen, beide leicht per Bahn erreichbar: entweder Lüneburg, eine der sechs „wendischen Städte" der Hanse[1], oder Ratzeburg. Die Wahl fiel auf Lüneburg und so fuhren wir mit dem Zug dorthin.

Wir hatten keinen Grund, die Entscheidung zu bedauern, denn Lüneburg bezauberte uns von Anfang bis Ende. Nach Überquerung der Brücke über die Ilmenau befanden wir uns in einer Straße mit Häusern aus dem 16. Jahrhundert auf der einen Seite und einer Hallenkirche aus dem 14. auf der anderen. Die Treppengiebel waren anders als alle, die wir bisher gesehen hatten; anders als die in Bremen und völlig anders als die niederländischen. Zwischen aufrechtem abgerundeten Gesims von rotem oder schwarzrotem Ziegelwerk war Raum für spitze oder viereckige Fenster. Diese Höhlungen waren entweder blind, innen mit Bögen geschmückt oder ganz prosaisch mit modernem Glas ausgefüllt. Die große Höhe und das Format des auf- und absteigenden Mauerwerks waren ein einmaliger Blickfang, ebenso wie der rohe archaische Ziegelstein, der einst sicherlich von bester Qualität, jetzt vom Alter mitgenommen war und bröckelte.

Von der Kirchentür aus sahen wir die breite Straße „Am Sande" herauf: Häuser jeglichen Alters und Stils, aber alle alt genug, um wunderlich zu sein. Langsam spazierten wir die Straße hoch. Hinter uns war die alte Johanniskirche, auf deren schiefem Turm eine große Spitze sitzt. Spitze und Kirchendächer sind mit Kupfer gedeckt, das das Wetter grün gebeizt hat.

Die alten Häuser auf jeder Straßenseite sahen sehr danach aus, als hätten patrizische Bürger einst darin gewohnt. Kaum ein Haus ohne eigenartigen Giebel, keine zwei gleich, einige aus rotem Backstein, alt und vom Wetter gezeichnet, andere verputzt. Der Straßenzug wurde von zwei Häusern beschlossen, die sogar in Lüneburg alt genannt werden. Nicht ein Fahrzeug war zu sehen, und nur ein paar Fußgänger störten den mittelalterlichen Eindruck der Szene

---

[1] Die anderen fünf wendischen Städte waren Lübeck, Hamburg, Wismar, Rostock und Stralsund. Wir hätten sowohl nach Lüneburg wie nach Ratzeburg segeln können. Lüneburg liegt an der kleinen Ilmenau, einem Nebenfluss der Elbe. Und nach Ratzeburg ist der Stecknitz-Kanal offen. Er wurde von den hanseatischen Lüneburgern geschaffen, führt von Lauenburg nach Lübeck, der führenden Stadt, so dass entlang der Ilmenau, der Elbe und der Stecknitz ihre Handelsgüter zu Wasser ins Baltikum transportiert werden konnten.

ein wenig. Wir bogen rechts ab in eine engere Straße, die Bäckerstraße. Und auch die war dicht bestückt mit vielgestaltigen alten Giebeln. In einem Giebel steht eine alte Figur mit der Inschrift: „Der Bäcker bäckt in Ursulas Nacht." Wir wandten uns nochmals nach rechts, wo alte Fachwerkspeicher malerisch am Wasser entlang gruppiert sind.

Aber es gab noch Besseres zu sehen: Das interessanteste Rathaus von Deutschland. Die Vorderseite geht auf den Marktplatz[2], auf dessen einer Seite das alte Schloss der Herzöge von Lüneburg steht. Diese Frontseite beeindruckte

---

[2] Ich kann nicht umhin, Alisons Beschreibung einer dramatischen Szene zu erwähnen, die sich 1815 auf diesem Marktplatz abspielte. Die Lüneburger hatten sich gegen die französische Obrigkeit erhoben und ihre schwache Besatzung vertrieben. „Morand marschierte sofort von Bremen heran an der Spitze von fünftausend Mann und sechs Kanonen, mit denen er den Widerstand der noch unbewaffneten Lüneburger schnell brach. Die Tore wurden gewaltsam geöffnet, die wichtigsten Einwohner verhaftet und dazu verurteilt, am nächsten Mittag erschossen zu werden.

Am nächsten Morgen wurden die siebenundzwanzig zur Hinrichtung geführt. Die unglücklichen Männer hatten inmitten ihrer weinenden Mitbürger und in Gegenwart des französischen Generals bereits die verhängnisvolle Binde vor den Augen, als ein plötzliches Hurra gehört wurde und heftiges Musketenfeuer an den Toren Entsatz ankündigte. Alarmiert von dem unvorhergesehenen Ansturm, hasteten alle französischen Truppen von dem Platz, wo die Hinrichtung stattfinden sollte, zu den Wällen, und die Gefangenen wurden mit verbundenen Augen und gefesselten Armen mitten auf dem Platz stehengelassen. Mit sprachloser Angst lauschten sie und ihre Familien auf das anwachsende Getöse und den Tumult an den Toren. Eine kurze Zeit lang zeigte das schnelle Gewehrfeuer, dass eine ernsthafte Aktion im Gange war. Bald nährten die zurückdrängende Menge und die Zahl der Verwundeten, die auf den Platz gebracht wurden, die Hoffnung, dass die Alliierten die Oberhand hatten. Endlich kündigte lautes Rufen von allen Seiten an, dass die Stadt eingenommen wurde und Befreiung nahe war. Sogleich rannten die tapferen Russen zur Mitte des Marktplatzes, die Gefangenen wurden befreit und ihren weinenden Familien zurückgegeben, während zweitausend französische Gefangene, außerdem tausend Getötete und Verwundete, den ersten Triumph der Waffen der Freiheit in Deutschland kundtaten. Es waren Tschernitscheww, Benkendorff und Doernberg, die ihre Kosaken und leichten Truppen vereinigt hatten und, durch einen Gewaltmarsch von fünfzig Meilen in vierundzwanzig Stunden, gerade noch rechtzeitig angekommen waren, um diese wunderbare Rettung zu bewerkstelligen. Morand wurde tödlich verwundet an den Toren niedergeschlagen und starb am nächsten Tag. Die Gefangenen, die er zum Tod durch Erschießen verurteilt hatte, kamen unmittelbar nach ihrer Befreiung an ihm vorbei, als er, sich in seinem Blut wälzend, weggetragen wurde."

Bei der Datierung scheint sich Doughty oder der zitierte Allison um ein Jahr vertan zu haben, denn eine französische Obrigkeit gab es in Lüneburg höchstens bis Ende 1813, beziehungsweise Anfang 1814. – Red.

uns nicht sonderlich – sie ist nicht so schön, wie zum Beispiel das große Renaissance-Rathaus, das wir in Emden gesehen hatten. Als wir aber drum herum gingen, um den Eingang zu suchen, kamen wir zur ehrwürdigen Westseite, wo sich uns der einzigartige Charakter des Gebäudes offenbarte. Es ist eine weitläufige Ansammlung von Bauwerken aus vielen Zeiten: gebaut, angefügt, von Zeit zu Zeit geändert – und das über fünfhundert Jahre lang.

Mit einer alten Frau als Führerin betraten wir zuerst einen schuppenähnlichen Teil, von dem aus Stufen in eine kunstlose, vernachlässigte Galerie führen, die nur ein paar alte Portraits und Karten enthält. Dann durchquerten wir einen viereckigen verwilderten Garten und kamen zu einer alten Treppe. Auf dem Treppenabsatz schließt ein prächtiges schmiedeeisernes Tor aus dem 16. Jahrhundert einen dunklen Raum ab, der jetzt zur Rumpelkammer herabgewürdigt wird. Wir sahen den Huldigungssaal, wo Georg Ludwig, Kurfürst von Hannover, Herzog von Braunschweig-Lüneburg und unser erster deutscher König, den Huldigungseid seiner Lüneburger empfing – ein schlechtes Portrait von ihm hängt an der Wand. Ein schöner Raum, der von ordinärer Ausschmückung (wie gemalten Wandbehängen) verunziert ist. Das einzig Sehenswerte sind ein paar schöne alte geschnitzte Eichenschränke. Die nächste Tür führte in den riesigen Traubensaal, den früheren Ballsaal der Weinhändler (deren Zeichen eine Weintraube war), der nur ein paar armselige Bilder enthält. „Belsazars Fest" ist eins davon, mit einer sehr realistischen dicken Hand, die auf die Mauer schreibt.

Auf dem Rückweg kamen wir zu einer Schatzkammer der Kunst. Wir hatten den alten Raum in Kampen noch in Erinnerung, aber dieser, obgleich ganz anders, beeindruckte uns noch stärker. Die liebende Sorgfalt und die geduldige Kunstfertigkeit von zwei Künstlern, Albrecht von Soest und Albrecht Suzatien, die hier von 1566 bis 1583 wirkten, ist wirklich zu bewundern. Die Wände sind bis auf halbe Höhe mit ihrer Eichenschnitzerei bedeckt. Die Seiten einer langen Eichenbank sind geschnitzt, alles in Hochrelief von erlesener Feinheit. Köpfe und Figuren sind an allen möglichen Stellen und Ecken angebracht; der Ausdruck jedes kleinen Kopfes ist mit wundervoller Einfühlung gestaltet und jede noch so kleine Figur vollkommen in Haltung und Proportionen – ein bewunderungswürdiges Kunstwerk. Nur in etlichen Stunden an vielen Tagen könnte man diese schönen Schnitzereien angemessen würdigen.

Von da wurden wir, fast unwillig, zu einem ganz anderen Raum geführt, dem Fürstensaal, der manch ein imposantes mittelalterliches Fest gesehen hat. Ich maß seine Größe durch Ausschreiten mit neunundreißg zu dreizehn Yards. Die Höhe beträgt nicht mehr als siebzehn Fuß. Die Halle wurde während des 16. Jahrhunderts gebaut, aber im frühen 17. Jahrhundert renoviert. Die Decke wird von riesigen alten Balken gekreuzt, und sowohl Balken wie Zwischenräume sind mit Inschriften und den Köpfen der Kaiser des Heiligen Römischen Reiches bemalt. Von dieser Decke hängen groteske Kronleuchter aus Eisen und Hirschgeweihen. Die Wände sind halbhoch mit Eiche getäfelt – jetzt grün angestrichen! Über der Täfelung hängen ungeheure Porträts der alten Landesfürsten – weniger künstlerisch als eigenartig.

am Sande
Lüneburg

Die Kaiserin Friedrich[3] war kürzlich hier gewesen und hatte in dieser Halle gespeist. Ihre Majestät war sehr angetan. Sie sagte, es gäbe in Berlin nichts Interessanteres und brauchte zum naiven Erstaunen unserer Führerin länger zum Betrachten und Bewundern als zu ihrem fürstlichen Mittagessen.

Dann gingen wir weiter zur Gerichtslaube, einem anderen großen Raum und einer neuen Fundgrube für mittelalterliche Kunst – im 15. Jahrhundert gebaut, wie wir hörten, aber erst etwa zweihundert Jahre später ausgestaltet. In einer Wand befand sich eine schöne alte schmiedeeiserne Tür mit wechselvoller Geschichte: In einem der vielen Kriege, die Lüneburg mit seinen eigenen oder den benachbarten Herren führte[4], erstürmte, nahm und machte die Armee eine starke Burg dem Erdboden gleich, rettete aber diese Tür als Trophäe aus dem Trümmerhaufen. An der anderen Wand befindet sich ein prächtiges Fenster von 1529. Auf dem Glas sind, nach dem Geschmack der damaligen Zeit, neun Figuren für Judentum, Heidentum und Christentum zu sehen, drei seltsam zusammengestellte Helden für jedes. Wir konnten, oder glaubten das zumindest, eine ganze Menge modernes Glas darin unterscheiden. Der Fußboden ist gefliest und hat Öffnungen für heiße Luft, die von unteren Heizräumen herauf stieg – eine Bequemlichkeit, die man eigentlich nicht mit dem Mittelalter verbindet. Die gewölbte Decke ist mit riesenhaften figürlichen Darstellungen bemalt. Es gibt geschnitzte Eichenbänke aus dem Jahre 1594 und Wandschränke, worin früher das berühmte alte Silber von Lüneburg – Geschenke von bedeutenden Bürgern an die Stadt – aufbewahrt wurde. Es ist jetzt in Berlin und was wir im Fürstensaal sahen, sind nur versilberte Kopien.

Wir blieben vor einem der Wandgemälde stehen, das uns wie ein Meisterwerk in seinen Bann schlug: Ein Ritter in voller Rüstung, der angreift.

„Ach, das ist Maximilian I., gemalt von Albrecht Dürer. Von überall her aus Deutschland kommen Maler, um es zu kopieren“, meinte unsere Führerin.

Noch einen Raum durften wir besichtigen. Wir stiegen ein paar dunkle Stufen hoch und fanden uns in einem kleinen finsteren Raum, der Körkammer, die völlig unangetastet sein soll, seit in ihr die alten geheimen Bürgermeisterwahlen stattfanden. Eichengetäfelte Wände, eichene Wandschränke voll von alten Archiven, eichene Truhen, die als Sitze dienten, mit eichenen Fußbänken davor, alles schwarz vor Alter. Ein offener Kamin aus einfachen roten Ziegeln mit eisernen Feuerböcken, die seit vierhundert Jahren darin stehen (sie wurden 1491 gemacht). Geschnitzte und bemalte Balken an der Decke und ein alter

---

[3] *Victoria Prinzessin von Großbritannien (1840-1901), die als Ehefrau von Friedrich III. (Kronprinz Friedrich Wilhelm) 99 Tage Deutsche Kaiserin war. – Red.*

[4] letzten Endes war die Stadt immer siegreich, obwohl sie einmal zu gleicher Zeit unter dem Bann von Kaiser und Papst stand und von der Hanse ausgeschlossen war.

Eichentisch. Ein bemaltes Fenster erhellt dies ehrwürdige Zimmer – vier Bürgermeister aus dem 15. Jahrhundert sind auf dem Glas porträtiert.

Unsere gute Frau weigerte sich, uns gehen zu lassen, ehe wir ihre größte Merkwürdigkeit gesehen hätten. Sie sprach fast mit Furcht davon. Man hatte nicht gewagt, sie zu einer Bremer Ausstellung zu verleihen. Es war ein Glaskrug mit ein paar Knochen darin. Ohne Zweifel kostbare Reliquien? Ja, die höchst kostbaren Knochen eines . . . Schweines! Des Schweines, das der Sage nach die Salzquellen entdeckte, aus denen all der Reichtum von Lüneburg entsprang. Dies die Inschrift:

„Hic tibi cernere licet reliquias porci qui primus aquarum quae Luneburgi salsae scatent reportor dici meruit."[5]

Wir versicherten unserer Führerin, wie sehr wir ihre Schätze bewundert hätten.

„Ja, ja, Nürnberg ist eine schöne Stadt, Lübeck ist schön, aber keine, soviel ich weiß, ist so schön wie Lüneburg."

„Sehen Sie viele Engländer hier?"

„Nein, überhaupt wenig Fremde. Manchmal ist ein Engländer dabei, sonst hauptsächlich Handelsreisende von irgendwo her."

---

[5] „Hier glaubt man die Überreste des Schweines zu vermuten, das als erstes das sprudelnde Lüneburger Salzwasser zu finden, sich verdient machte." - *Red.*

Diese Unterhaltung bitte ich als meine Entschuldigung anzunehmen für die vorstehende Beschreibung. Sie wird, wie unvollkommen auch immer, ihren Zweck erzielt haben, wenn Sie Reisenden verständlich machen kann, wie sehr dieser uralte Ort einen Besuch wert ist.

Diese kleinen, alten, wenig veränderten Straßen führen die Phantasie lebhaft ins Mittelalter zurück, da sie glücklich vom Feuer verschont wurden, dessen Flammenschwert in so vielen alten Städten gewütet hat. Außerdem lagen sie abseits vom zerstörerischen Netz moderner Handelswege. Und wo in ganz Nordeuropa gibt es ein Gebäude, das vor unseren modernen Augen besser als dieses stattliche Rathaus den besonderen Charakter, den Reichtum und die Würde mittelalterlichen Bürgertums erstehen ließe? Die stolzen alten Zeiten sind vorbei für Lüneburg, seine Glocken hörten auf „Da pacem Domine in diebus nostris"[6] zu läuten, als der alte Sinnspruch der Stadt seine Bedeutung verloren hatte. Seine grimmigen alten Wälle umgeben es nicht mehr, seine neunzig Türme „grüßen nicht mehr von Turm zu Turm die anderen Hansestädte an der viele Meilen langen Elbe." Es ist jetzt nur noch ein Schatten, eine Geisterstadt. Ich glaube jedoch, dass in Deutschland kein Schatten mit mehr Beziehung zu seiner früheren Wirklichkeit gefunden werden kann und kein lebensähnlicherer Abglanz einer mittelalterlichen Hansestadt.

---

[6] „Gib den Frieden des Herrn in unseren Tagen." - *Red.*

KAPITEL VI

In wendischen Landen

„Plinius der Ältere spricht von den ‚Venedi' als Bewohnern des Landes jenseits der Weichsel. Tacitus erwähnt sie als ‚Veneti'. Und die teutonischen Stämme bezeichneten ihre frühen östlichen Nachbarn als ‚Winedá' oder ‚Wenden', die in der Lausitz überleben. In König Alfreds ‚Orosius' ist die anglo-sächsische Bezeichnung der Slawen südlich der Ostsee ‚Winedas' oder ‚Weonodas', während im 11. und 12. Jahrhundert der skandinavische Name für dasselbe Volk ‚Vender' lautete. Bis heute kennen die Finnen Russland nur als ‚Venäjä' und ihre rassischen Brüder, die Esten, auf der anderen Seite der Ostsee nennen es ‚Vene'."

Russische Bilder, v. Thos. Mitchell, C. B.

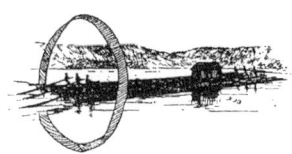

ur berth abhove the bridge at Lauenburg was bad in one respect – out of hail from the landing place, and a hard pull to get on board against the strong current. The harbour would have been better.

Unser Ankerplatz oberhalb der Brücke von Lauenburg war in mancher Hinsicht schlecht, denn er lag außer Rufweite von der Stelle, wo wir mit dem Beiboot anlanden konnten. Außerdem musste man schwer gegen die starke Strömung rudern, um an Bord zu kommen. Der Hafen wäre besser gewesen. Aber jetzt wurden wir für diese Unbequemlichkeit belohnt: Wir konnten gleich lossegeln und hatten nicht die Mühe, die *Gipsy* gegen den Strom unter der Brücke durch zu bugsieren. Wir starteten unter vollem Segel, banden aber bald alle Reffs ein, denn das Steuern nach den Schifffahrtszeichen, die einmal auf der einen, einmal auf der anderen Seite waren, verursachte zu viele schwierige Halsen. Der Wind frischte zu halbem Sturm auf, und wir machten prächtige Fahrt, ohne die Strömung zu beachten.

Beim Blick nach achtern sahen die roten Häuser von Lauenburg vor dem Hintergrund der graublauen Hügelkette sehr malerisch aus. Zu unserer Rechten hatten wir meist hohes Land, bewaldete Hügel mit hier und da Böschungen von gelbem Sand. Ab und zu kam eine Lichtung mit einem Bauernhof oder ein paar Hütten, alle aus roten Ziegeln und Holz. Oder auch ein Dorf mit Kirche und einem kleinen Hafen davor, in dem ein Flussschiff lag. In einer vom Wald umschlossenen Bucht lag ein Boot vertäut, in dem Nausicaa und ihre Mädchen knieten, die im Fluss Wäsche wuschen. Ihr Karren wartete am Strand. Wir passierten ein Flüsschen und ein wenig weiter zu unserer Linken die Stadt Boizenburg, dann Bleckede und nach einer langen Strecke Hitzacker zu unserer Rechten, wo ein großes Haus auf einem Felsvorsprung stand und ein Dorf auf dem flachen Land darunter. Wir begegneten und überholten Reihen von Lastkähnen, die von langen Dampfschiffen mit zwei Schornsteinen gezogen wurden. Sie schleppten, wenn sie stromabwärts fuhren, mit zwei ungeheuer langen Trossen, die an zwei Pollern genau achtern des Radkastens angeschlagen waren.

Der Sommerwind verflüchtigte sich mit dem Tageslicht. Eine Zeitlang glitten wir sanft dahin. Schließlich, obwohl wir alle Reffs wieder ausgeschüttet hatten, bewegten wir uns kaum noch über Grund und ankerten, da es dunkel wurde, zwischen zwei Wellenbrechern.

Pieter bewunderte die Elbe.

„Viel Wald, Sir!"

Sein eigenes Land, Friesland, ist nicht gerade berühmt für Wald.

„Gerade wie Robinson Crusoes Land", hatte er nachdenklich gesagt, als wir an einem einsamen bewaldeten Berg vorbeifuhren.

„Sie haben mir das Buch letztes Jahr geliehen, Sir."

„Und liest sich die Geschichte nicht, als ob alles wahr wäre, Pieter?"

Der einfache alte Kerl guckte erschrocken: „Ich will glauben, dass es wahr ist, Sir."

Für ihn war es, als hätte ich die Heilige Schrift angezweifelt.

Wir waren jetzt völlig drin im alten Wendischen Land – für nicht weniger als achthundert Jahre die Heimat einer wilden slawischen Rasse von Jägern und Kriegern über Land und Meer, den Wenden. Zehn Generationen lang hatten sich die christlichen Sachsen und die heidnischen Wenden gegenseitig aus frommen, missionarischen Gründen abgeschlachtet[1] bis schließlich Heinrich der Löwe siegte und den wendischen Fürsten Niclot in einer Schlacht an der Warnow tötete. Dieser Kampf, der vor siebenhundert Jahren ausgefochten wurde, ist für die Engländer von mehr als akademischem Interesse, denn es ist so seltsam wie wahr, dass das Blut der beiden christlichen und heidnischen Führer, des Siegers und des Besiegten, vereint in den Adern unserer englischen

---

[1] Ein gewöhnliches Verfahren auf Seiten der Wenden war es, Christen in Öl zu kochen, den Bischöfen den Bauch aufzuschlitzen, die Eingeweide heraus zu zerren und ein Ende an einem Pfosten zu befestigen. Dann wurde der Bischof heftig geschlagen, bis er seine Eingeweide um den Pfosten gewunden hatte. Nugent, der Autor von „Vandalia", zitiert dafür sächsische Geschichtsschreiber und sagt, dass es Inschriften diesen Inhalts zu seiner Zeit noch auf mehreren Kirchenfenstern in Deutschland gab.

Königsfamilie fließt. Unsere Königin ist eine direkte Nachkommin sowohl von Heinrich dem Löwen als auch von Niclot. Heinrich war ein Welfenfürst (Ihre Majestät hat keinen berühmteren Ahnen), und die Großmutter der Königin, die gute Königin Charlotte, eine mecklenburgische Prinzessin, stammte direkt von dem Obotriten Niclot ab. Das alte Haus Mecklenburg ist die einzige regierende Familie in Deutschland, die in der männlichen Linie von den Wenden abstammt. Es hat, mit Ausnahme einer kurzen Thronbesetzung durch Wallenstein, seit den heidnischen Zeiten (eigentlich, seit Niclots Sohn wieder eingesetzt wurde) ohne Unterlass regiert, und bis auf den heutigen Tag führen seine Mitglieder den alten Titel „Fürst der Wenden". Des weiteren ist es nicht nur durch eine, wenngleich die höchste, englische Familie begründet, dass diese alten Länder, die vor und seit wendischen Zeiten Sachsen genannt wurden, Verwandtschaft mit unserem eigenen Land beanspruchen. Aus ihnen ergossen sich jene Schwärme von „mächtigen Kriegsleuten", die Sachsen[2] in unsere uns geläufige Geschichte.

Uelzen, eine Stadt oberhalb von Lüneburg an der Ilmenau, erhob einst Anspruch (und tut es wahrscheinlich heute noch), den ersten Haufen von allen ausgesandt zu haben, die das überfielen, was heute England ist. Und die, die zurückkamen, hängten, so hieß es, auf dem Uelzener Marktplatz ein goldenes Schiff zum Gedenken auf, das bis zum großen Feuer von 1646 dort blieb. Es ist wahrscheinlich, dass heutzutage kein Engländer lebt, der nicht ein Quäntchen von dem Blut der alten Sachsen in sich hat.

In den Landstrichen, die wir nach Lauenburg sahen, fanden wir überall Spuren (und nicht wenige) von diesem seltsamen, wenig bekannten wendischen Volk. Ländereien sind noch unter ihrem wendischen Namen bekannt, und in Lüneburg überlebt sogar ein „wendisches Dorf" und eine „wendische Straße."[3] In Lüneburgs alten Archiven gibt es einen Bericht von 1409, dass die Stadt beschloss, keinen Wenden als Bürger zuzulassen und dass alle Bürger zu einer

---

[2] Woher bekamen diese berserkerhaften Schwertleute ihren Namen? Nun, von ihren Schwertern, ihren „Sachs" natürlich, sagt Mr. Du Chaillu, und das würde auch Nennius gesagt haben, hätte er noch gelebt, um ihn zu bestätigen. Rief nicht Hengist immer „Nimed eure Sachs" („Zieht eure Schwerter") seinen Gefolgsleuten zu?

„Aber nein, hat nichts mit Schwertern zu tun", sagt eine andere Autorität, nämlich De Quinceys „angenehmer Verrückter", der es ihm und Professor Wilson in der Postkutsche erklärt. „Sie waren sowohl arm", erläuterte er, „als auch tapfer", diese Krieger und hatten keine Hosen zum Anziehen, nichts als Säcke. Der regelmäßige Morgenbefehl musste daher sein „Säcke an". Daher die wahre Ableitung ihres Namens. Was soll man nun glauben?

[3] „Im Jahr 1306 wurde es einigen wilden Leuten der Veneden erlaubt, ihre kranken und nutzlosen Eltern in den Wäldern von Lüneburg lebendig zu begraben." *Gibbons „Dechine and Fall", wo er zitiert aus Rimius - „Memoirs of the House of Brunswick".*

alten Eidesformel gezwungen wurden, dass keine Wenden unter ihren Vorfahren waren. Unser regierendes Haus könnte heute diesen Eid nicht leisten.

Im geruhsamen After-Dinner-Frieden im Salon wurde ein seltsames Geräusch hörbar, ein immer lauter werdendes Klirren. Vom Deck aus sahen wir eine Schiffslaterne, die langsam näher kam. Dann machten wir einem Schleppdampfer mit einem langen Schwanz von Kähnen aus und konnten schließlich entdecken, dass er im Vorangleiten vom Grund des Flusses vorn eine Kette hoch hievte und hinten wieder herunter ließ. Das ist natürlich üblich bei Dampffähren quer über den Hafen, aber dies ist die vielleicht längste Kette der Welt, mit der wir später noch näher Bekanntschaft machten.

Es blieben uns nur noch fünf Meilen auf der Elbe – einhundertdreißig waren wir schon gesegelt. Aber auf dieser kurzen Strecke war uns der „Zauberfluss" nicht gut gesonnen. Ein Kreuzschlag ging direkt in den Wind – es war wenig Wind –, und immer wieder kamen wir, wenn wir über Steuerbord kreuzten, in den Windschatten der Bäume, wo auch die Strömung am stärksten schien. Eine halbe Meile in anderthalb Stunden!

Als wir diesen Punkt zäh überwunden hatten, kam eine große Eisenbahnbrücke in Sichtweite, die den Strom überspannte. Jetzt mit gerade genug Wind versehen, preschten wir vorwärts, schlängelten uns durch dümpelnde Schleppzüge, bis wir auf der Leeseite eine Bucht entdeckten und hineinfuhren. Das war Dömitz, die Mündung der Neuen Elde, unser Eingangstor in das Großherzogtum Mecklenburg-Schwerin. Ich holte das Segel herunter, als wir hineinfuhren, da ich nicht wusste, was vor uns lag. Wir fuhren eine Weile weiter und dann stakten wir, bis wir eine geschlossene Schleuse vor uns hatten.

Wir mussten eine Weile warten, während der Schleusenwärter die offiziellen Formulare ausfüllte und uns mit einer wahren Redeflut übergoss, die K. dolmetschte. Er erzählte uns, wie im März 1888 die Elbe in ihrem Zorn zwanzig Fuß höher stieg als der jetzige Hochwasserstand, die massiv gebaute

Schleuse demolierte, eine nahe Brücke mitriss und alles Land ringsum überschwemmte. Dann folgte schnell aufeinander ein Haufen von Fragen – er war zu aufgeregt, um auf Antworten zu warten: Konnten wir in einem so kleinen Schiff so weit hergekommen sein? Gehörte es wirklich uns? Waren wir wirklich Engländer, und wollten wir wirklich nach Schwerin? Aber Sie können nicht dahin kommen. Unmöglich! Nicht tief genug! Und so weiter und so fort in einem unaufhörlichen Schwall. Er hatte noch nie Engländer gesehen oder die englische Sprache gehört.

Der freundliche und wohlmeinende Mann brannte darauf, seinen guten Willen praktisch zu zeigen. Unsere Leute mussten in die Stadt gehen, um Wäsche und Briefe abzuholen – es war höchstens eine halbe Meile, eine gut zu übersehende gerade Straße entlang.

„Sie müssen einen Wagen haben!"

„Nein."

„Dann einen Führer!"

„Nein."

„Dann jemanden, um die Sachen zu tragen!"

„Nein."

Er war ganz verletzt von all diesen Neins, obwohl wir sie mit Dankeschöns versüßt hatten. Er strahlte förmlich vor Sympathie. Der „Bandicoot, dies wild einfühlsame Scheusal", würde mit ihm verglichen als kaltes selbstsüchtiges Wesen erscheinen.

Als wir schließlich losfuhren, kam ihm ein glänzender Gedanke, was er tun könnte, um uns eine Mühe zu ersparen: Er könnte vorauseilen und die Brücke öffnen! Wir sahen ihn am Ufer entlang rennen, und dann stand er auf der Brücke, lachend und signalisierend, dass alles in Ordnung sei. Er ergriff die Kette, um zu ziehen – es war eine Zugbrücke. Wir näherten uns. Er hängte sein ganzes Gewicht an die Kette. O Schreck! Die Brücke weigerte sich, aufzugehen, sie saß fest. Ich warf das Ruder hart backbord, das Schiff rammte voll das Ufer, das Segel kam knatternd herunter und Pieter sprang an Land, um zu sehen, was los wäre. Der Grund der Katastrophe war klar genug: Unser wohlmeinender Mann hatte vor überschäumenden Diensteifer vergessen, die Bolzen herauszuziehen! Wir hatten keinen Schaden. Aber wer hätte nicht Mitleid mit dem armen Mann gehabt? Wir dankten ihm trotzdem für seine Freundlichkeit, aber seine Haltung war gedrückt und niedergeschlagen, als er uns davonsegeln sah.

Ein schmaler, kanalähnlicher Wasserweg, der zuerst durch flache Marschen führte, war diese Neue Elde. Sie hätte irgend ein abgelegener friesischer Kanal sein können, wenn nicht die Vögel gefehlt hätten und die kleinen holländischen Segel, die dort in allen Richtungen über grüne Wiesen zu gleiten scheinen.

Dann kamen wir zu einem Wald, an dem sich der Wasserweg teilte. Wir wählten den rechten Arm und rauschten durch ein grünes Dickicht. Hohe Äste streiften gegen unsere Gaffel, kleine Zweige wischten an den Kabinenfenstern vorbei – das Deck war übersät mit Ästchen und Blättern.

„Segel runter" kam ein plötzlicher Schrei von Wilson, der Ausguck hielt. Wir kamen aus unserem Blätterwald hervor, und da, nahe vor uns, quer über der Wasserstraße, stand eine große vielfenstrige Mühle. Wir stoppten gerade noch rechtzeitig.

Mit dem Heck voran krochen wir zurück und versuchten den anderen Arm. Der war auch schmal, aber weniger bewachsen. Plötzlich stoppte uns eine Schleuse. Ein paar Leute von der Mühle kamen, um uns vorbeifahren zu sehen. Wir mussten die Wherry selbst durchbringen; aber diese guten Leute waren alle bereit, ein Tau zu fassen oder sonst zu helfen, wie sie konnten. Der Schleusenmeister stand auch da – als Zuschauer. Mein Deutsch ist spärlich und die Worte dieses jungen Kerls, aufgeregt wie er war, schienen mir unverständlicher als sonst. „Ich spreche Plattdeutsch nicht", sagte ich entschuldigend. Unser Mann sah verlegen aus und ich fühlte mich wirklich beschämt: Er hatte vor seinen Freunden damit angeben wollen, dass er mit mir Englisch sprach.

Es lohnte sich kaum, vor der nächsten Schleuse wieder Segel zu setzen. Auch diese mussten wir öffnen und uns allein durchbringen. Der Schleusenmeister war gleichzeitig der Müller – ein kluger Geschäftsmann.

„Wird von ihnen nicht erwartet, dass sie die Schiffe für die Gebühr durch die Schleuse bringen?" fragte ich.

„Nein, das müssen Sie selbst tun – so ist die Regel. Es mag in anderen Ländern nicht so sein, aber hier in Mecklenburg sind wir zweihundert Jahre zurück."

Die Gebühren waren nicht hoch – fünfundzwanzig Pfennige und weitere fünfzehn für die Eintragung in die Bücher. Die Geringschätzung unseres Freundes gegenüber seiner Heimat Mecklenburg mochte gerecht sein oder nicht, aber es schien uns bereits so, dass Mecklenburger den Hannoveranern und Oldenburgern in einer Hinsicht auf alle Fälle voraus waren: im Benehmen. Dieser Schleusenwärter konnte sich nicht genug wundern, wie wir unseren Weg zu einem so entlegenen Platz gefunden hätten; und der Name der Schleuse zeigte eine einzigartige Vorausahnung seiner Urheber: „Findenwirunshier"!

Eine Eisenbahnbrücke war das nächste Hindernis, für das wir unseren Mast legen mussten. Bald danach sahen wir auch schon die nächste Schleuse und legten für die Nacht am Ufer an. Der Name dieser Schleuse war Mellisz, so wurde uns gesagt, aber sie war nicht in der amtlichen Liste, noch konnten wir sie auf unserer Karte finden.[4]

---

[4] *Vielleicht hätte Douhgty mehr Glück gehabt, wenn er die deutsche Schreibweise, Malliß, gekannt hätte – Red.*

Der nächste Tag war der 24. August, ein Sonntag. Wir brachten die *Gipsy* durch die Schleuse, blieben aber bis Mittag in der Gegend. Es wehte nur schwacher Wind, und um gegen die Ein-Knoten-Strömung anzugehen, war das bisschen Brise alle Hilfe, die wir hatten – wir rührten die Staken nicht an. Zur Teezeit, also gegen fünf Uhr, hatten wir drei Meilen geschafft. Fünf Stunden verloren – doch das bereuten wir keinen Moment.

Einmal spazierte ich ein grasiges Ufer entlang, gesprenkelt mit wilden Nelken, und setzte mich auf ein Kissen von Heidekraut. Wilder Thymian und Heide in voller Blüte bedeckten den Boden, und die Luft war voller Bienengesumm. Unter den Föhren war es schattig, aber ich wollte mich lieber im herrlichen Sonnenschein wärmen. Kein menschliches Wesen war in Sicht, keine menschliche Stimme zu hören. Ab und zu kam das weiße Segel der Wherry zum Vorschein, sie schien zwischen den Bäumen stillzustehen – eine seltsame Erscheinung in dieser Einsamkeit. Dann kam das Vordeck heraus, wo die Mädchen unter ihren Sonnenschirmen saßen. Ich wartete auf sie, aber

„The weder was fulle soft, the wynde held them stille;
The saile was hie aloft, thei had no wynde at will".[5]

Sie konnten nicht näher kommen, um mich wieder an Bord zu nehmen. Dann verschwanden sie vom Deck – die Glocke hatte zum Tee gerufen. Ich riss mich aus dem Traumland und ging auf meinen Spuren zurück, um wieder zu ihnen zu stoßen. G. hatte etwas zu erzählen: Sie hatte einen seltenen Schmetterling gesehen, den „Camberwell Beauty"[6], zu deutsch „Trauermantel", wie wir später hörten. Ich brachte ein Sträußchen von wilden Blumen mit und etwas Sonnentau, der auf einer torfigen Stelle wuchs. Wir legten diese Nacht am Ufer an, unmittelbar diesseits von Eldena.

Am nächsten Morgen kein Lufthauch. Als das an sandigen Straßen verstreut liegende Dorf Eldena hinter uns lag, fanden wir uns inmitten von Wiesen wieder. Zu staken, um zwei Meilen in der Stunde zu machen, schien kaum der Mühe wert. Weder Treidelpferde noch Schleppleute waren zu bekommen – das friesische „Trekpaard" ist ein unbekannter Vierfüßler in diesen Gegenden. Alle Bauern waren bei der Heuernte, so blieb uns nichts übrig, als uns mit der guten Tugend der Geduld zu wappnen und unsererseits die Nebelkrähen auszulachen, die auf hochstehenden Pfählen saßen und uns verspotteten. Kein

---

[5] „Das Wetter war sanft, der Wind hielt sie still; das Segel war oben, aber der Wind war ihnen nicht zu Willen."

[6] Dasselbe liebliche Geschöpf, das Hoods Mr. Booby so grausam enttäuschte: „Zum Teufel mit der alten Närrin und ihrer Camberwell Beauty! Warum hat sie mir nicht gesagt, dass das ein Schmetterling ist!"

Schiff war auf dem Wasser, kein Haus an Land, kein Lebewesen zu sehen außer den Krähen, einem oder zwei feierlich staksenden Störchen und einem Eisvogel, der einmal blau aufblitzte.

Wir trieben zu einer einsamen Schleuse, Juritz[7] glaube ich, kein Haus dort oder auch nur in der Nähe. Pieter ging, den Schleusenwärter zu suchen. Der Mann schlurfte langsam über die Felder heran, öffnete seine kleine Hütte, nahm die Schlüssel heraus und ... warf sie ohne ein Wort ins Gras. Pieters wütende Miene war ein einmaliger Anblick. Wir schafften die *Gipsy* selbst durch die Schleuse und segelten weiter, Don Surly wütend zurücklassend, denn wir hatten die oberen Tore nicht für ihn geschlossen. Der Lümmel mochte aus einem anderen Teil Deutschlands gekommen sein. Hier, östlich der Elbe, fanden wir die Landleute in der Regel zuvorkommend und höflich. Sie wünschten uns immer „Guten Tag", oft mit einem Lächeln oder einer Verbeugung als Zugabe.

Bald, mit besserem Wind, erreichten wir Grabow – eine Landstadt aus roten Ziegeln und Fachwerk, mit einem Kirchturm aus roten Ziegeln und Fachwerk. Wir stakten durch die etwas heruntergekommene, aber malerische Wasserstraße. Dann kam ein Abschnitt mit wirklich harter Arbeit: Der Gegenstrom war stark und der Fluss verflixt gewunden. Der Wind, obgleich meistens achterlicher als dwars, wurde zu stark. Es war unmöglich, gut um die Biegungen zu segeln, denn so spitz waren die Winkel, und so fürchterlich eng war der Fluss, dass wir an einem Ende immer den Grund berührt hatten. Wir schufteten schwer, um acht Meilen zu machen.

Unsere Route führte durch eine Einöde. Die einzigen menschlichen Wesen, die wir sahen, waren zwei abgearbeitete Frauen, die, barfuß im kalten Wasser watend, verdorbenes, schwimmendes Heu zusammenharkten. Senecas Definition von Frauen als „Tiere, die Kleider lieben", mochte auf diese armen geschlechtslosen Dinger passen oder auch nicht. Wenn ja, war ihr Los noch schwerer, denn ihre schwere Arbeit brachte kaum genug für die Kleider ein.

Im Zwielicht sahen wir zum erstenmal Rehe. Wir erfuhren später, dass sie in Mecklenburg öfter vorkommen als bei uns die Hasen seit dem Bodenwild-Gesetz. Zuerst kam ein Bock zum Wasser, schwamm hindurch und sprang in großen Sätzen über die Marsch einem Stück Waldland zu. Dann machten wir eine Ricke mit Kitz aus, die unter einer Hecke ästen, einen anderen Bock mit Gehörn, und dann, nachdem wir für die Nacht festgemacht hatten, kam ein dritter Rehbock aus demselben Wald und äste ganz nahe bei uns.

Zwei schreckliche Flussbiegungen gegen den Strom bezwangen wir vor dem Frühstück, und um Mittag erreichten wir die Schleuse bei Neustadt. Während die Wherry sie passierte und Ifould einkaufte, schlenderte ich durch

---

[7] *Güritz – Red.*

die mörderisch steinigen Straßen der wunderlichen kleinen Stadt, der kleinsten in Mecklenburg. Es waren nur wenige Leute unterwegs. Zwei oder drei Männer standen auf der Brücke herum, ein Gänsemädchen trieb ihre Herde auf die Weide, und ein Ochsenwagen rumpelte donnernd daher. Ich ging um die Ruine der Backsteinburg herum, die beim Näherkommen finster auf uns herabgeblickt hatte und kam an ihrem Nachfolger vorbei, einem großen, weißen, verrottet aussehenden Schloss, mit der Front zum grasbewachsenen Marktplatz. Dann segelten wir unter einer hübschen Allee hinaus und weiter durch eine grüne Ebene von flachen Marschen, die bis zum Horizont reichte.

Wir mussten eine Acht ins Kielwasser schreiben, um gegen den starken Strom anzukommen. In der Mitte der Zahl war ein Dampfbagger dabei, eine gerade Rinne auszuheben. Bald danach ein Schwenk nach rechts und eine Schleuse: der Eingang zum Friedrich-Franz-Kanal. Dies ist eine gerade, schön breite, gepflegte Wasserstraße; aber da sie das einzige blanke Glied einer sonst verrosteten Kette ist, ist sie von wenig praktischem Nutzen. Nennenswerten Verkehr gibt es auf keinem Abschnitt des Systems, kaum Schiffe, nur Holz-flöße.[8] Diese Flöße treiben mit dem Strom, ihre Mannschaften laufen auf den Stämmen in Wasserstiefeln mit Spikes und halten sie mit Stangen vom Ufer ab. Manchmal müht sich auch ein Mann am Ufer entlang mit einem Schlepp-tau: tief gebückt und mit einem starken Stock als drittem Bein. Auf dem Floß bauen sie sich einen primitiven Herd, nachts kriechen sie in eine niedrige, sargähnliche Hütte aus ungehobelten Brettern. Die armen Kerls grüßten uns immer mit „Tag" und einem freundlichen Winken; aber ihre schlängelnden Flöße waren besonders an Biegungen schwer zu passieren.

Auf den Marschen, die mehr für Kühe geeignet schienen, sahen wir die hübschen kleinen Rehe wieder. Ein Schleusenwärter erzählte Pieter, wie häu-fig es hier Rehe gäbe und dass es außerdem viele, viel zu viele, gefährlichere Tiere gäbe – Wildschweine. Im Winter kämen die Rehe zum Fressen zu ihm in den Garten.

„Nur Fürsten", sagte er, „können Rehe und Wildschweine schießen."

„Frage ihn, Pieter, wen er mit Fürsten meint."

„O, ich weiß, Sir, ich brauche nicht zu fragen. Er meint den König, seine Frau und all ihre Familien!"

Es musste in der Nacht Wind aufgekommen sein, denn am nächsten Morgen fanden wir uns auf der falschen Seite des Kanals. Beide Staken waren aus dem Grund gerissen und die Wherry ans gegenüberliegende Ufer geweht

---

[8] Nach vielen Versuchen der Herzöge Albrecht I. und Ulrich III. und auch Wallensteins wurde die Elde zum ersten Mal während der Regierung des Großherzogs Friedrich Franz I. schiffbar gemacht. Bis die Eisenbahn kam, herrschte beträchtlicher Verkehr, aber Was-serwege konnten mit der Bahn nicht konkurrieren.

worden. Wir lagen nicht weit von zwei sich kreuzenden Wasserstraßen. Unsere Route führte nach links, durch eine unfertige Schleuse, die Eldenschleuse, wo wieder gebaut wurde. Der Vorarbeiter war über die Maßen erstaunt. Laut war sein „Nein" auf unsere Frage, ob schon mal ein englisches Schiff hier durchgekommen wäre. Er wollte alles über uns wissen und die ganze Wherry besichtigen. Seine letzte Frage an den etwas unwilligen Pieter war: „Würde der Herr ihm wohl sagen, wieviel sie gekostet hätte?"

Der Wasserweg, in den wir jetzt einfuhren, der Störkanal, war kaum vier Fuß tief und auch das nur in der Mitte. Glücklicherweise ging das gerade noch. Nach einer Krümmung nach rechts – leewärts – ließen wir die kahlen Marschen hinter uns und segelten durch einen Wald – eine der großherzoglichen Besitzungen – und erspähten nicht die Spur eines Lebewesens, außer, wenn wir ein Reh aufscheuchten. Dann heraus aus der Stör durch eine Schleuse bei dem kleinen Dorf Banzkow, eine Eisenbahnbrücke und danach der engste aller engen Wasserwege, der uns bis dahin begegnet war. Entweder hielten wir uns genau in der Mitte oder wir liefen auf Grund. Die richtige Ecke für viele schwierige Halsen. Der Wind war zuweilen sehr stark. Hin und wieder traf uns ein Sonnenstrahl – ein Teufelslächeln zwischen heftigen Schauern. Schließlich zerstreuten sich die Wolken, und die Sonne schien herrlich. Auf beiden Seiten schloss eine Reihe steiler bewaldeter Höhen unser grünes Tal ein, und nach und nach trat aus einem Wäldchen eine Hebebrücke ans Licht. Wir passierten die Brücke, stakten für eine kurze Strecke durch den windstillen Hain, bis das Segel sich wieder füllte und wir hinausglitten auf ein weites Wasser.

KAPITEL VII

Der Schweriner See. Wismar

„The fair breeze blew, the white foam flew,
The furrow followed free,
We were the first that ever burst
Into that silent sea"[1]
Ancient Mariner

Große Städte haben selten Ruhe.
Wenn keiner von draußen einmarschiert, finden sie ärgere Feinde
daheim.
Herricks Hesperides

an this be the Schweriner See?" I asked a fisherman.

„Ja, ja, Schweriner See." Four weeks of very varied voyaging, by rivers small and great, by seas, and by canals, has brought us to the threshold of our hopes at last.

„Kann das der Schweriner See sein?", fragte ich einen Fischer.

„Ja, ja, der Schweriner See."

Vier Wochen sehr unterschiedlichen Reisens durch große und kleine Flüsse, über Seen und durch Kanäle, hatten uns endlich an die Schwelle unserer Hoffnungen gebracht.

Den Wald hinter uns lassend, tanzten wir bald fröhlich über die blaue Weite eines riesigen Sees. Zu unserer Rechten ragten bis zum Gipfel bewaldete Höhen steil aus dem Wasser; vor uns zwei grüne Inseln, eine davon hügelig, bewaldet und malerisch. Links von den Inseln erschienen entfernte Dächer, die, wie wir wussten, die großherzogliche Hauptstadt Schwerin sein mussten. Ein alles überragendes Dach könnte, so meinten wir, der Dom sein, und in dem

---

[1] *etwa:* „Der schöne Wind blies, der weiße Schaum flog, wir furchten frei das Wasser. Wir waren die Ersten, die je in dies stille Gewässer einbrachen." - *Red.*

hohen Gebäude mit der gezackten Silhouette erkannten wir das weitberühmte fürstliche Schloss.

Nicht weniger als bezaubernd war der große liebliche See für unsere kanalverengten Augen. Sogar Wilson wurde redselig: „Das ist wirklich was, Pieter!"

Pieter starrte auf die waldigen Berge und die blauen Weiten. Ich bat um eine Lotung. Der alte Mann, der seine seichten holländischen Gewässer gewöhnt war, nahm zwei oder drei Faden Leine, konnte aber den Grund nicht erreichen.

„Es muss hier sehr tief sein, Sir."

Ich sagte ihm, er solle zwanzig Faden nehmen.

„Aber ist das nicht Süßwasser, Sir?", meinte Pieter, legte sich an Deck, schöpfte etwas Wasser und schlürfte aus der Hand. Er holte das Lot wieder ein und maß fünfzehn Faden!

Das Schloss wurde deutlicher, als wir näher kamen: Ein vieltürmiges Camelot, lauter Giebel, Türmchen, Spitzen und orientalisch anmutende Minarette. Auf jeder Seite schien eine Bucht zu sein – tatsächlich steht es auf einer Insel, vollkommen vom Wasser umschlossen. Da wir in der nördlichen Bucht Bootsmasten ausmachten, segelten wir hinein, langsam, denn der Wind ließ unter Land nach. Wir sahen eine Menschenmenge am Ufer, und bald umgab uns ein Schwarm von Booten, vollgepackt mit Ausflüglern, die neugierig auf Fremde waren. Solch ein Tumult! Sie alle, Männer und Frauen, riefen und schrien auf einmal: Wir sollten hierhin, nicht dorthin; wir sollten dem einen folgen, dann dem anderen; hier wäre nicht genug Wasser, dort wäre es verboten anzulegen; der Steg aus zwei wackligen Planken wäre nichts für uns – reserviert für den Großherzog. Unter solch einem Kreuzfeuer von Stimmen war es

The Castle of Schwerin from the Lake.

schwierig für unsere Männer, klaren Kopf zu behalten. Aber stur, ohne irgend jemanden zu beachten, pickte ich mir den vielversprechendsten Platz heraus und ging in einem anscheinend regulären Hafen vor Anker.

Die Bedeutung all dessen kam bald heraus: Die Uferboote gehörten einem Mann, der sie vermietete und dieser Mann hatte einen eigenen Landesteg. Er und seine Freunde wollten uns an diesem Steg anlegen lassen. Kein anderes fremdes Schiff war je in Schwerin gewesen, wir waren eine edle Rarität, und er hoffte, einen Haufen Eintrittsgeld einzunehmen. Wir fanden später heraus, dass die Bucht absolut frei war für alle, dass sie überall tief genug war und dass die geheiligte Pier ein allgemeiner Platz für Müßiggänger war.

Sogar da, wo sie vor Anker lag, war die *Gipsy* ein Segen für den geschäftstüchtigen Vermieter. Seine Boote waren von morgens bis abends, die ganze Zeit, die wir dort blieben, an ganze Ladungen Schaulustiger vermietet. Um die Fremden zu sehen, drängten sich die guten Leute um die Wherry, standen auf den Duchten der Boote, guckten durch unsere Fenster und hielten sich nicht zurück mit persönlichen, sehr vernehmlichen Bemerkungen. Selbst unsere Gesichter, Körpermaße, Kleider und Sprache waren Gegenstand der ausgesprochenen Kritik. Zwei Sommer in den Niederlanden sollten uns eigentlich abgehärtet haben, aber selbst in unseren unerfahrensten Tagen hatten wir nie wärmer mit den Tieren in den Käfigen des Zoos sympathisiert.

Das Zwielicht brachte schließlich eine gewisse Erleichterung. Die rüde Menge, die den Hals reckte, um in unsere erleuchteten Kabinen zu spähen, reduzierte sich zu bloßen Stimmen, und die Nacht, die gnädige Nacht, brachte sogar sie zum Schweigen.

Wohltuende, schöne Nacht! Der heitere, blasse Mond goss seinen seltsamen Glanz über Land und See. Das Schloss, unwirklich, wie aus flüchtigen Träumen erstanden, schien auf dem ruhigen Wasser zu schweben, seine luftigen Zinnen hoch in den Wolken. Der See, auf dem wir schwammen, war wie ein Spiegel – hier funkelnd mit dem Widerschein der Sterne, dort dunkel im geheimnisvollen Schatten der Bäume. Wachsame Fenster und Straßenlampen in der Stadt schimmerten blass durch die ferne Dunkelheit.

Weder malerisch noch bemerkenswert ist die Stadt Schwerin – sauber und ansehnlich genug, aber so still, dass es keine Verleumdung wäre, sie langweilig zu nennen.

Schwerin war ein wehrhafter wendischer Ort. Auf der kleinen Insel, auf der das Schloss steht, hatten die Herzöge von Mecklenburg achthundert Jahre lang eine Burg. Wir sahen ein Bild des letzten alten Schlosses, nicht ganz so großartig vielleicht wie dieses, doch königlich aussehend. Der Großvater des jetzigen Herzogs riss den größten Teil nieder und baute das neue Gebäude an das, was übrig war, an. Die Kosten müssen enorm gewesen sein. Er starb vor der Vollendung, aber jeder folgende Herrscher führte den Bau weiter.

Ein Raum – ein vornehmer Speisesaal – ist noch unfertig. Die Dekorationen sind üppigst, und ich denke von feinerem Geschmack als sonst in Palästen üblich. Es hängen wenige Bilder an den Wänden, nur eine Sammlung von Familienporträts. Wir hatten keine Zeit, sie näher zu betrachten, aber sie müssen von Interesse sein. Die fürstliche Linie, die sie illustrieren, hat seit den Tagen halb mythischer heidnischer Ahnen (Königen der slawischen Obotriten) in Mecklenburg regiert.

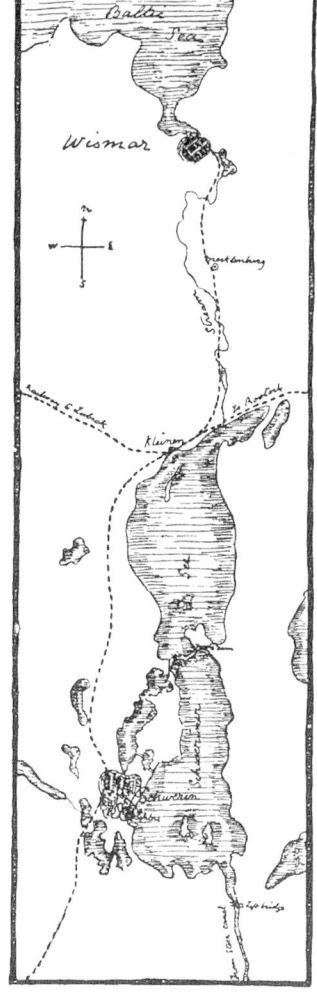

Wir wanderten durch eine Reihe von Palasträumen, die während der Abwesenheit des Großherzogs für Publikum geöffnet werden; blickten aus den Fenstern auf ein seltsames kleines Schiff mit fremder Flagge, das unterhalb der Schlossmauern ankerte und hinaus über den großen schönen See zu den blauen Hügeln am Ostufer. Und dann gingen wir hinunter zur Waffenkammer, wo unter verschiedenen Trophäen die größten Hirschgeweihe sind, die ich je gesehen habe – der letzte Großherzog war ein berühmter Jäger, und sie wurden alle von ihm geschossen. Etwas, was die Mädchen sahen, ich nicht, war ein kleines Bild auf Holz von einem Zwerg mit Halskrause und turmhohem Hut. Unser Führer sprach von ihm in gedämpftem Ton: „Er stellt den Familiengeist der königlichen Hoheiten dar!"

Für die Bilder der großherzoglichen Galerie, andere als die der fürstlichen Vorfahren und des Ahnengeistes, mussten wir über die Brücke vom Schloss aufs Festland gehen. Die Sammlung ist bewundernswert untergebracht und, besonders was die holländischen Meister angeht, eine Reise nach Schwerin wert.

Im Herzen der kleinen Hauptstadt fanden wir den Dom, ein bekanntes Beispiel des Ostseestils mit seiner charakteristischen Dachhöhe, den dicken Wänden und massiven Pfeilern – alles aus gewöhnlichem Backstein, jedoch nicht ohne eine gewisse edle Aura. Man zeigte uns eine düstere Reihe von großherzoglichen Särgen hinter dem Altar, bedeckt mit verblichenen Kränzen und Palmenzweigen. Was uns in der Kirche aber am meisten auffiel, waren einige wunderbare Bronzeplatten an einer Wand, mit Figuren und architektonischen Ornamenten graviert – großartige Werke des 14. Jahrhunderts, wie sie nur in den Kirchen Norddeutschlands zu sehen sind. Auch der Taufstein entging unserer Bewunderung nicht, aber, wie wir wussten, war es nicht *das* berühmte Taufbecken.

Nachdem wir die Sehenswürdigkeiten an Land besichtigt hatten, segelten wir hinaus zu einem Törn auf den See und über einen Teil, der noch heute – oder wenigstens bis vor kurzem – das Taufbecken genannt wird. Das also war das große historische Taufbecken von Mecklenburg, wo Heinrich der Löwe Tausende von heidnischen Wenden zwang, sich von Bischof Benno oder Bruno taufen zu lassen.

Als wir langsam mit nachlassendem Wind zurücktrieben, wurden wir auf Englisch angerufen; es klang seltsam auf diesem Gewässer fern der Heimat: „*Gipsy* ahoi!" Ein alter Freund war mit seiner Frau aus England gekommen, um mit uns einen Probeschlag zu segeln. Wir hatten nicht erwartet, sie so bald schon zu sehen. Sie hatten keine Mühe, uns zu finden, denn ganz Schwerin kannte das englische Schiff. Der Droschkenfahrer fuhr zum Hafen und dort bemächtigte unser Möchtegern-Fremdenlieferant sich ihrer und brachte sie in seinem eigenen Boot hierher. Er sagte ihnen, die Jacht würde über Sonntag bleiben, denn es würden den Schwerinern gut passen, sie an ihrem freien Tag von innen und außen zu besichtigen.

Von Schwerin aus hatten wir Bahnreisen zu drei alten Hansestädten an der Ostsee – Wismar, Rostock und Lübeck – geplant, die englischen Touristen wenig bekannt sind. Aber ein Aufenthalt hier war nicht zu ertragen, und ich beschloss, zum nördlichen Teil des Sees zu segeln und von einem Bahnknotenpunkt an einem abgelegenen Ort, Bad Kleinen, abzufahren.

Ein künstlicher Damm, der nicht auf unserer kostbaren Karte verzeichnet war, überquert den See an einer engen Stelle und teilt ihn in zwei nahezu gleiche Teile. In einer Bucht, dicht bei der Durchfahrt durch den Damm, ankerten wir einen Abend. Am nächsten Tag segelten wir unter der Zugbrücke durch, vorbei an einem hübschen baumumstandenen Landhaus und hinaus auf den nördlichen Teil des Sees.

Der Schweriner Außensee ist selbst ein großer See und auf seine Art sehr hübsch, aber das Land ist nicht ganz so hoch und die Bögen der Uferlinie sind nicht ganz so anmutig wie südlich des Damms. Wir passierten zwei flache verschilfte Inseln, segelten am dunkelgrün bewaldeten Westufer entlang und passierten eine westlich gelegene hügelige Insel. Pieter bewunderte sie und das in Bäume eingebettete Bauernhaus. Mit dem Recht des Entdeckers nannten wir sie zu seinen Ehren „Juan-Fernandez-Insel".

Mit köstlicher Brise segelten wir auf blauem glitzerndem Wasser unter wolkenlosem Himmel weiter zum äußersten Ende des Sees und suchten – jedoch ohne ihn zu finden – einen Wasserweg, den die Karte zeigt und der zum Hafen von Wismar führt, zehn oder zwölf Meilen von der Ostsee entfernt. Es gibt tatsächlich nur einen kleinen Bach, von niedrigen Fußstegen überquert, wie wir später aus den Fenstern des Zuges sehen konnten. Er hat ein Gefälle von einhundertzwanzig Fuß vom Seeniveau zur Ostsee. Wenn man den Höhenunterschied mit einem System von Schleusen überwinden und den Bach erweitern und vertiefen würde, könnte das verschlafene Schwerin sich zu einem Handelshafen mausern.[2]

Dann liefen wir eine kleine Strecke zurück mit soviel Segel, wie die *Gipsy* tragen konnte, bis wir eine Bahnstation auf einer Anhöhe sahen, und ich unterhalb davon in einer reizenden Bucht von etwa drei Faden Tiefe anhielt. Die Bahnstation war Kleinen.

Von Bad Kleinen aus fuhren ein paar von uns per Zug nach Wismar, durch ein Land mit runden Hügeln, grünen Wäldern, freundlichen Kornfeldern mit goldenen Garbenbündeln und dem blauen Schimmer eines Sees in jedem Tal. Einen historischen Bahnhof passierten wir, jetzt ein winziges Dorf, aber einst eine große wendische Stadt, deren Mauern noch aus der Marschebene ragen und die dem Land seinen Namen gab: Mecklenburg.

Das Großherzogtum Mecklenburg ist natürlich ein deutsches Land. Wismar ist jedoch, so seltsam es klingt, eine schwedische, keine deutsche Stadt. Sie wird von Mecklenburg lediglich als Pfand gehalten, eine Sicherheit für Schwedens Zahlung von etwa zweihunderteinundachtzigtausend Pfund mit Zinsen. Mecklenburg ist jetzt „Gläubiger in Besitz", aber in zwölf Jahren könnte es sein, dass Schweden die Hypothek bezahlt und Wismar wieder besetzt.

Seltsam sind die Wechselfälle der meisten dieser norddeutschen Städte gewesen – für einen Engländer nicht leicht nachzuvollziehen. Wismar zum Beispiel: Sein guter Hafen zog in früheren Zeiten viele Einwanderer aus Deutschland in das barbarische Wendenland. Am Ende des 13. Jahrhunderts

---

[2] Verschiedene Fürsten haben in nahezu vier Jahrhunderten darüber nachgedacht. Als der Vorschlag 1574 auf einer Versammlung in Wismar diskutiert wurde, legte Dänemark ein Veto ein. Solch ein Kanal in Verbindung mit Elde und Stör könnte ihnen ihre Zolleinkünfte am Sund verderben.

[3] 1428 segelte eine Flotte von zweihundertsechzig Schiffen mit zwölftausend Mann von Wismar aus, um Kopenhagen anzugreifen. Die Hanse umfasste in ihren glücklichen Zeiten vierundsechzig Städte und etwa zwanzig weitere, die von ihr abhängig waren. *Pütters' German Empire*
Waldemar von Dänemarks Witz ist bekannt: Er schere sich nicht mehr um siebenundsiebzig „Hanse", sagte er, als um siebenundsiebzig „Ganse" (Gänse).

An old house
Wismar. JHD.

war es unter Lübsches Recht gekommen, und bald wurde es zu einem starken Ort im damals jungen Hansebund. Im Laufe eines weiteren Jahrhunderts wurde es noch mächtiger.

Flotten wurden hier ausgerüstet, um für die Hanse zu kämpfen[3] die – ein bloßer Zusammenschluss plebejischer Bürger – durch den Vertrag in Stralsund als Herr in drei Königreichen (Norwegen, Schweden, Dänemark) anerkannt wurde. Und eine Zeit lang schien die Sonne ihres Wohlstandes ungetrübt. Aber ach, der dreißigjährige Krieg! 1627 ergab sich Wismar Wallenstein, dem „General und Admiral der Ost- und Nordsee", wie er sich zu nennen beliebte. 1632 wurde es von den Schweden wiedererobert, die es bis Kriegsende behielten.

„Wäre auch der Hals deines Mannes so dick wie der Turm dort, so sollte er doch nicht auf seinen Schultern bleiben", waren Jesups Worte an Bantzkows weinende Frau. Ein runder Stein im Straßenpflaster markiert den Fleck, wo die Opfer starben. Noch auf einer Seite des Marktplatzes steht das alte Haus, von wo Jesup auf den Turm von St. Marien zeigte.

Wahrhaftig, Wismar ist durch einen Feuerofen von Leiden gegangen. Kein Wunder, dass nur wenige Denkmäler seiner einstigen Größe erhalten sind. Es gibt einen großherzoglichen Palast, ein feines Beispiel früher italienischer Renaissance; und wir stießen auf zwei sehr merkwürdige ältere Gemäuer, seltsam archaisch beide, rohe Backsteinbauten, unmöglich in Worten zu beschreiben. In dem einen – „Alte Schule" genannt – hörten wir, gäbe es eine gute Antiquitätensammlung. Wir verschafften uns eine Eintrittskarte und klingelten an der alten eisenbeschlagenen Tür. Ein Weiblein, grotesk verwittert und so unermesslich alt wie ihr Wohnsitz, öffnete auf unser Klingeln. Ihre Stimme war dick, ihre Worte unverständlich – sie war fürchterlich betrunken.

„Es war nicht die richtige Zeit, sie erwartete keine Besucher", meinte ein Ladenbesitzer ganz naiv, als wir ihm später davon erzählten.

Wismars Kirchen sind seine schönsten, interessantesten Denkmäler. Der große Giebel von St. Nicolai, der ersten, an der wir vorbei kamen, zeigte, wie glänzend die alten Ostsee-Baumeister schwarz glasierten Backstein anzuwenden verstanden: in flachen Oberflächenmustern und vorstehenden Schmuck-Friesen, Figuren und Köpfen. Auf der anderen Seite des Marktes fanden wir noch zwei nahe nebeneinander – Jesups St. Marien und St. Georg, jetzt ohne Türme. Dieser einfache städtische Stil des Kirchenbaues ist diesen bürgerlichen Ostsee-Städten eigentümlich. Nur aus Backstein erbaut stehen diese Gotteshäuser ohne Zweifel weit unter den zum Himmel weisenden Kathedralen anderer Länder und in dumpferer Umgebung, aber sie sind nicht ohne eine ganz eigene Größe – weiträumig, mächtig, voll von Ahnung vom Warum und Wann ihrer Entstehung.

Ein Spaziergang, um meinen Töchtern meine alte Bekannte vorzustellen – die Ostsee; ein Schwatz mit unserem höflichen Konsul, ein gutes Essen im Hotel und danach die Rückreise im Zug.

Wir kletterten durch die dunkel verhangenen Bäume zum Ufer hinunter, riefen ein Boot heran und waren bald fest eingeschlafen, friedlich gewiegt vom Schweriner See.

KAPITEL VIII

Rostock und Lübeck

*„I've touched the highest point of all my greatness,
And from that full meridian of my glory,
I haste now to my setting."[1]
King Henry VIII*

 was a careless guide on the 2nd of September not to have thought of that day's anniversary. Under a tower gate we walked from the railway station into the city of Rostock, once like Wismar a chief of Hansa Towns, and still owner of more vessels than any port on the Baltic.

Ich war ein nachlässiger Führer, dass ich am 2. September nicht an diesen Jahrestag gedacht hatte. Unter einem Torbogen betraten wir von der Bahnstation aus die Stadt Rostock, die einst, wie Wismar, eine der Haupt-Hansestädte war und heute noch Eigentümerin von mehr Schiffen als irgend ein Hafen an der Ostsee ist. Das alte Tor, das Steintor, wurde vor dreihundert Jahren erbaut und trägt die Inschrift „Sit intra te concordia et publica felicitas."[2] Damals konnte der, der diese Worte darauf schrieb (wer auch immer es war) kaum davon geträumt haben, dass sein Wunsch erfüllt würde. Aber jedenfalls herrschten – an diesem Tag wenigstens – gutes Miteinander und öffentliche Lustbarkeit in Rostock. Wir trafen eine Menge feiernden Volks unterwegs. Die meisten Geschäfte waren geschlossen, und die Kanonenschüsse und das Geflatter vieler Flaggen gaben den Straßen ein festliches Gesicht. Was das alles bedeutete, konnten wir lange Zeit nicht herauskriegen. Die Passanten, die wir fragten, starrten uns Ignoranten mit unverhülltem Erstaunen an, und wir verstanden ihre Antwort nicht, bis schließlich ein schüchternes kleines Mädchen einen Augenblick stehenblieb und „Sedan" sagte. Niemals wieder

---

[1] *etwa:* „Ich habe den höchsten Gipfel meiner Größe erreicht, und vom Äquator meines Ruhms eile ich nun meinem Untergang zu." - *Red.*

[2] *etwa:* „Es möge im Volk Eintracht und Glück werden." - *Red.*

werden wir uns in Deutschland den Sedantag zu Besichtigungen aussuchen. Die großen Kirchen, die wir besonders gern sehen wollten, waren verschlossen und alle Küster auf dem Fest, ohne – mit einer Ausnahme – die Schlüssel zu hinterlassen.

Außer den alten Kirchen fanden wir nicht viel Interessantes in der Stadt. Ihre Bürger pflegten sich zu brüsten mit sieben mal sieben Dingen, die sie für wundervoll hielten: Sieben Türen in der Marienkirche, sieben auf den Markt zulaufende Straßen, sieben Tore hinaus aus der Stadt, sieben Brücken über den Fluss, die Warnow, sieben Türme auf dem Rathaus, sieben Glocken in der Stadtuhr und sieben riesige Linden im Stadtpark. Aber dergleichen Weltwunder waren nicht Gegenstand unserer Pilgerfahrt. Was wir zu finden gehofft hatten, war eine seit dem Mittelalter kaum veränderte Stadt, aber wir fanden sie nicht. Jahrhunderte unaufhörlicher Kriege und ein Feuer, das im 17. Jahrhundert die halbe Stadt verwüstete, haben nur karge Reste des Mittelalters übrig gelassen. Gotische Giebel findet man da und dort, aber es haben keine ganzen Straßen mit alten Häusern überlebt, wie sie etwa das altertümliche Aussehen von Lüneburg prägen.

Wir steuerten zuerst die Kirchen an und bekamen Einlass in die Marienkirche. Dort, in der größten Marienkirche an der südlichen Ostseeküste (ausgenommen Danzig), bewunderten wir das schöne Bronze-Taufbecken aus dem 13. Jahrhundert und die seltsame Uhr hinter dem Hochaltar. Der Turm einer anderen Kirche, St. Peter, erreicht die enorme Höhe von vierhundertdreißig Fuß. Um eine weitere, St. Nikolai, gingen wir außen herum (da wir nicht hinein konnten) und erhaschten einen Blick auf eine Figur, die auf wunderliche Art dahin passte: Ein Pastor im Genfer Ornat, mit antiker Halskrause, ein Käppchen auf dem Kopf, der wahrscheinlich das Sakrament zu einer scheidenden Seele barg.

Dann streiften wir in den Straßen umher. Auf einem Platz gegenüber den neuen Gebäuden von Deutschlands ältester Universität kamen wir an ein Denkmal von Fürst Blücher und die Mädchen übersetzten mir Goethes Inschrift:

„In Harren und Krieg,
In Sturz und Sieg,
Bewußt und groß,
So riß er uns vom Feinde los"

Von Blücher ist in Rostock geboren und wie sein großer Nachfolger, Graf von Moltke, ein Sohn eben dieses Staates Mecklenburg.[3]

---

[3] Nach Boll scheint es, dass 1590 die Familie Blücher zehn Besitzungen in Mecklenburg hatte und die Familie Moltke elf. Reymarus Blücher und Lotharius Moltke hatten zusammen mit anderen als Beauftragte der ganzen Ritterschaft 1523 die Große Akte der Union der Stände von Mecklenburg unterzeichnet. *Vandalia*

Als wir beim Denkmal des alten Marschall Vorwärts standen, zog eine Prozession der jetzt wehrfähigen Männer Deutschlands zu Ehren des Tages vorbei – „ernste blauäugige Jugend" wie die, von der Tacitus berichtet, noch nicht kriegserfahren; sowie ordensgeschmückte Veteranen, die im letzten großen deutschen Feldzug gekämpft hatten.

Die Straßen wurden immer voller. Alle vierzigtausend jungen und alten Rostocker und Rostockerinnen schienen in dieselbe Richtung zu strömen. Wir trieben mit dieser Flut durch ein anderes, noch schöneres Stadttor, das Kröpeliner Tor aus dem 14. Jahrhundert. „German Pictures" hatten es bekannt gemacht, aber viele Elemente der Einfassung, die auf dem Druck effektvoll wirken, sind in Wirklichkeit moderne Arbeit. Dann spülte uns die Flut zu unserem großem Glück in ruhiges Wasser: zum alten Nonnenkloster zum Heiligen Kreuz.

Es ist ein altes religiöses Gebäude, zu Gottes Ehre von Königin Margarete von Dänemark gegründet. Ein seltsames altes Gemälde von 1270 erzählt die Geschichte vom Ursprung des Hauses: Eine Königin, natürlich mit der Krone auf dem Haupt, kniet mit ihrem Gefolge vor einem Papst mit Tiara, der von seinen rotbehüteten Kardinälen umgeben ist; dieselbe Königin zu Pferde in einer Berglandschaft; dann wieder sie, ans Ufer rudernd von ihrer Flotte aus, die von tobender See umhergeworfen wird, und zuletzt steht sie, von neun Nonnen umringt, vor einer mittelalterlichen Stadt, die in altertümlichen Lettern mit „Rostock" tituliert ist. Worte könnten die Geschichte kaum klarer erzählen: Königin Margarete von Dänemark ging auf eine Pilgerreise nach Rom und erlitt bei der Rückkehr Schiffbruch. Sie tat ein Gelübde, dass sie ein Nonnenkloster bauen würde, wenn man sie errettete. Sie entging dem Ertrinken und gründete dieses Kloster für neun Zisterzienser-Nonnen. Das alte Bild mag kein großes Kunstwerk sein, in einer Galerie wäre man vielleicht daran vorbeigegangen, aber nicht so hier, in der unveränderten Umgebung, wo es vor sechshundert Jahren angebracht wurde.

Wir durchwanderten die alten Kreuzgänge, die einen vernachlässigten Hof umgeben, erforschten die Dachkammern und Büßerzellen unter dem riesigen deutschen Dach und lugten in den Nonnengarten, der von der brök-keligen Ziegelmauer der Stadt begrenzt wird. Seit der Reformation ist das alte katholische Nonnenkloster ein protestantisches Stift, Behausung für arme Frauen adliger Herkunft. Es gibt viele solche Gründungen in Deutschland. Ein größeres wenn nicht älteres Beispiel, das Lünekloster, hatten wir schon in Lüneburg gesehen. Es wurde für sechzig Benediktiner-Nonnen gegründet, und sechzig Damen sitzen heute in der Galerie oder dem Nonnenchor ihrer interessanten Kirche. Wir besuchten den schönen alten Ort am Ende eines ermüdenden Tages, aber ich erinnere mich noch gut an die wundervollen Kreuzgänge mit Wappenschilden in den bunten Glasfenstern, an das strenge Refektorium mit der niedrigen Decke, an das Labyrinth der Korridore und an

First sight of Lübeck
FHD 1891

88

das Empfangszimmer mit den Porträts von Äbtissinnen, von denen einige der älteren auffallend vornehm aussahen.

Solche Gemeinschaften von adlig geborenen Frauen leben noch unter der Herrschaft einer Äbtissin, aber die Damen legen kein Gelübde ab, tragen keine Klostertracht und sind frei, zu gehen oder zu heiraten, wenn sie wollen. Zu welch wohltätigerem Zweck hätte man das Eigentum der Römisch-Katholischen Kirche nützen können? Ich wollte, die Gebäude und Stiftungen unserer religiösen Gründungen wären so würdig verwendet worden.

Eine weitere, die größte der Hansestädte an der wendischen Küste und in der Tat die Königin aller Ostseestädte: Lübeck. Schon der erste Blick vom Zug aus ist eindrucksvoll. Eine mittelalterliche Silhouette von hohen Türmen und emporragenden Spitzen. Und wenn man vom Bahnhof kommt, vertieft sich der Eindruck noch. Was einen zuerst anzieht, ist die Masse des Holstentores, mit seinen zwei riesigen spitzen Türmen und dem rauen, prachtvollen und seltsam fremdartigen Aussehen, das die Bauten dieses alten, baltisch-gotischen Stils unweigerlich haben. Weiter weg sieht man rote Dächer und hohe rote Türme, zwischen denen zwei Paar, große Zwillingsbrüder, deutlich hervorragen, die Doppeltürme von zwei berühmten Kirchen. Wir fanden den Weg zum malerischen, an zwei Seiten von Arkaden geschmückten Marktplatz mit dem alten Rathaus und dem über die Dächer ragenden gewaltigen Schiff der Marienkirche.

Der Saal, wo der Hansetag – Abgesandte aus allen Städten des Bundes – zu beraten pflegte, ist jetzt in moderne Büros unterteilt. Aber ein Raum aus dem späten 16. Jahrhundert, die Kriegsstube, zeigt noch den ursprünglichen edlen Kamin und die alten eichenen Wände mit eingelegten Intarsien. Hier gaben die Patrizier ihrer herzoglichen Stadt die Gesetze. „Ihr seid Lords", sagte Karl IV. zum Lübecker Rat. Dass die Stadt herzoglich ist durch verbrieftes Recht, bezeugen auch des Kaisers eigene Worte: „Die ältesten kaiserlichen Register wissen, dass Lübeck eine der fünf Städte ist, denen herzoglicher Rang zuerkannt worden ist, damit sie an den Reichstagen des Kaisers teilnehmen und dort sein können, wo der Kaiser ist."[4] Die anderen reichsfreien Städte des Heiligen Römischen Reiches waren Rom selbst, Venedig, Pisa und Florenz, alle würdige Gefährten dieser norddeutschen Stadt.

Die Lübecker Marienkirche wird Mutter vieler großen Kirchen im Baltikum genannt. Sie ist hoch, würdevoll und mit kuriosen Kunstgegenständen ausgestattet. Wenn man sie einmal gesehen hat, kann man das prächtige bronzene Taufbecken von 1337 nicht vergessen, auch nicht die drei Orgeln – eine zweiundsiebzig Fuß hoch und etwa zweihundertsiebzig Jahre alt – oder die vielen Bilder. Da gibt es einen „Totentanz", im 15. Jahrhundert gemalt, als

---

[4] „The Hansa Towns", *Helen Zimmern*

dieses grausliche Thema in Mode war; zwei Kreuzigungen, wo den Dieben ihre Seelen, in Form von kleinen Kindern, von Engeln beziehungsweise Teufeln vom Mund weggerissen werden und das unvermeidliche Lutherbild. Die Skulpturen, die die Wände füllen, sind zu prahlerisch-prunkend, fast vulgär. Sie bieten jedoch etwas, was sonst fehlen würde: Farbe, die den Eindruck erst vollendet. Die Spieluhrvorführung von Kaiser und Kurfürsten lohnt das Warten nicht, aber die Uhr selbst ist sehenswert, ein kirchliches Spielzeug in grandiosem Maßstab. Sie hat astronomische Ereignisse angezeigt, seit sie im 16. Jahrhundert hinter dem Hochaltar installiert wurde, und sie wird sie weiter zeigen bis zum Jahr 1999, dem Jahr, von dem ihr Hersteller wahrscheinlich glaubte, dass in ihm ihr Gang und die Bewegung der Erde gleichzeitig aufhören würden.

Der Dom der alten Fürstbischöfe ist, obgleich nicht von so kolossaler Größe, ein Jahrhundert älter, zum Teil romanisch und nach meinem Empfinden die interessantere Kirche. Über einer Tür sieht man das einfache Fresko eines Bogenschützen, wie er einen Hirsch schießt, der auf dem Kopf, zwischen dem Geweih, ein leuchtendes Kreuz trägt.

Die Legende berichtet, dass Heinrich der Löwe, wie St. Hubertus und Placidus ein mächtiger Jäger vor dem Herrn, einst einem Wunderhirsch Schutz bot und an Ort und Stelle diesen Dom gründete. Aus der Tat des Sachsenherzog wurde in allen wendischen Ländern eine Heldenlegende; aber später bekam diese alte Kirche einen noch mächtigeren Wohltäter: den Teufel. Dem Geschick seiner bösen satanischen Majestät verdankt die Kanzel ihr Geländer. Und er hinterließ noch andere Spuren: Eine Uhrwerk-Sonne war, bis sie von seinem infernalischen Einfluss irregeführt wurde, ein gutes Symbol für Licht und Wahrheit. Aber jetzt „treibt der Teufel sein Spiel im Werk" und blinzelt mit bösem Auge die andächtigen Christen in der Kirche an.

Alle Welt hat vom Polyptychon von Memling gehört. Es ist noch an der Stelle, an der es vor vierhundert Jahren gemalt wurde, auf einem Altarstein in einer Kapelle. Wir denken und sagen in aller Bescheidenheit, dass es seinen Ruhm sehr wohl verdient. Es ist mehr eine Galerie als ein Bild: Nicht weniger als zweihundert Figuren, beseelt von dem besonderen Zauber des Meisters und leuchtend in seinen wundervollen Farben, noch so frisch, wie es aus seinen Händen kam.

Außerdem gibt es in dieser Kirche ein gotisches Bronze-Taufbecken: Eine große Schale, die auf drei knienden Engeln ruht, verziert mit Figuren in flachem Relief – Taufbecken sollten immer aus Bronze sein. So wie auch die liegende Figur eines Bischofs, Bockholt, der einen Teil des Chores erbaute und 1341 starb. Wir konnten das Alter der Skulptur nicht herausfinden, aber es schien uns die feinste Arbeit dieser Art, die wir bis dahin gesehen hatten.

Der alte Ratskeller Lübecks erinnert einen an den in Bremen. Er rühmt sich eines Kochs, der uns größten Respekt vor den alten Mönchen lehrte – kluge Männer müssen das gewesen sein –, die niemals versäumten, Fischteiche nahe bei ihren Abteien anzulegen. Solch eine Schleie, wie wir zu Mittag hatten, in klarer Butter serviert, würde eine Fastenzeit beinah erträglich machen.

Später entdeckten wir ein anderes Restaurant. Der Ratskeller war sicherlich ein anheimelnder, gruftähnlicher Raum. Aber was war er oder was sind alle Speisesäle, die wir je gesehen haben (unsere Fleet-Street-Steakhäuser haben trotz Cocks unsterblichem Krähen nicht dieselbe Atmosphäre) gegen den ältesten Zufluchtsort der alten Lübecker Schiffskapitäne? Einen Raum, der mehr von seinem ehemaligen Gebrauch ausstrahlt, kann man sich unmöglich vorstellen. Eine raue Höhle von Raum, vollgestellt mit großen geschnitzten Eichenbänken, mit bemalten Wangen, Wände getäfelt mit altersdunkler Eiche, die seltsamsten uralten Bilder, und von den Deckenbalken herabhängend eine Flotte von Segelschiffsmodellen – alles im Halbdunkel undenklichen Alters.

Am Ende der Straße steht das Burgtor, ein hoher roter Backsteinturm, 1444 erbaut. Daran schließt sich eine malerische Gruppe von Giebelhäusern an, alle aus dem gleichen verwitterten roten Backstein, anscheinend noch älter als das Tor selbst.[5]

Nahe an diesem Durchgang zur Stadt und nicht weit vom reinigenden Wasser der Wakenitz entfernt wurde in alten Zeiten ein Hospital gegründet. Solche Krankenhäuser wurden meist von einem religiösen Orden gebaut, den Brüdern vom Heiligen Geist. Das alte Haus – sechshundertundfünf Jahre sind vergangen, seit es gebaut wurde – heißt bis auf den heutigen Tag Heiligen-Geist-Spital. Man betritt es durch eine Kirche, die in Deutschland Hallenkirche heißt, weil deren Haupt- und Seitenschiffe die gleiche Höhe haben; einen Chor gibt es hier nicht. Von beiden Seiten des Altars führen Türen ostwärts in eine Art Galerie, zweihundertachtzig Fuß lang und jetzt in einzelne Kabinen unterteilt. Ein weltabgeschiedener Hof liegt nördlich davon und nach Süden andere einzelne Gebäude. Der Ort ist ein perfektes Relikt der alten Zeit, eines der besten Beispiele von Spitälern, die nach diesem alten Konzept in Deutschland gebaut wurden.[6]

Wir dachten, wir hätten alles gesehen, als unser alter Armenhausführer uns zurück bat, uns drei Triptychen aufschloss und öffnete, die wir an der Wand nicht bemerkt hatten. Was für groteske Gedanken, was für kindische Ideen müssen unsere Vorfahren inspiriert haben! An die Themen von zweien erinnere ich mich nicht mehr. Das dritte kann ich noch vor mir sehen: Auf einem Seitenflügel fallen arme Geschöpfe in Schwert- und Speerspitzen. Die andere Seite zeigt sie als Märtyrer in Glorie, während zwischen beiden in der Mitte die Heilige Jungfrau auf einem Halbmond steht, dessen Gesicht unten abgeflacht ist und – Monde sind im Deutschen männlich – einen Bart trägt. Diese Werke einer sicherlich unreiferen Welt als unserer – die Seltsamkeit der Behandlung ist ganz unbeschreiblich – sind Holzschnitzereien in Flachrelief,

---

[5] Hier fochten 1806, nach der Schlacht von Jena, Blücher und die Preußen tapfer gegen die Franzosen, die die Stadt bestürmten und einnahmen. Vom Tor mit den nahen Häusern und den Wällen fegte wiederholtes Kartätschenfeuer über das Pflaster und verursachte ein entsetzliches Gemetzel. Mit unbesiegbarer Entschlossenheit kämpften die Preußen jedoch weiter. Von Straße zu Straße, von Kirche zu Kirche, von Haus zu Haus setzte sich der Kampf fort. Blut floss auf allen Seiten. Das unaufhörliche Prasseln des Gewehrfeuers wurde in einigen Vierteln fast übertönt von den Klagen der Verwundeten und den Schreien der Einwohner, die an diesem Tag des Elends alle Schrecken durchmachten, die die Einnahme einer Stadt mit sich brachte. „History of Europe" *Alison*

[6] Für das meiste an der Beschreibung dieses alten Hospitals habe ich *Dr. W. Lübckes* „Ecclesiastical Art in Germany during the Middle Ages" 5th edition, übersetzt von *L.A. Wheatley*, zu danken.

sehr farbig und vergoldet. Zwei entstanden im 14. Jahrhundert, das andere ist einhundert Jahre jünger. An der Brüstung einer Art Galerie über dem Hochaltar sind bewundernswert phantastische frühmittelalterliche Figuren und an einer Wand alte Fresken, die erst vor zwanzig Jahren von ihrer Übertünchung befreit wurden.

Bevor wir Lübeck verließen, besuchten wir ein altes Haus, einst Wohnung von Bürgermeister Fredenhagen. Das Äußere war unscheinbar, doch innen ist ein erlesenes altes Zimmer – fein geschnitzte Eiche mit sehr schönen Alabasterpaneelen. Dann schlenderten wir durch die Breite Straße zurück, wo sich an jeder Biegung Zauberhaftes auftat, und an der Fassade und der Renaissance-Außentreppe des Rathauses vorbei. Schließlich dampften wir, nur zu bald, im Zug aus dem städtischen Herrschaftsgebiet in den Nachbarstaat Mecklenburg-Schwerin zurück.

Dass es einst eine Lehnsbeziehung zwischen Lübeck und den Mecklenburger Herzögen gab, ist wahrscheinlich. Das bezeugt eine Sitte aus grauer Vorzeit, die bis in die ersten Jahre dieses Jahrhunderts bestand – die Überbringung eines Tributs durch den Martinsmann.

Es dürfte keine leichte Aufgabe gewesen sein, einen Bürger zu finden, der dem Amt des Martinsmannes gewachsen war. Ein wanderndes Heroldsamt musste er sein, bis zum Hals vollgestopft mit Traditionen und Feinheiten verstaubter Zeremonien, denn ein Jota oder ein Tüpfelchen der feierlichen Absurditäten auszulassen, würde unvergessliche Schande über Lübeck bringen. Er musste gesund an Geist und Gedächtnis sein, sein Magen außerdem von großem Fassungsvermögen und sein Kopf dreifach gewappnet gegen stärkste Getränke.

Zu jedem Martinstag, am 9. November, fuhr der Wagen des Martinsmannes am frühen Morgen aus dem Lübecker Tor, in ihm, außer dem Kutscher und ihm selber, zwei verbürgt trinkfeste Zeugen und der jährliche Tribut – ein großes Fass Rheinwein. Sie reisten den ganzen Tag und schliefen auf halbem Wege in der kleinen Stadt Rehna.

Am nächsten Morgen, wenn sie sich Schwerin näherten, hielten sie an einer Schmiede an und ließen den Schmied Geschirr und Wagen mit äußerster Sorgfalt prüfen – viel würde davon abhängen, ob sie in bestem Zustand waren. Zu Mittag, auf die Minute, fuhren sie am Stadttor von Schwerin vor, wo eine Schranke die Straße sperrte. Die Wache rief sie an. Es wurden immer wieder die gleichen Fragen gestellt. Woher kommt ihr? Wohin wollt ihr? Wer seid ihr? Was ist im Wagen? Für wen ist das? Dann wurde die Sperre weggezogen, die Wächter präsentierten die Waffen und der Martinsmann und die Zeugen fuhren – mit unbedeckten Köpfen – durch die nie fehlende Volksmenge, der sie freigebig Nüsse, Äpfel und kleine Silbermünzen schenkten, zu ihrer Herberge. Von dort ließen sie dem herzoglichen Haushofmeister ihre Ankunft ankündigen.

Bald, zur von alter Sitte festgesetzten Stunde, bestieg der Martinsmann seinen Wagen wieder in Amtstracht: Schwarzes Gewand, scharlachroter ärmelloser Mantel, weiße Halskrause und Perücke. Er nahm auf dem Mittelsitz Platz, hinter sich das Weinfass und dahinter, auf dem Rücksitz, die Zeugen. Dann fuhr er – alle im Wagen barhäuptig – im Schritttempo in den Schlosshof und in Gegenwart der fürstlichen Familie in schnellem Trab immer rundherum; schließlich hielt der Wagen abrupt am herzoglichen Eingang an, wo der Martinsmann aus der Kutsche stieg und von einer Gruppe von Hofbeamten und Notaren willkommen geheißen wurde.

Wenn die Begrüßung vorüber war, stellte sich der Martinsmann, begleitet von seinen Zeugen, vor dem Haushofmeister auf, und es folgte eine formelhafte Unterhaltung in denselben Worten, wie sie seit undenklichen Zeiten an vergangenen Martinstagen benutzt worden waren. Zuerst verkündete der Gesandte laut die Ergebenheit der Lübecker Republik gegenüber dem herrschenden Herzog und seiner erlauchten Familie. Dann erklärte er, dass er vom hochweisen Senat von Lübeck für das Herzoghaus ein Fass Rheinwein brächte als Zeichen freundschaftlicher Verehrung. Darauf antwortete der Haushofmeister und protestierte, dass die Sendung kein Geschenk, sondern Pflicht und Schuldigkeit sei, und darüber hinaus, dass das, was man schuldig wäre und was rechtens gebracht werden müsste, nicht Rheinwein sei, sondern unvergorener Traubensaft. Für dies eine Mal nähme er Rheinwein an, aber unter der Bedingung, dass das nicht als Präzedenzfall angesehen werde. Künftig müsse dem Herzog als Tribut von Lübeck ein Fass unvergorenen Weins überbracht werden.

Als nächstes trat der Pförtner vor, um Pferde und Wagen des Martinsmannes zu prüfen. Konnte er einen Defekt an Hufeisen oder Geschirr finden, war es des Herzogs oft ausgeübtes Recht, die ganze Kutsche zu beschlagnahmen.

Endlich wurde das große Fass ausgeladen, der Hofkellermeister kostete es, und der Gesandte nahm formellen Abschied. Er bestieg das Gefährt wieder, fuhr dreimal rund um den Schlosshof, warf Silbermünzen unter die Zuschauer und machte sich mit seinen Zeugen auf den Weg zurück in sein Quartier.

Als letzte Pflicht blieb dem Martinsmann jedoch noch, gewisse Geschenke unter den Beamten des Herzogs zu verteilen. Die Sitte schrieb vor, dass der Haushofmeister, der Leibkoch, der Hofmarschall und der Hofkellermeister je einen großen zwölf Pfund schweren holländischen Käse erhielten, einen Laib Lübecker Brot, einen Kuchen in Form eines Halbmondes, ein Paket eingelegte Fische (ein Pfund Rigaer Scholle und ein Pfund Lübecker Heringe) und vier Zitronen.

Dann machten der Martinsmann und sein Gefolge eine Pause.

Schlag sechs am Abend erschien der herzogliche Pförtner und lud den Martinsmann und die Zeugen zu einer Lustbarkeit ins Schloss.

Dorthin ging er würdevoll voran und trug in seiner linken Hand eine

Laterne, die für diese eine besondere Gelegenheit mit genau einhundert Scheiben aus Horn angefertigt war, und in seiner rechten Hand den Amtsstab. Die Lübecker wurden mit zeremoniellen Verbeugungen empfangen und in den Speisesaal geleitet. Auf dem Tisch standen sechsunddreißig Gerichte, nicht mehr und nicht weniger. Rindfleisch wurde zuerst serviert, dann folgte Fisch, und wenn der hereinkam, brachte der Haushofmeister stehend und in altehrwürdiger Form den Toast auf die Gesundheit seines Herrschers aus. Der Toast wurde aus Gläsern getrunken, die je eine halbe Flasche fassten, spitz und ohne Fuß, so dass sie auf einen Zug geleert werden mussten. Die Festlichkeit ging bis elf Uhr, dann brachten die Schlossleute ihre Gäste nach Hause, und dort begann ein neues Trinkgelage, das bis in die Frühe dauerte.

Am nächsten Morgen frühstückte der Martinsmann mit der gleichen Festgesellschaft, an einem Tisch mit wieder sechsunddreißig Gerichten. Dieses Mal war er es im Schloss, der den ersten Toast „Auf das gute Einvernehmen zwischen Lübeck und Mecklenburg!" ausbrachte. Und wieder brachten ihn seine Gastgeber in sein Quartier, wo sie bis zwei Uhr nachmittags weitertranken.

Dann fuhr der Wagen vor, um den Martinsmann nach Lübeck zurückzubringen. Doch er wurde nicht mit leeren Händen entlassen. Er wurde beschenkt mit einer alten Silbermünze, dem Martinsgulden, der auf einer Seite die Inschrift trug „Moneta nova Lubecensis 1540" und auf der anderen „Status marca Lubecensis", und der Wagen wurde mit Proviant für unterwegs beladen. Sogar der war durch strenge Sitte vorgeschrieben: Eine kalte gebratene Gans, ein Gericht kalter Schweinebraten, eine Wildpastete und eine Obsttorte, nicht zu vergessen zwei Scheffel Hafer für die Kutschpferde. Dem zurückkehrenden Gesandten wurde auch noch Wild anvertraut – ein Rehbock oder ein Wildeber als Geschenk für seine Herren, denen man über seine Amtsführung Bericht erstatten würde.

Wirft diese Martinsmann-Geschichte nicht Licht und Farbe auf die alten feudalen Festbräuche in Deutschland?[7]

---

[7] Die Geschichte vom Martinsmann ist in der Hauptsache eine freie, gekürzte Wiedergabe aus „Mecklenburg in Geschichtlichen und Geographischen Bildern" von A. *Raettig* und wurde auch mit einer weiteren Autorität verglichen.

KAPITEL IX

Die Elde

> „Where winds sometimes our woods perhaps may shake,
> But blustering care could never tempest make,
> Nor murmurs e'er come nigh us
> Saving of fountains that glide by us.
> And in its very motion there was
> rest."[1]
>
> Sir W. Raleigh

fter the racket of railways and the imprisonment of streets, it was most refreshing to skim free as birds of the air over the largeness of the lake, to feel her press against the helm, and lie over dashed through the saucy little waves.

Nach dem Lärm der Eisenbahnen und der bedrückenden Enge der Straßen war es höchst erfrischend, frei wie die Vögel in der Luft über den großen See dahinzugleiten, den Druck auf dem Ruder zu fühlen und mit der Wherry in Schräglage durch die frechen kleinen Wellen zu preschen. Es war ein perfekter Tag, als wir von Kleinen weg segelten, eine richtige Segel-Sommer-Brise, ein ganz wolkenloser Himmel und die ganze Welt von Sonne bestrahlt. Wir fuhren durch die Öffnung im Damm zurück und dann am waldigen Ufer entlang, so eng wir es wagten, denn Felsbrocken – wir streiften einen leicht – waren im klaren Wasser zu sehen. Wir glitten an den Nixenbuchten vorbei, wo winzige Wellchen sich auf dem Sand brachen, überall Granitblöcke Wache hielten und Sonnenschein durch Laubgehänge sickerte. Außer einem einsamen Segel, zwei zusammengebundenen Fischerbooten[2] und einem winzigen Dampfer, der das

---

[1] *etwa:* „Wo Winde manchmal unsere Wälder schütteln, könnte aber kein Sturm uns beängstigen, noch Gemurmel uns nahekommen, außer Quellen, die an uns vorüberrauschen. Und sogar in seiner Bewegung war Ruhe." - *Red.*

[2] „Bei der Hochzeit von Helene, Tochter des pfälzischen Kurfürsten, mit dem Herzog von Mecklenburg-Schwerin, wurden fünftausend frische Brassen bei Tisch serviert, gerade aus dem großen See bei Schwerin gefischt." *Old Geography Book*

Ufer abfuhr, hatten wir die vierzehn Meilen See ganz für uns. Nachdem wir an allen seinen Ufern entlang gefahren waren, warfen wir Anker vor Schwerin, genau am selben Platz, an dem wir zuvor gelegen hatten, damit die Mädchen ihre Zeichnungen vom Schloss fertigmachen konnten. Wir wurden wieder von Neugierigen belästigt, segelten aber am Abend weg und ankerten am Südende des Sees. In dieser friedlichen Mondnacht hätte man meinen können, man läge auf dem Barton See, nur dass diese Bucht groß und tief war und bewaldete Berge im Hintergrund hatte.

Nach Schwerin kam ein Geschäftsbrief von Herren in der Lombard Street, gerichtet an „H. M. D. - Hochwohlgeborenen - „Wherry Tipsy". Profan wäre es zu vermuten, dass solche ernsten, mächtigen und ehrwürdigen Herrschaften witzelnde Überlegungen anstellten über die Nüchternheit meiner Wenigkeit.[3] Wahrscheinlich (so etwas war früher schon passiert) hatte irgendein Angestellter sein Bestes getan, meine fürchterliche Handschrift zu kopieren.

Der Wasserstand war, während wir auf dem See waren, durch das heiße Wetter gefallen. Der kleine, von wildem Spargel eingefasste Fluss, durch den wir kamen, war jetzt ganze drei Zoll flacher, und mehr als einmal hatten wir Grundberührung und waren nahe daran, im Schlick festzusitzen.

In der Nacht, als wir mitten im Wald vertäut lagen, konnte man sehen, wieviel Großwild es in diesem Land gibt. Wir sahen sowohl Rot- wie Rehwild in Mengen – drei rote Hirschkühe und neun Rehe am selben Abend –, und als das morgendliche Zwielicht kam und wir vom Nebel verschleiert dalagen, sah Ifould zwölf Stück Rotwild ganz nahe beim Schiff. Auch Wildschweine, gefräßige und wenig umgängliche Tiere, gibt es mehr als sich mit erfolgreicher Landwirtschaft verträgt. Wie wir hörten, war ein Befehl zu ihrer Dezimierung ergangen. Die Bauern sagen, dass das Wild im Winter, vom Hunger getrieben, sogar bis in die Gärten ihrer Häuser kommt, aber in dieser Jahreszeit so mager ist, dass es als Braten nicht lohnt.

Nachdem wir die Elde-Schleuse passiert hatten, führte unsere Route einen Teil der Elde entlang, der neu für uns war. Wir überholten zwei schwerfällige Kähne. Zusammen hatten sie elf Mann – ihre eigenen Crews und angeheuerte Hilfe –, die alle einen Kahn eine gewisse Strecke zogen und dann zum anderen zurückgingen. Es waren zwei Reihen Männer, eine auf jeder Seite des engen Flusses, der Schiffer steuerte, und ein Mann tat vorn sein Bestes mit einer Stakstange. Arme Kerls! Es sah nach mörderischer Arbeit aus, bei der wenig herauskam. Sie teilten das Los der Reptilien: Viel Arbeit, viel Tadel, viele Bewegungen, wenig Geschwindigkeit.

Jeder Ziehende trug einen starken Stock, doch, obwohl alle im Takt gingen und ihre Stöcke zugleich in den Boden stießen, war das, was herauskam,

---

[3] *tipsy: engl. für beschwipst, angeheitert – Red.*

so widersinnig wie ein krauchender Hundertfüßler – jenes so langsame Insekt, das trotz seiner vielen Beine nicht schneller läuft. Die angeheuerten Männer, so hörten wir, verdienten ihre Verpflegung und drei Schilling sixpence am Tag. Nachts müssen sie sich irgendwo hinlegen, oft ins Stroh einer Scheune. Die kiellosen Kähne können nur bei günstigem Wind segeln. Sie sind viel zu schwer, um gestakt zu werden. Nur mit Menschenkraft können sie geschleppt werden – Pferde werden in diesem Landstrich nie benutzt –, und sie sind so lang, dass es schwer ist, sie um Biegungen zu bringen. Sie fahren mit einem Sprietsegel, das schlecht geschnitten, lappig und sehr klein ist, aber einen Vorteil hat: Das Ende des Spriets ist so niedrig, dass man mit einem einzigen Seilzug von seinem oberen Ende her das Segel zusammenhalten und den Mast legen kann. Man wundert sich, wie ein so schwerfälliges, arbeitsaufwendiges Fahrzeug sich auszahlen kann in einem Land, wo es Eisenbahnen gibt. Diese Kähne waren mit Fracht von Dampfkoks beladen. Sogar wir mit unserem leichten wendigen Boot fanden es schwierig, gegen den starken Wind und den Strom vorwärts zu kommen und machten früh bei dem kleinen Dorf Garwitz Halt.

Die Dörfler kamen natürlich herunter, um uns zu beäugen und wären an Bord gestiegen, wenn es erlaubt worden wäre. Einer versuchte es sehr hartnäckig. Als er ein Damengesicht am Fenster sah, klagte er in flehenden Tönen „O Mees, o Mees! Wenn Sie nur den Herrn für mich bitten würden."

Am nächsten Tag ein schöner, lustiger Wind und mit ihm eine große Verbesserung der Landschaft. Wir glitten unter Segel durch Wiesen mit duftendem Heu an Hügeln und waldigen Abschnitten entlang. Schließlich stachen zwei Kirchtürme kühn aus den Bäumen hervor, einer mit einem Satteldach wie die uns vertraute Kirche von Grouw. Eine Eisenbahnbrücke öffnete sich für uns, und wir kamen in die ziemlich holländisch wirkenden Außenbezirke einer Stadt. Eine Kurve nach rechts.

„Ist das der Weg?"

„Ja, Sie sind nahe bei der Schleuse."

„Dann Segel runter, Pieter!" Ifould nahm das Gaffeltau und brachte es nach achtern.

„Runter, Pieter!" Aber nichts passierte, denn der alte Pieter hatte den Kopf verloren. Das Segel kam gerade eben noch rechtzeitig herunter.

Während die Männer das Schiff durch die Schleuse brachten, schlenderte ich in die wenig anziehende Stadt. Eine lange langweilige Straße mit dem vorherrschenden Anblick von Moder und wenig Farbe, wie er in diesem Teil Deutschlands so oft zu sehen ist. An einem Mittelklasse-Haus sah ich zufällig eine Tafel und las die Inschrift: Geburtshaus von Generalfeldmarschall von Moltke. Der Name des „Schlachtenplaners" gibt selbst Parchim Glanz. Obwohl heute so unbedeutend, war Parchim im 14. Jahrhundert die wichtigste Stadt des Mecklenburgischen Binnenlands.

Unter meinen Laleham-Erinnerungen finde ich, wie wir die mürrischen Kahnführer neckten: „Wer isst den Hundekuchen unter Marlow Bridge?" Das Lastkahn-Rennen hat hier auf der deutschen Elde einen ganz ähnlichen Charakter wie auf der Themse.

Gerade hinter Parchim krebste ein riesiger Kahn unter seinem winzigen Segel vor uns her, genau in der Mitte des Flusses. Pieter rief ihm auf gut Plattdeutsch zu, uns vorbeizulassen – es war genug Wasser für ihn dicht an den an beiden Ufern vertäuten Holzflößen. Der Mann an Bord starrte aber nur stumpf geradeaus und griff nicht nach dem Ruder. Ich lenkte die *Gipsy* in die Öffnung – wir könnten, dachte ich, gerade so an dem Floß und an der Seite des Kahns entlangkratzen –, als ihr Beiboot quer vor unseren Bug schwenkte.

„Passt auf euer Boot auf", schrie Pieter.

Wir sahen einen Mann die Leine halten, aber er unterzog sich nicht der Mühe, auch nur ein bisschen daran zu ziehen. Natürlich mussten wir in das Boot krachen. Die Leute auf dem Kahn störte das nicht, sie beugten sich nur vor, um uns wegsegeln zu sehen. Kein Ausdruck auf ihren „Kartoffelgesichtern", um Heines Worte zu gebrauchen.

Ein andermal überholten wir zwei kriechende Kähne.

„Können wir an Luv vorbei?"

„Ja", winkte der Mann uns voran. Aber als wir seinem Achterdeck näher kamen, rührte er sich keinen Zoll. Wir hatten nur die Wahl, entweder ihn oder das Ufer zu rammen. Aus Schwachheit wählte ich das Ufer und stak natürlich fest, worüber er spöttisch grinste. Wir kamen frei und ihm wieder nahe.

„Wir wollen keine Engländer hier", sagte er, und als wir uns vorbeiquetschten, folgte eine üppige Flut von Schifferflüchen. Nicht sehr schmeichelhafte Rufe gingen zwischen den Mannschaften der Kähne hin und her, als wir weiterfuhren auf den Nächsten zu. Wir fuhren mit starkem Wind, und das Ufer sollte mich diesmal nicht stoppen.

„Euer Bötchen ist im Wege!" Der Schiffer rührte nicht den kleinen Finger, und es schien ihm egal. Mir war's auch egal. Aber gerade, als wir ihn berührten, sprang Wilson – welch guter Gedanke – in das Beiboot des Kerls, hielt uns ab und kletterte über unser Heck wieder an Bord, als wir vorübersausten.

Eine Brücke hielt uns ein paar Minuten auf. Es war die erste von der Art, die von nun an häufiger waren. Ein kleines Stück in der Mitte konnte gehoben werden, gerade breit genug, um einen Mast durchzulassen.

Die Landschaft begann sehr hübsch zu werden. Ich spazierte durch einen Buchenwald an einem steilen Anhang, bis die Wherry, die unter ihrem großen weißen Segel unten auf dem Fluss entlang glitt, mich überholte.

In Slate – „einem schönen Dorf, fast eine Stadt", wie eine freundliche alte Frau es beschrieb – gingen wir alle an Land. Eine lange Reihe ordentlicher

Häuser, ein großes Storchennest auf einem Scheunendach und eine kleine Kirche aus Ziegeln und Feldsteinen in einem gewissenhaft gepflegten Friedhof. Die Dunkelheit überraschte uns, und wir vertäuten die *Gipsy* bald für die Nacht unterhalb eines steilen fichtenbewachsenen Hanges, dem Krützenberg.

„Wir werden bald in schlechte Gegend kommen, Sir!" schreckte uns Pieter krächzend am Morgen auf. „Felsen auf beiden Seiten des Flusses; die Leute sagen, Schiffe können weder segeln, noch staken, noch geschleppt werden, nur Anker auslegen und mit Winschen heben. Sie wissen, Sir, wir haben keine Winschen!"

Das bedeutete offensichtlich Stromschnellen. Aber wenige Wherrys haben je ihre trägen Ströme und friedlichen Seen im stillen Norfolk verlassen, wie es unsere waghalsige junge *Gipsy* getan hatte. Sie hatte bereits das Meer überquert und war durch fremde Länder auf fremden unerprobten Wassern gereist. Aber dies musste eine außerordentliche Erfahrung werden.

„Ja, Pieter, da müssen wir durch."

„Gut, Sir, ich weiß ja, dass Sie immer dahin gehen, wo Sie wollen, Sir."

Wir segelten munter weiter. Der schimmernde, mäandernde Fluss, die grünen Wälder, die sonnigen, duftenden Heuwiesen, die runden bewaldeten Berge – Bilder, die sich immer wiederholen. Eintönig zu lesen, fürchte ich, aber für uns war es herrlich, voll von Frische und Abwechslung. Die schlechte Gegend erwies sich als nicht ganz so schlecht. Keine tosenden Stromschnellen zwischen Felsen, nur Steine auf dem Grund des Flusses. Da ich fürchtete, dass die Wherry sich ein Leck holen könnte, steckte ich alle drei Reffs ins Segel. Aber dann frischte der Wind auf, und wir waren immer noch zu schnell, um wirklich sicher zu sein. Bald wurden wir gewarnt: Ein hässliches Geräusch – kratz, kratz – unter dem Kiel. Ein Stein unter Wasser, wir schlitterten darüber und weg davon. Wir mussten das Segel ganz bergen und mit den Staken hart arbeiten. Die Strömung war über den Untiefen sehr stark und das Fahrwasser, das sich zwischen den Steinen hindurch schlängelte, nicht leicht zu finden und schwer zu halten. Schließlich zwängten wir uns durch, erreichten stilleres, tieferes Wasser, und das Segel konnte wieder gesetzt werden. Wir hielten nach einer Schleuse Ausschau, von der bald das große Rad eines Wehrs in Sicht kam. Hier war der Anblick einzigartig: Ein tiefes Tal erstreckte sich quer zu unserem Kurs, und die Illusion war perfekt, dass der Fluss, den wir hinauf fuhren, bergauf von unten her auf uns zu floss. Seltsam genug fließt er nicht am Grund des Tales, sondern parallel in halber Höhe auf einer Seite.

Hinter der Schleuse Burow, die uns noch ein paar Fuß höher hob – seit der Elbmündung waren wir ständig gestiegen –, und nach einem Dorf mit demselben Namen, lagen wir diese Nacht an einer öden marschigen Stelle, jedoch gegen den Wind und mit tiefem Wasser am Ufer – zwei Dingen, die wichtig waren für unser Wohlbefinden.

Old Pieter war glücklich, wieder flaches Land zu sehen: „Ach, Sir, mehr Häuser hier und mehr Leute, viel besser, als so hohes Land."

In Lübz, am nächsten Nachmittag, verließen uns unsere Gäste mit dem Zug in Richtung Ludwigslust. Von außen her bietet Lübz den Anblick einer hübschen, kleinen Stadt; Häuser mit Mauern und Dächern von verwittertem Rot drängen sich um einen hohen verwitterten roten Kirchturm. Und im Inneren – nun, ein Fluss der durch eine Stadt fließt und eine alte Schleuse zwischen Häusern können gar nicht anders als malerisch sein. Niemand konnte uns sagen, was ein seltsamer roter Turm mit einem von Efeu überwachsenem steilen Dach gewesen war, nur, dass er jetzt Amtsturm hieß. Der Schleusenwärter war ein ermüdend umständlicher Mann. Kaltblütig ließ er uns eine Stunde warten und dann – solch ein Kerl würde der Sonne sagen, wie sie unterzugehen hätte – wollte er uns unser Geschäft beibringen. Unsere Taue würden uns nicht halten, nicht stark genug, wir würden ungeheuren Schaden anrichten, seine Schleusentore beschädigen, seine Brücke zerstören und so weiter.

An diesem Abend sahen wir uns in einem Wald ein bis zwei Meilen hinter der Stadt um. Als wir standen und die Aussicht bewunderten, kam ein plötzlicher Lärm von der *Gipsy* – das Segel rasselte runter – und ein erschrecktes Reh sprang auf, wie ein Hase aus seinem Versteck und setzte ganz nahe von uns in großen Sprüngen davon. Ein hübsches Lieschen Müller, das Heu harkte, sagte uns, wie viele es davon gäbe. Wir fragten uns, ob dies anmutige Mädchen etwas Wendisches an sich haben könnte. Weder ihre geschmeidige Figur, noch die dunklen Augen und Haare, noch der feine Ausdruck gehörten zu dem gewöhnlichen, heimeligen, ehrlichen teutonischen Typ.

Der nächste Morgen brachte uns in einen niedlichen, hübschen Teil des Flusses. Wir kamen sehr langsam vorwärts. Der Wind glich gerade so den Strom aus, und wir mussten oft zu den Staken greifen. Aber wer wäre nicht völlig zufrieden gewesen? Lautlos glitten wir in die tiefste Abgeschiedenheit des Waldes. Die Blätter tanzten leicht in der Sommerluft, der Sonnenschein malte Kringel auf den Boden, und die kleinen Wellen liefen und machten süße Musik mit den bunten Steinen. Ein köstlicher Wald aus dem Märchenland, wo einem kindlichen Auge eine Elfe erscheinen könnte „ein fröhlicher Waldläufer, gekleidet in Grün seine Kappe lüftend, ein Eichelhütchen."

Und unschuldige Ohren würden dies süße Getön vernehmen, klingend wie Blumenatem:

> „We be small foresters and gay, who tend
> on trees and all the furniture of green,
> Training the young boughs airily to bend
> And show blue snatches of the sky between."[4]

Diese so von der Alltäglichkeit abgesonderte Waldszene könnte wohl verzaubert gewesen sein. Sehr wohl hätten Mittsommernachtsfeen die zarten Zweige über den Fluss biegen und mit des Himmels klarem Azurblau das funkelnde Wasser schmücken können.

Immer enger wurde der Fluss, immer gewundener und führte uns, wir wussten nicht wohin. Manchmal furchten wir durch Binsen und wehendes Schilf. Manchmal glättete Waldboden das Ufer, oder es erhob sich plötzlich ein steiler Hang. Lichtungen führten in Schatten und Geheimnis; hier und dort gab es Pfade, die das Wild getreten hatte, das zum Trinken ans Wasser kam. Wohin führten uns die Elfen? Sie hatten uns verzaubert. Wir vergaßen vergangene Mühen, und so wie jede Zauberbiegung unsere Aussicht füllte, sorgten wir uns nicht länger, was dahinter lag.

Durch die Bäume zu unserer Linken erspähten wir einen See, blaues Wasser zwischen dunkelgrünen Tannen; ich kletterte auf die Mastbänder, um besser sehen zu können. Bald lag ein anderer See vor uns, durch den wir anscheinend jetzt segeln mussten. Aber nein! Wir ließen ihn ebenfalls zu unserer Linken. Dann kam eine Lichtung in dieser schönen Wildnis: ein Landhaus unter großen Bäumen mit einem Blumengarten bis hinunter zum Fluss. Die stille Schönheit dieses Flecks, ähnlich einem malerischen englischen Pfarrhaus, zog unser aller Augen auf sich. Aber ach und weh! Ein plötzliches hartes Ratschen

---

[4] *etwa:* „Wir sind fröhliche kleine Waldmännchen, die die Bäume und alles Grün hegen und pflegen, die die jungen Zweige lehren, sich wehend zu beugen und blaue Fleckchen des Himmels dazwischen zu zeigen." - *Red.*

und wir saßen fest, genau unter den Fenstern des Hauses! Eine Menge Männer und Frauen liefen herbei, um uns zu bestaunen. Da kam von der Haustür her eine Stimme, die – wie seltsam klang das – gutes gebildetes Englisch sprach: „Ich befürchte, Sie können nicht weiter, denn hier ist eine schlimme Sandbank. Aber wenn Sie es schaffen und über sie rüber kommen, werden Sie später keine Probleme mehr haben, denn dies ist die seichteste Stelle des Flusses."

Wir stemmten uns in die Staken und hier ein Fuß, dort ein paar Zoll gewinnend, hatten wir uns nach einer Stunde Arbeit über oder besser: durch die Sandbank gewühlt. Wir waren wieder flott und hissten Segel. Aber das Schlimmste war das noch keineswegs gewesen. Keine ganze Minute lang hatten wir genügend Wassertiefe. Wilson dirigierte, vorn stehend und ins klare Wasser blickend, ich hielt das Ruder und bediente die Segelleine, und jeder von uns handhabte mal die Staken. Mit Mühe kamen wir etwa eine halbe Meile vorwärts. Dann hielt uns eine neue Sandbank fest. Sie verlief quer durch den Fluss, nirgends mehr als zwei Fuß Wassertiefe. Man stelle sich unsere Gefühle vor: Festgefahren ein paar Meilen vor den Seen, die zu sehen wir fünfhundert Meilen weit her gekommen waren. Jedoch gaben wir uns noch nicht geschlagen. Wir konnten unseren Kiel abschrauben und ohne ihn genügten uns zwei Fuß ein Zoll.

Doch Pieter ging am Ufer entlang zur nächsten Schleuse und sprach mit dem Schleusenmeister, der sagte, er könnte und würde gegen sieben Uhr am nächsten Morgen genug Wasser durchlassen, um uns mit unseren drei Fuß Tiefgang wieder flott zu machen.

Inzwischen hatten uns Herr G. und seine Mutter gastfreundlich zum Abendessen gebeten. Weizin hieß das alte Fachwerkhaus mit dem hübschen englischen Garten, das wir gesehen hatten. Der Gutsherr bewirtschaftet seinen eigenen Besitz, etwa zweitausend Morgen, findet aber nicht, dass bei ihm mehr herausspringt als bei uns armen Bauern in England. Er hat etwa tausend Schafe, die in den kalten Wintern Norddeutschlands im Stall bleiben müssen. Er, ein geborener Holsteiner, sprach gut von dem mecklenburgischen Landvolk: ehrlich – oder, wie er sich ausdrückte, „selten mit langen Fingern" – , ein hart arbeitendes, unabhängiges Volk. Eine Arbeiterfamilie verdient etwa vierzig Pfund im Jahr.[5]

Auf den Gartenwegen waren Spuren von Rehen. „Ach, die sind immer hier. Ich habe sie im letzten Winter mit Hafer gefüttert, und der Garten war voll von ihnen", erzählte unser Gastgeber. „Sie haben alles Gras aufgefressen und weder Efeu noch Gebüsch verschont. Rehe fügen dem Bauern keinen großen Schaden zu, das Rotwild wohl, aber Hirsche gibt es nicht viele, außer in der

---

[5] Noch in jüngster Zeit gehörten sie als Leibeigene zum Grund und Boden. Die Leibeigenschaft wurde in Mecklenburg erst 1821 abgeschafft.

Gegend um Schwerin und Ludwigslust. Das Wild hier besteht hauptsächlich aus Rehen und Rebhühnern. Einige Nachbarn beginnen auch, Fasane zu züchten. Es gibt zwei Meuten von Hasenhunden: eine davon mit Zwinger in der Nähe, in Parchim.[6] O ja, es gibt Otter im Fluss, zu viele. Sie fressen die Fische in meinem Teich. Wir haben keine Otterhunde. Flusskrebse hatten wir immer viele, aber vor ein bis zwei Jahren sind sie an einer unbekannten Krankheit umgekommen; und wir schießen hier Füchse."

Herr G. weiß sehr gut, wofür Füchse geschaffen worden sind – er hat ein paar Mal in England gejagt. Aber hier ist Fuchsjagd nicht möglich, das Waldland ist zu ausgedehnt.

Wir verbrachten einen höchst angenehmen Abend. Herrn G.s Mutter wusste viele Geschichten über die Gesellschaft zu ihrer Jugendzeit, und unser guter Gastgeber freute sich, von unserer, wie er fand, abenteuerlichen Kreuzfahrt zu hören und sich seiner glücklichen Jagdtage in Old England zu erinnern.

Am nächsten Morgen kein höheres Wasser, eher niedrigeres. Pieter lief wieder zur Schleuse. Der Schleusenmeister hatte noch kein Wasser für uns. Wir liehen Mr. G.s englischen Schraubenzieher, und der Kiel kam leicht heraus. Wir laschten ihn längsseits fest und versuchten, unseren Weg fortzusetzen. Aber nein, wir saßen wieder fest, und diesmal schien es hoffnungslos in weniger als zwei Fuß tiefem Wasser! Ich ging selbst zur Schleuse. Der Mann sagte wieder, Wasser würde kommen, aber wir müssten noch einen Tag warten, es ginge nicht anders. Wir machten jedenfalls einen hübschen Spaziergang und sahen ein paar Vögel, die es bei uns selten gibt: Buntspechte.

Dann machten Herr G. und ich uns auf zu einem längeren Spaziergang durch den großherzoglichen Wald. Die Eichen waren prächtige Stämme, hoch und gerade, und es gab wenig Unterholz. Was es gab, waren meist Buchen, ausgesät in Lücken zwischen den Bäumen. Keine toten Zweige auf dem Boden. Den Bauern ist es erlaubt, an einem Tag in der Woche Windbruch zu sammeln. Die Förster füttern die Rehe im Winter, aber letztes Jahr starben viele. Zu lang andauernde Kälte können sie nicht aushalten. Es gibt eine ziemliche Anzahl Hasen, aber nicht in den Tiefen dieser großen Wälder. Sie leben an den Rändern, in Reichweite der Felder, die ihre nächtlichen Futterplätze sind.

Auf den Rehbock pirscht man mit dem Gewehr, sie werden nicht getrieben und könnten auch Hunden nicht lange standhalten. Spürhunde könnten für die Jagd in Frage kommen wie in den Wäldern von Kent, aber ihr Gebell würde bald das Wild aus der Nachbarschaft vertreiben. Es gibt keine Wild-

---

[6] Diese Hunde werden in Meuten für die Kavallerie gehalten. Ich hätte gern die tapferen „Almain Rutters" gesehen, wie sie die Hindernisse in voller Uniform nehmen und die Säbel an die Flanken der Pferde schlagen.

schweine und nur wenig Kaninchen in diesem Wald. Die Jagdsaison beginnt in Mecklenburg viel zu früh, im Juli, wenn hitzige Jäger auf alles schießen und weder junge Vögel noch Junghasen verschonen.

Am Abend kam eine Gruppe von Dörflern, um uns in der Dunkelheit ein Ständchen zu bringen. Einer spielte großartig auf der Ziehharmonika. Ich schickte Pieter mit etwas Whisky zu ihnen. Als sie den Boten kommen hörten, riefen sie ihm zu: „Nein, ihr dürft uns nicht bezahlen, wir tun es aus Liebe."

Nachts fiel das Wasser noch mehr, und wir lagen so gut wie trocken. Aber ohne Kiel und auf ebenem Grund konnten wir nicht den kleinsten Schaden nehmen.

Dann musste der Hahn aufgedreht worden sein, denn am frühen Morgen waren wir wieder flott. Die Männer versuchten schwer arbeitend, uns mit Staken weiterzubringen, aber der Strom war zu stark für ihre Kräfte. Ich ging bald hin, um zu helfen, und mit drei Mann konnten wir die Wherry langsam und mühsam bewegen.

„Können Sie uns zur Schleuse ziehen?" fragten wir zwei Männer auf einer Wiese.

„Jawohl."

Wir hatten Glück, sie waren geübte Treidler, und wir konnten unser Frühstück in der Schleuse von Bobzin verzehren. Die Elde ist landschaftlich ein attraktiver Fluss, aber vom praktischen Schifferstandpunkt aus ist sie unter aller Würde.

Norfolk-Wherrys sind von allen Wasserfahrzeugen am geeignetsten, auf Süßwasser überall hin zu fahren und alles zu unternehmen, aber diese „stolze Elde" hatte unsere *Gipsy* beinahe besiegt.

Nach dem Frühstück starteten wir erneut, aber nach einer halben Meile in dem kanalisierten Teil unmittelbar oberhalb der ersten Brücke saßen wir wieder fest im Schlamm, in achtzehn Zoll Wasser. Zwischen Bobzin und der nächsten Schleuse begradigt dieser Kanal eine Schleife des Flusses. Wir mussten zum Schleusenmeister schicken, um das Wasser vom natürlichen Fluss abzuleiten – zu diesem Zweck sind Schleusentore am oberen Ende der Schleife – und so alles Wasser im Kanal zu behalten. Dieser Ort hatte wieder sein Gutes, obwohl wir hier feststeckten: Es war ein hübscher Fleck mit welligen Buchenwäldern ringsum.

In diesen nördlichen Gefilden muss das Leben in den Sommermonaten angenehm sein. Vorzügliches Klima, weit ausgedehnte Seen zum Segeln, sanfte Waldwege und offenes Land zum Reiten, schöne Wildjagd und im frühen Herbst – die Fröste beginnen im November – die Jagd mit Hasenhunden.

„Was hältst du davon, Pieter?"

„O, der Wald ist sehr schön, eine Menge Geld wert, aber nein, ich möchte hier nicht leben. Ich habe nur noch ein kurzes Ende Leben, und das möchte ich nicht in Wäldern verbringen. Man kann nicht in die Welt hinaus gucken."

Da ich sein Heimatland kenne, wo frischgrüne Weiden und rostbraune Gewässer sich ohne Unterbrechung bis zu einem runden Horizont erstrecken, konnte ich den Friesen bis zu einem gewissen Grade verstehen.

Die Mädchen machten Zeichnungen von der Brücke. Ich fand einen Fuchsbau in der Nähe. Und als das Wasser stieg und uns wieder flott machte, setzten wir Segel. Ohne Kiel machten wir weniger Lee, als ich erwartet hatte, und mit achterlichem Wind segelten wir sogar schneller.

Als wir aus dem Wald ins Marschland kamen, wurde das Wetter ganz schlecht, sehr starker Wind – glücklicherweise günstig – und kalter erbarmungsloser Regen. Der Fluss war schrecklich eng und grausam gewunden. Wir lösten alle Schleifen im Flusslauf erfolgreich, außer einer. Wilson kam diesmal zu spät mit seiner Stakstange, wie eine Kerbe im Ufer vielleicht bis zum heutigen Tage bezeugt. Vor uns hörten wir einmal ein Fahrzeug, aber auf dem Fluss war so gut wie kein Verkehr. Ein Abschnitt hatte mehr Unkraut als Wasser. Bei frischem Wind und vollem Segel blieben wir fast auf der Stelle. Ein Heumacher am Ufer fragte: „Wie sind Sie hierher gekommen? Sie müssen sich verfahren haben."

Dies war unser letzter Tag in engen Wassern. Wir machten am Ufer fest, dicht bei einer Brücke unmittelbar diesseits der Stadt Plau am See.

KAPITEL X

Wir erreichen die Seen

„Süßer Wechsel von Berg und Tal, Flüssen, Wäldern und Ebenen.
Bald Land, bald See und mit Wald bekrönte Ufer."
Paradise Lost

ext day it was „on keel" again, our first experience of the operation, and then we quanted under three bridges, and through a lock, along a water street, out of the canalized river, and dropped our anchor in a small bay of the lake. At the last bridge, quite one hundred and fifty folk had assembled; the excitement was great, but they behaved themselves, as Ifould said, „quite orderly."

Am nächsten Tag waren wir wieder „auf Kiel" – unsere erste Erfahrung mit diesem Verfahren. Dann stakten wir unter drei Brücken durch, durch eine Schleuse, eine Wasserstraße entlang, heraus aus dem kanalisierten Fluss und warfen in einer kleinen Bucht des Sees Anker. An der letzten Brücke hatten sich ungefähr hundertfünfzig Leute versammelt. Die Aufregung war groß, aber sie benahmen sich, wie Ifould sagte, „ganz ordentlich". Nachdem wir das Ankermanöver beendet hatten, kam das einzige Vergnügungsboot des Ortes heran, voller gut gekleideter Leute. Das Boot kam nahe an unseren Bug, und eine schöne junge Frau, die Englisch konnte, interviewte die Männer auf bewährte amerikanische Art: Unsere Namen, Beschäftigung eines jeden an Bord, woher wir gekommen wären, wohin wir wollten und warum wir hier stoppten – die Leute wollten uns soooo gern absegeln sehen. Vielleicht war das für die Lokalzeitung, in der wir all unsere Fahrten beschrieben fanden.

In Plau gibt es nicht viel zu sehen. Die Reste eines alten Kastells der Mecklenburger Herzöge auf einer früheren Insel und eine ziemlich schöne Kirche, in der uns der Herr Pastor freundlicherweise herumführte.

Über die Befahrbarkeit des Sees konnte ich nichts erfahren, keine Karte war zu haben, und die einzige Antwort auf unsere Fragen war: „Sie können auf dem Plauer See nicht ohne deutsche Seeleute zurechtkommen. Es gibt Felsen und Sandbänke und gefährliche Böen."

Am nächsten Tag, am Sonntag, dem 13. September, lichteten wir um neun Uhr den Anker und segelten durch den ausgetonnten Kanal auf den offenen See hinaus. Der leichte Wind trieb uns angenehm südwärts. Die Ufer Plau gegenüber sind hohe baumbestandene Wände, aber je weiter wir kamen, desto enger wurde der See und desto höher erhoben sich die Berge, bis wir uns am Ende in einem abgeschlossenen Becken zwischen den Bäumen und Bergen fanden. Die Beschreibung des Pastors von Bad Stuer stimmte genau: „Ach, es ist schön, für Mecklenburg recht bergig." Ich notierte im Kopf, dass ich Bad Stuer noch einmal aufsuchen wollte.

Dann segelten wir fast die ganze Länge des Sees zurück, zwölf englische Meilen. Es waren außer uns nur drei kleine Boote mit Anglern unterwegs. Wir fuhren an riesigen Mengen von Wasservögeln vorbei: Enten, die auf dem offenen Wasser saßen, große Haubentaucher, und aus jeder Schilfgruppe am Ufer flogen Schwärme von Blässhühnern auf.

Die Gefahren des Plauer Sees sind nur eingebildet. Nur wenige Deutsche wissen etwas oder kümmern sich um wassersportliche Dinge. Unsere Lotungen ergaben eine Tiefe von über neun Faden in der Mitte des Sees, und der Grund steigt gleichmäßig nach den Seiten hin an. An manchen Stellen ist er weit hinaus flach, mit Sand im Osten und weißem Lehm im Westen. Nur an einigen Vorsprüngen fanden wir Steine. Schließlich rauschten wir nach einer großartigen Fahrt dreieinhalb Meilen nordöstlich von Plau zwischen zwei Molen. Hinter einer schmalen Brücke mit der üblichen Öffnung für den Mast fanden wir einen geraden Kanal. Bald jedoch weitete er sich zu einem sehr schönen See, nicht groß wie der Schweriner oder der Plauer, aber geräumig genug, um schön zu sein, zwei oder drei Meilen lang und etwa eine halbe Meile breit. Wir hatten tatsächlich noch kein idyllischeres Stück Landschaft gesehen. Ich fürchte, meine Leser mit Beschreibungen zu langweilen. All diese mecklenburgischen Seenlandschaften sind bloß Kombinationen von blauem Wasser, Ufern mit gelbem Sand und Bergen mit vielfarbigem Blätterwerk. Als wir so ohne Lotsen segelten, wo noch kein englisches Schiff zuvor gewesen war, fühlten wir all den Elan von Entdeckern, die niemals wussten, was sie von einer Stunde zur anderen erwartete. Gerade so, wie es mir bei meinem ersten selbstständigen Kommando auf der Barkasse eines Kriegsschiffes ging: Ich als Fähnrich kreuzte und kampierte in einem wilden Land, das nur ein paar Pelzhändlern und Indianern bekannt war.

Hier hatten wir wieder den See vollkommen für uns, keinerlei anderes Fahrzeug war zu sehen, nur schwarze Ansammlungen von Blässhühnern und die Haubentaucher, die alles außer uns argwöhnisch beäugten. Ein großer bussardähnlicher Raubvogel saß auf einer Kiefer. Eine Nebelkrähe nutzte feige seine Vollgefressenheit und vertrieb ihn schmählich von seinem bequemen Sitz.

Der See verengte sich schließlich zu einem schilfigen Graben, wo wir die erste Aalreuse entdeckten, die wir in Deutschland sahen. Aber bald öffnete er sich wieder in die Breite. Der erste See heißt nach einem Dorf an seinem Ufer der Petersdorfer See. Wir erreichten den Malchower See, nach der Stadt genannt, deren Türme wir bald vor uns entdeckten.

Das Land auf unserer Steuerbordseite stieg steil an und wurde dann wieder flach. Auf der Ebene sahen wir weiße Häuser unter Bäumen und einen hohen spitzen Backsteinkirchturm. Zu unserer Linken lag, jenseits des breiten Sees, eine gewöhnliche rote deutsche Stadt, Malchow.[1]

Wir segelten zwischen Kirche und Stadt durch zu einem anderen See, dem Fleesensee, als ein Damm, der nicht auf unserer Karte war, plötzlich quer zur Fahrtrichtung vor uns auftauchte – gerade wie der Damm, der den Schweriner See teilte. Wir konnten keine Durchfahrt entdecken. Ich schickte Pieter ans Ufer, um nach dem Weg zu fragen. Wir müssten zurück, hieß es, zu einer Brücke mitten in der Stadt. Wind war fast keiner zwischen den Häusern und Bäumen, es war zu tief, um zu staken, und so wir blieben lange als Spektakel unter den Fenstern von Malchow. Schließlich fanden wir die Zugbrücke, wo eine Menschenmenge wartete, um uns durchfahren zu sehen und gelangten durch sie hindurch in einen großen Teich im Rücken der Stadt. Es hätte uns an Zwartsluis erinnert, wenn nicht die Schiffe gefehlt hätten und es nicht so unordentlich ausgesehen hätte, wie überall in diesem Land.

„Alles sehr uneben", stellte Pieter treffend fest.

Auf diesen schönen Seen kann kein nennenswerter Schiffsverkehr sein, hätte man sonst einen Damm quer durch den direkten Weg gebaut und Schiffe hintenrum fahren lassen?

Wir segelten durch den Teich, rund um die Inselstadt und ankerten auf dem nächsten See am Südende des Dammes, nahe am Ufer, aber mit sechs Faden Tiefe.

Am nächsten Tag, einem Sonntag, gingen die Mädchen zur Klosterkirche. Eine der Damen gab ihnen freundlich einen Platz und Gebetbücher. Es ist ein schönes modernes Gebäude, Nachfolger eines Augustiner Nonnenklosters; erbaut, wie uns gesagt wurde, vom Jungfrauenverein. Das jetzige Haus sieht nicht alt aus, macht aber einen anheimelnden Eindruck weiblicher Muße in-

---

[1] „Ow" ist eine übliche Endung von Ortsnamen in Mecklenburg. Sie stammt aus sehr alten Zeiten vor den Wenden und soll in den alten teutonischen Sprachen „meadow" (Wiese) bedeuten (*Nugent*). „Ore" wie in Cerdricsore bedeutet eine Landzunge zwischen zwei Wassern (*Elton*). Das ist die häufigste Lage in Mecklenburg. „Hagen" (Einfriedung) ist eine andere gebräuchliche Endung. Könnte sie sich nicht beziehen auf die heiligen Haine des uranfänglichen teutonischen Heidentums, und ist es nicht dasselbe wie unser nicht unübliches englisches „Haye"?

mitten eines gepflegten Gartens und schattiger Bäume. Die Gemeinschaft hat große Besitzungen, nicht weniger als neun Quadratmeilen Land, mit mehreren Dörfern, fünfundfünfzig Bauernhöfen und Wohnhäusern.[2]

Nach dem Lunch lichteten wir den Anker und segelten über den Fleesensee, etwa viereinhalb Meilen. Er ist nicht so hübsch wie der Malchower See, die Ufer sind niedriger und weniger bewaldet, außer am Nordostende, aber dorthin wagten wir uns nicht mit solch starkem Wind. Wir hatten bereits Grundberührung nahe am Westufer, gegenüber von einer Windmühle. Auf der Mittellinie zwischen Mühle und östlichem Ausgang konnten wir mit einer vierundzwanzig Fuß langen Stange auf Grund kommen. Am Nordufer sind große Schornsteine, vielleicht eine Fabrik. Der Ort heißt Nossentin, wo Blücher während seines Rückzugs eine Schlacht verlor und die Franzosen fünfhundert preußische Gefangene machten.

Dort geht ein kurzer mit Wellenbrechern geschützter Kanal in den Kölpinsee. Wir fuhren durch eine verkrautete Bucht hinein, die aber nicht so seicht war, wie sie aussah. Das Kraut wächst in nahrhaftem Schlick, der sich an tiefen Stellen zwischen Sandpolstern angesammelt hat. Diese Nacht lagen wir querab von der Halbinsel Damerow, vierhundert Yards vom Ufer, aber in nicht mehr als fünf Fuß tiefem Wasser. Es ist eine prähistorische Begräbnisstätte, und als der Tag zu Ende ging und schwindendes Licht schräg auf dem Wasser lag, umflog ein geisterhafter Schwarm von Wildgänsen das Schiff, und grüßte uns unbesonnene Eindringlinge mit ihrem unheimlich klingenden Schrei.

Am nächsten Tag fanden wir wieder eine Verbindung zwischen den Seen, offenkundig die, die auch auf unserer Karte zu sehen war – die, durch die wir hereingekommen waren, erschien überhaupt weder da, noch auf der amtlichen Vermessungskarte – und suchten dann nach dem Eingang zur Jabelschen Bucht. Wir fanden schließlich einen kleinen Durchlass in einem Wall von Schilf. Wind wehte glücklicherweise kaum, so glitten wir durch die hübsche Einfahrt in einen sehr schönen inneren See. Hügeliges, steiniges Land an seinem Nordufer, mit alten Kiefern, die in Gruppen auf dem sandigen Boden wuchsen. Der See ist zuerst breit, und überall in dem breiten Teil fanden wir drei Faden Wasser. Dann verengt er sich, dehnt sich wieder aus, und quer durch die Taille dieser Sanduhr erstreckt sich eine Sandbank mit, ich glaube, nicht mehr als vier Fuß Wasser darüber. Wir gingen alle an Land, spazierten durch einen Urwald und staunten über große Dämme, jetzt von ehrwürdigen Bäumen überwachsen. Wir

---

[2] Die Mieteinnahmen sind zweifellos gut angelegt, um das Wohlergehen der Damen zu gewährleisten. Das schien früher viel Bier eingeschlossen zu haben. Die überarbeiteten Vorschriften für die drei protestantischen Klöster Mecklenburgs von 1610 besagen, dass jede Domina alle vier Wochen zwei Fässer Stark- und ein halbes Fass Dünnbier erhalten sollte, jede Unterpriorin eineinhalb Fass Starkbier und der Rest der Damen jede ein Fass. *Boll*

konnten nicht entscheiden, ob das eine Reihe von Gräbern oder vandalische oder spätere wendische Verteidigungsanlagen waren.

Auf dem Kölpinsee fischten zwei Boote mit dem Schleppnetz: Sie schlossen einen Kreis und hievten das Netz mit Winschen hoch, genau so, wie die Männer in Overijssel auf dem Beulakker Meer. Als wir an diesem Nachmittag über den See segelten, fuhren die Boote nahe des Ufers langsam heimwärts und über das Wasser kamen die starken Stimmen der Männer, die mehrstimmig harmonisch sangen „Friede soll über deiner Arbeit sein, du ehrlicher Fischer."[3]

Zwei Schifffahrtszeichen am Ende von zwei Wellenbrechern kamen in Sicht, als wir ostwärts segelten. Wir fuhren zwischen ihnen ein und hielten, als sich die gewundene Durchfahrt verbreitete, für die Nacht am Nordufer. Der Himmel glühte an diesem Abend im schönsten Sonnenuntergang. Lebhaftes Rot schmolz in flüssiges Gelb und dieselbe Glorie schien auf dem ruhigen gläsernen Wasser wider. Im Vordergrund standen die dunklen anmutigen Binsen, und als Hintergrund reckten sich große Kiefern dunkel und unregelmäßig in den Himmel.

Später, als ich im Salon mein Logbuch schrieb, erschreckte mich ein „Mann, Mann!", mir fast in die Ohren geschrien. Ich konnte nichts sehen – die Kabine war erleuchtet, und draußen war es dunkel –, aber es schien, als ob eine Bootsladung von gut gekleideten Leuten ihre Nasen an unsere Fenster pressten – die Vorhänge waren nicht zugezogen – und mich mit großer Befriedigung beim Schreiben beobachteten.

Wir fuhren am nächsten Morgen aus der Durchfahrt, die erst enger, dann wieder breiter wurde, hinaus. Dann kam eine Biegung nach Süden, und wir fuhren unter der Brücke bei Eldenburg durch (durch all diese Seen ist es immer noch die Elde). Darauf noch ein kleinerer seichterer See – wir mussten um das Westufer herum – und noch eine kanalähnliche Durchfahrt. Und dann die blaue Weite der Königin der deutschen Seen. Zu unserer Rechten hohes Land, von dunkelgrünem Kiefernwald bedeckt, vor uns eine Öffnung oder Landenge, die – konnte es anders sein? – auf den See führte. Links davon

---

[3] Zum Beweis, dass die Deutschen in alter Zeit nicht die Kunst der Vokalmusik besaßen, für die sie jetzt berühmt sind, lese man eine merkwürdige Stelle bei einem italienischen Schriftsteller aus der Zeit Karls des Großen, zitiert in *Kohlrauschs* „Geschichte Deutschlands". „An Leib groß wie Berge", sagt er, „rollt ihre Stimme wie Donner und kann nicht in feine Töne übergehen, und wenn ihre barbarischen Kehlen darangehen, die weichen Abstufungen und die Geschmeidigkeit der Musik hervorzubringen, ergießen sich die harten Töne in voller Lautstärke mit rasselndem Klang wie ein Leiterwagen, der über Steine rollt, so dass die Gefühle der Zuhörer, die sanft hätten bewegt werden sollen, im Gegenteil völlig erschreckt und in Furcht versetzt werden."

hohes bewaldetes Ufer und noch weiter links zwei Backsteinkirchtürme und eine malerische Stadt von roten Häusern – Waren.

Wir mussten die Wherry mit viel Schweiß und Muskelkraft bei Gegenwind durch die Engen bringen. Aber jetzt, obwohl wir nur in einer Bucht – einer inneren Kammer der Müritz sozusagen – waren, was kümmerte es uns, aus welcher Richtung er blies? Wir hielten nach Schiffen Ausschau, die dort vor Anker lagen[4], aber es gab keine. Nur ein oder zwei Masten von Kähnen in einer kleinen Bucht, in die auch ein kleiner Dampfer einfuhr.

Dann machten wir weiter rechts so etwas wie eine Mole und einen Hafen aus. Nach einem langen Schlag nach Osten drehten wir, um die Einfahrt gut zu kriegen, und segelten schnell hinein, nachdem wir zweimal in der Bucht zehn und fünfzehn Faden gelotet hatten, als die *Gipsy* plötzlich einen Satz machte, noch ein bisschen rutschte und anhielt. Eine Untiefe, weder bezeichnet noch mit Tonnen markiert, erstreckte sich quer über die ganze Hafeneinfahrt.

Eine Menschenmenge wartete, um uns hereinkommen zu sehen. Sie gingen jetzt in ihre Boote und umringten ihre Beute. Alle schrien Anweisungen, aber keine zwei die gleichen, und niemand bot praktische Hilfe an. Aber wir hatten längst gelernt, uns auf unsere besten Freunde zu verlassen: auf uns selbst. Und während sie sich ihre Zungen fusselig redeten, ließen wir unseren Kopf und unsere Arme für uns arbeiten.

Zuerst nahmen wir das Segel herunter und drehten das Schiff herum – es saß mittschiffs auf Grund wie auf einem Zapfen –, dann setzten wir das Segel wieder. Nein! Segel und Staken zusammen konnten es keinen Zentimeter bewegen, es wollte nicht so zurück, wie wir gekommen waren. Also Segel wieder runter. Ich ließ Wilson vom Beiboot aus rundherum loten. Er fand, der beste Kurs – schlecht genug – war geradeaus landwärts, weniger als dreieinhalb Fuß Wasser eine ganze Strecke lang. Wir fuhren unseren größten Anker aus und hievten ihn mit einer Kabelwinde wieder hoch: Der Grund war weicher, nachgiebiger Sand. Wir ließen den Anker wieder herunter, spannten das Kabel bis zum äußersten, befreiten den Kiel, indem wir das Schiff mit Staken hin und her bewegten, und dann – Staken und Winde zusammen – bewegte es sich einen Fuß! So zwangen wir es in kleinen Schritten über die Sandbank, und zuletzt schwamm es innen auf über vierundzwanzig Fuß Wasser. Die Männer schleppten uns mit dem Boot herein, und ziemlich in der Mitte der Fischerbucht, so heißt der Hafen, ankerte ich. Die Hafenmauer war schwarz von Zuschauermassen, die tief enttäuscht waren, dass wir Wasser zwischen

---

[4] Boll berichtet, dass 1846 die Inlandschifffahrt von Mecklenburg zweihundertdreiundachtzig Schiffe umfasste. 1855 war die Zahl unter dem Druck der damals eröffneten Eisenbahn auf zweihundertsechzig gesunken. Heutzutage könnte man von dieser Zahl gut und gern noch zweihundert abziehen.

Waren from the Fisher Bucht
XSD

ihre neugierigen Augen und unsere Fenster gelegt hatten.

Es sollte gesagt werden, dass der Dampfer Hilfe angeboten hatte. Der Kapitän, der gut Englisch sprach, sagte uns, dass eine Tonne auf der Sandbank hätte sein sollen. Wie wir sahen, wurde sie am selben Nachmittag wieder ausgelegt.

Liebe Freunde von uns leben in Waren. Sie wollen mir, bitte, meine ungeschönte Beschreibung ihrer Stadt verzeihen. Die Natur hat für eine zauberhafte Lage gesorgt. Vorn die schöne Müritz, im Rücken ein kleinerer, sehr hübscher See, der Tiefwaren. Aber Kunst hat diesen Attraktionen nichts hinzugefügt. Warens Straßen sind steil und eng. Der einzige Komfort für die Füße sind die grasigen Zwischenräume zwischen den Kopfsteinen. Es gibt schöne Läden, aber keine Architektur, und vieles ist traurig heruntergekommen. Einige Damen in Waren sprechen bestes Englisch, nicht ganz so gut sind die Herren. Einer sagte, er hätte uns zuvor gesehen, als unsere Männer „were sleeping". Ich konnte ihn beim besten Willen nicht verstehen. Er hatte das deutsche Wort für „tow" verenglischt und meinte, während die Männer das Boot in die Fischerbucht schleppten.

Am nächsten Tag segelten wir um die ersetzte Tonne herum hinaus durch den inneren See und die Enge (Hals genannt), auf das, was die alten Wenden par excellence „Das Meer" nannten.[5]

Nachdem wir die bewaldeten Höhen des „Hals" passiert hatten, fuhren wir am Ostufer entlang, bis Pieter beim Loten fand, dass das Wasser beun-

---

[5] „Morze" oder „Morcze", woher der Name Müritz kommt. Worte auf „itz" sind gewöhnlich slawischen Ursprungs.

ruhigend flach wurde, bis sieben, bis sechs, bis nur noch fünf Fuß. Dann ging ich hinaus und hielt uns Backbords etwa vier Meilen weit – der See ist siebzehneinhalb Meilen lang und misst acht Meilen an der breitesten Stelle –, bis wir besseres Wasser im Windschutz des Steinhorn hatten. Mit starkem Wind von Südost, der Richtung der größten Seelänge, mussten wir uns vor ganz lebhaftem Seegang verbeugen. So hart, wie wir am Wind lagen, mit fast zuviel Segel, fanden die Mädchen das Vordeck zu nass. Wir loteten auf den vier Meilen ein- oder zweimal sieben Faden.

Am Ende einer langen Bucht stießen wir auf zwei Kirchtürme, die wir zuvor schon über Land gesehen hatten. Und da wir kein besonderes Ziel hatten, hielten wir darauf zu. Die Bucht verengte sich zu einem Hals kaum breiter als das Schiff. Wir rauschten zu schnell hindurch – zum Glück war genug Wasser da – und fanden innen einen geschützten Hafen. Dort drehte ich unter einem Hügel bei, auf dem unter alten Eichen eine Kirche steht. Das war Röbel.

Drei oder vier Kähne, deren Besatzungen uns neugierig beäugten, lagen am Ufer, sonst waren wenig Menschen zu sehen. Alsbald kam ein Boot vom Ufer heran. An Bord ein alter Mann, dessen Gesicht von Gutmütigkeit strahlte.

„Was für ein schönes Schiff, noch nie habe ich ein so schönes gesehen, aber (mitfühlend) warum ankern Sie so weit draußen? Am Ufer da drüben ist es geschützt und tiefes Wasser. Dort ist mein Haus und daneben ist der beste Platz für Sie."

Von unterschwelligem Verdacht gedrängt, bat ich Pieter, den Mann nach seinem Beruf zu fragen.

„O, ich habe ein Bierhaus."

Der freundliche, uneigennützige Mann!

Röbel ist noch verlorener als Waren oder sogar Bungay. Eine Straße gemeiner Backsteinhäuser, zwei ziemlich schöne Kirchen, die älteste mit einer enormen – einem Feuerlöscher ähnlichen – Spitze. Eine erstaunliche Menge Schuster gibt es (*engl. cobblers*), sicher nach ihren besten Freunden, den Kopfsteinen (*engl. cobblestones*) benannt, aber wenig andere Läden, die diesen Namen verdienten. Anscheinend keine Einwohner, nur Katzen, sonnenbadend und blinzelnd auf den Fensterbrettern und Reihen von Gänsen, die äußerst gelangweilt dreinsahen, als sie mit wackelnden Köpfen den Rinnstein entlang watschelten! Ach, diese dreckigen Rinnsteine! Da ist tatsächlich wenig zu sehen, aber zu riechen! Von einigen bestimmten Arten Gestank muss es in Röbel so viele geben wie Coleridge in Köln zählte.

Bei einem anderen Besuch war nur eine gefiederte Einwohnerin zu sehen. Sie stand mitten auf der besagten Straße auf einem Bein und schien zu schlafen. Niemand konnte in Röbel überfahren werden, und da sie das sehr wohl wusste, zeigte sie den Mut der Überzeugung – die philosophische Gans.

Die einzige Attraktion in Röbel war vor vielen Jahren versiegt. Es war eine wundertätige Quelle. Fünfzehn Jahre lang gingen die Lahmen, die Verstümmelten und Blinden, die dorthin kamen, geheilt hinweg, bis der Herr des Landes sie zu einer Gewinnquelle zu machen versuchte, indem er Geld von den Patienten nahm! Zur Strafe trocknete sie aus. Nach einer Unterbrechung erschien sie 1802 wieder. Die Leute kamen in Scharen, nutzten das heilende Wasser und rieben sogar den nassen Sand auf ihre Wunden und Geschwüre. Warum sie wieder versiegte, erzählt die Historie nicht. Vielleicht waren die Ärzte zu viel für sie.[6]

Mecklenburgs Städte sind meist auf Inseln, Halbinseln oder Landengen gebaut. Die alten wendischen Seefahrer bevorzugten solche Lagen. Als die Müritz einige Fuß höher stand als jetzt, war Röbel wahrscheinlich ganz von Wasser umschlossen. Eine starke Position für eine Siedlung in jenen barbarischen Zeiten, als es keine Straßen gab und alles Land, wie Tacitus sagt, „mit Wald bedeckt war oder mit Seen und Sümpfen". Röbel war vor allen Angriffen von Land her sicher und bot einen bequemen Hafen für die eigenen Verteidigungsschiffe.

Nach einem neuen Tag mit Südost war es kaum zu glauben, dass wir auf Süßwasser waren, mehr als zweihundert Fuß über dem Meeresspiegel. Die *Gipsy* rollte wahrhaftig wie auf dem Meer, als wir mit doppeltem Reff, den Wind von Steuerbord, nach Waren zurück tobten.

---

[6] Das gemeine Volk in Mecklenburg pflegte einen erschreckenden Mangel an Vertrauen in ihre Ärzte zu zeigen. Auf Altplattdeutsch:

„Wer wol kümmt in Doctor's Hände
Der kömmt ok bald tom ende"

Es gab eine andere berühmte Heilquelle in Hagenow, ein paar Meilen von Schwerin, die, als sie 1818 wieder sprang, solche großen Wunder wirkte, dass der Magistrat Wachen aufstellen musste, um Leute mit ansteckenden Krankheiten davon abzuhalten, mit anderen zusammen darin zu baden. Und das Wasser wurde in Fässern nicht nur in ganz Mecklenburg verschickt, sondern auch nach Lübeck, Hamburg und Hannover. Seine Wirksamkeit wurde von gottlosen Leuten darauf zurückgeführt, dass vor Jahren ein Arzt darin ertränkt worden war.

KAPITEL **XI**

Die Königin der deutschen Seen

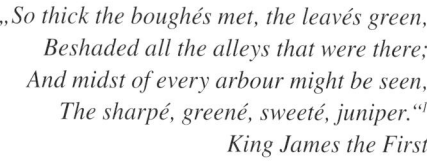

„So thick the boughés met, the leavés green,
Beshaded all the alleys that were there;
And midst of every arbour might be seen,
The sharpé, greené, sweeté, juniper."[1]
King James the First

he breeze dropped as the sun went down, and there was no more than enough to take us in the evening light, out from Waren again, to our determined lying place – a spot we have noticed as we came in from the Kolpin, near the Müritz mouth of the Elde stream.

Der Wind flaute bei Sonnenuntergang ab, es gab kaum noch genug, um uns im Abendlicht aus Waren hinaus zu unserem Liegeplatz zu bringen – eine Stelle beim Abzweig der Müritz in die Elde, die wir uns gemerkt hatten, als wir vom Kölpinsee kamen.

Wir lagen längsseits am Ufer. Von Deck aus konnten wir auf den trockenen, weichen Rasen treten, hinter dem sich ein Hügel erhob, unten mit Buchen bestanden, oben mit Kiefern. Zweige hingen über unsere Mastspitze. Das andere Ufer des engen Flusses war mit einem Schilfrand gesäumt, dahinter erstreckten sich flache Wiesen mit einzelnen, von Kiefern bestandenen Hügeln. Zum Gipfel eines der Hügel führte ich unsere Zeichnerinnen am nächsten Morgen.

Sie saßen unter dem Schatten dieser Föhren, und zu ihren Füßen dehnte sich die von Land umschlossene Binnenmüritz bis zu den roten Häusern von Waren. Neben ihren Zeichnungen brachten sie Sträuße von wilden Blumen mit: Glockenblumen, gemeinen Steinbrech und eine andere Gebirgspflanze, die wir nicht kannten. Außerdem Johanniskraut, Stiefmütterchen, Grasnelken, Blaubeeren mit ihren Blättern, rote Hagebutten und die karmesinfarbenen Blätter der wilden Geranie.

---

[1] *etwa:* „So dicht die Zweige, so grün die Blätter, beschattet alle Alleen hier; und mitten zwischen allen Bäumen könnte man den stachligen, grünen, lieblichen Wacholder sehen." *- Red.*

In der nächsten Nacht lagen wir im Hals vor Anker, in Lee der Ecktannen, mit vier Faden Wasser unter uns. Wir konnten nicht sehr weit hinein, da eine Sandbank mit höchstens drei Fuß Wassertiefe bis zum Ufer reicht. Im Dämmerlicht kam von Waren ein Boot mit einer Besatzung von Amateuren heran, die gastfreundliche Grüße riefen und die Riemen präsentierten.

Was ist das für ein Land für Kanufahrer! Herrliche, Engländern völlig unbekannte Seen mit perfekten, malerischen Rastplätzen an den Ufern. Und See und Ufer für alle, die kommen, frei wie die Luft. Keine sumpfigen Plätze hier, keine Schilder „Zugang verboten!" Das klare Wasser rieselt an schmalen Stränden über Sand und Muscheln. Dahinter dichte grüne Rasenflächen von unterschiedlicher Breite, wellig, mit einzelnen Laubbäumen drauf und weiter hinten ein sandiger Abhang, mit Gras und Wacholder gesprenkelt. Von hier aus kann man endlos weitergehen, nach Harz duftende Luft atmen und durch Schneisen von glühend roten Baumstämmen – mehr beschirmt als beschattet vor dem heißen Himmelsjäger Sonne – wandern.

Nur lass dich nicht nieder bei einem Nest von Waldameisen, das kann so hoch und groß sein wie ein anständiger Tisch. Die kleinen Biester halten rund um ihre Haufen den Boden frei vom Gras, und von da aus führen strahlenförmige Kriegspfade in ihre Jagdgründe.

Diese blauen Wasser und dunkelgrünen Kiefernwälder erinnern einen stark an Nordwest-Amerika – zum Beispiel den Puget Sound oder den Golf von Georgia in kleinerem Maßstab. Selbst die Boote, die die Fischer benutzen, haben die Form von Indianerkanus, mit denselben Stangen, die am vorderen Ende herausstehen. Und ihre Mannschaften sitzen, wie die Indianer, weit hinten und paddeln, die Gesichter zum Bug gerichtet.

Eine Besonderheit der Seen sind die plötzlichen Tiefenunterschiede. Einmal lotet man, sagen wir, fünfzehn Faden, das nächste Mal zeigt das Lot nur zwei, sogar einen, danach wieder zehn oder fünfzehn Faden. In der Müritz gibt es sieben einzelne Vertiefungen, der Entstehungsgeschichte nach die Betten von sieben Seen. Diese Seen waren, so berichtet die Sage, in grauer Vorzeit von Wäldern umgeben, in denen ehrwürdige Bäume standen, die den Göttern heilig waren. Waldleute kamen aus einem fernen Land, um die Bäume zu fällen. Eines Tages waren sie dabei, den mächtigsten umzuhauen. Als plötzlich eine Fontäne aus einem kleinen See, dem Rederang[2], hervorschoss und Wasser in mächtiger Flut herausströmte. Von Angst gejagt, flohen die Waldleute auf den Berg Hinnenfelde und sahen in tödlichem Schrecken, dass die Flut die heiligen Bäume entwurzelte und davontrug. Und die Zauberquelle verströmte weiter Wassermassen, bis zuletzt alle sieben Seen in einen zusammenflossen – die Müritz.

---

[2] Jetzt eine Bucht auf der Ostseite der Müritz, mit einem schmalen, seichten Zugang. Sandbänke und Steine liegen bis weit draußen, das ganze Ostufer entlang.

Noch heute trifft man Spuren von heidnischem Aberglauben. Nahe der Mündung der Sietower Lanke heißt der See noch „Die finstere Müritz" und weiter südlich „Die schwarze Müritz" – Namen, die sonderbar unpassend sind für die glänzende Wasserfläche und das fröhliche Grün ringsum. Auch in den Gemütern der Menschen spuken immer noch vage Vorstellungen von Unheimlichem. Einer unserer deutschen Freunde aus einem entfernten Teil des Großherzogtums warnte mich, dass wir die Müritz „sehr wild" finden würden und fügte bedeutsam hinzu, dass die Schiffer dort berechtigt wären, Feuerwaffen zu tragen, um ihr Leben zu verteidigen.

Wir erkundeten den äußersten Süden des Sees. Man fährt hier in geschwungene Uferbezirke, die weitläufig von wehendem Schilf eingefasst sind, weniger als andere mecklenburgische Seen, eher wie ein friesisches Binnenmeer. Und um uns noch mehr an Friesland zu erinnern, stand eine Reihe Leute am Horizont – Männer mit Sensen über der Schulter und Frauen in kurzen Unterröcken –, die uns nachsahen, bis wir verschwunden waren.

Bei dem Dorf Vipperow dehnt sich der See aus – das Vipperower Wasser wird der breite Teil genannt[3] –, aber zu unserer Rechten, in der Ferne, sah eine gleichförmige Baumzeile verdächtig nach einem Damm aus. Und es war tatsächlich ein Damm, der auf unserer Karte nicht verzeichnet war, aber glücklicherweise eine Brücke an einem Ende hatte. Wir nahmen das Segel herunter, schickten zum Brückenhaus nach dem Schlüssel, und unsere Leute hoben die Brücke selber, während der Brückenmeister zusah. Wir fuhren in ein langes Wasser, das Sympher und Maschke nicht mal als schiffbar bezeichnen – den Müritzarm. Er ist breit und gewunden wie ein richtiger Fluss, nur ohne Strömung. Ein oder zwei Häuser und Kirchtürme sieht man an den Ufern, aber wie gewöhnlich waren wir allein auf dem Wasser. Wir hatten diese entzückenden Spielplätze immer gänzlich für uns.

Nirgendwo in diesem Land haben wir mehr Vögel gesehen. Nicht die Vielfalt der fetten friesischen Marschen – Austernfischer, Kibitze, Brachvögel, Regenbrachvögel –, aber Enten flogen dauernd über unsere Köpfe und Flotten von Blässhühnern, zahm wie Gutsgeflügel, ruderten nur gerade eben aus unserem Kurs.

Wir kamen schließlich zu einem runden Teich an dem Häuser standen, dort schoss ich in den Wind und warf Anker. Wir konnten nicht weiter. Wilson und ich gingen an Land und fanden eine Mühle, die von einem kleinen Fluss angetrieben wurde, der, wie mir ein freundlicher Mann sagte, die Elde war. Der Teich heißt „Das Ende" – das Ende der Elde als schiffbares Gewässer.[4]

Zwei Nebenflüsse der Elbe entspringen in den mecklenburgischen

---

[3] heute: Kleine Müritz

[4] heute: Müritzsee

Staaten, im selben Ural-Baltischen Höhenrücken. An jedem hängt ein System von Seen. Diese Nebenflüsse sind die Elde und die Havel. Die Elde mit ihren verhältnismäßig wenigen großen Seen liegt im Großherzogtum Mecklenburg-Schwerin. Das Labyrinth von kleineren Seen, durch das die Havel fließt, liegt größtenteils im kleineren Staat Mecklenburg-Strelitz.

Wir hatten die Elde aufwärts durch ihr ganzes Seensystem, von ihrer Mündung in die Elbe bei Dömitz bis zu diesem Buchholzer Ende besegelt. Der Ehrgeiz trieb uns, das System der Havel gleichfalls zu erforschen, durch die verschlungene Kette ihrer Seen zu segeln, und ihr an Potsdam vorbei und durch Brandenburg bis zu ihrer Mündung in die Elbe zu folgen. Aber wir hatten bereits die dritte Septemberwoche, das hieß nur noch drei Wochen Zeit, so wurde beschlossen, das schon offene Buch noch einmal zu lesen und noch einmal in Ruhe durch unsere großen Elde-Seen zu segeln. Wir könnten die *Gipsy* in Waren lassen und von dort im nächsten Jahr die Havel in Angriff nehmen.

Nachdem wir vergebens nach Weißbrot gefragt und auf den Tod von zwei fetten Enten gewartet hatten, sagten wir dem armen Dorf Buchholz Goodbye. Unsere Karte zeigte einen anderen Finger dieser Verlängerung der Müritz, der südwärts auf das Dorf Ichlim zuführte. Auf dem Hinweg hatten wir vergeblich nach einer Durchfahrt Ausschau gehalten. Aber unser Freund von der Wassermühle versicherte uns, dass es eine gab und war so freundlich, ein Boot mit einem jungen Mann zu schicken, der sie uns zeigte. Genau gegenüber einer roten Kate erspähte ich eine kleine Lücke im Schilf, die tatsächlich der Durchgang war.

„Folgen Sie mir jetzt", sagte unser Führer, „genau hier ist ein Berg. Ich will Ihnen den Weg zeigen, so dass Sie nicht auflaufen." Wäre ich ihm gefolgt, wären wir bestimmt auf Grund gelaufen. Aber Wilson war glücklicherweise mit dem Boot voraus und hob gerade rechtzeitig das Paddel, um mich zu warnen. Außerdem war kein Wasser in dem „Durchgang", ein Fuß nur, so dass wir gegenüber für die Nacht ankerten.

Ein Bauer mit seiner Familie ruderte um unsere Erscheinung von Schiff und widerstand in selbstverleugnender Höflichkeit dem Blick in unsere Fenster. Wir baten die guten Leute an Bord, aber nein, sie hatten keine Zeit, vielen Dank auch. Würden sie uns vielleicht ein paar Eier verkaufen? Es täte ihnen leid, aber alle, die sie hätten, wären für die Pferde. Die friesischen Bauern füttern ihre Pferde auch mit Eiern, die das Fell glänzend machen sollen.

Nördlich von der roten Kate fließt ein anderer kleiner Fluss in den See, der sich auch Elde nennt. Welcher von ihnen der wahre ist, war uns ziemlich gleich, denn schiffbar ist keiner: Quer über dem Bach bei Buchholz ist eine Mühle, und der andere kleine Fluss ist von einem nur sechs Zoll hohen Fußsteg versperrt.

Am nächsten Morgen wurde die *Snail* für einen Tagesausflug verproviantiert, und die beiden Mädchen und ich starteten mit ihr nach dem Frühstück. Die Schilfdurchfahrt führte in ein rundes schilfgesäumtes Becken. Von da fuhren wir durch eine von vielen Lücken in einen inneren See. Dann ein langer Törn, drei Meilen oder mehr. Der See wand sich zwischen Wäldern und Bergen. Das südliche Ende teilt sich in zwei Arme. Nachdem wir den östlichen Arm, den Tralowsee, untersucht hatten, überredeten wir den Kahn, mit halbem Wind westwärts zu segeln. Und dann vertäuten wir ihn an den großen Wurzeln eines Baumes und gingen an Land, wo jede für sich eine Stelle zum Zeichnen suchte.

G., die still seitwärts gegangen war und sich durch hohes Ginsterdickicht zwängte, hörte sehr nahe die Bewegung eines großen Tieres. Es sah ganz nach einem Ort für den „heimlichen Unterschlupf einer wilden Bestie" aus. Ein Zusammenstoß drohte mit einem „Bobak", einem „Buff", einem „Sonnaky" oder einem „Rossamaka"[5] oder sogar einem gewöhnlichen wilden Eber mit zu Berge stehenden Borsten und knirschenden Hauern. Aber nein! Drei schöne harmlose Tiere sprangen auf und in weiten Sätzen über die Büsche – ein kapitaler Hirsch, eine rötlichbraune Hirschkuh und ein junges Kalb.

Welcher Junge hat nicht von Banditen geträumt? Vom kühnen Robin Hood und Little John, die mit ihrer tödlichen Armbrust durch den grünen Wald von Sherwood streifen, in dessen wilden farnbestandenen Lichtungen das hohe Wild lagerte oder sich hinter den dicken Baumstämmen verbarg? Es gab einen Jungen, für den ich Zeugnis ablegen kann, in dessen Phantasie es so aussah:

> „In summer, when the shaws be shene,
> And leaves be large and long,
> It was full merry in fair forest,
> To hear the fowlès song;
> To see the deer draw to the dale,
> And leave the hillès hee,
> And shadow them in the levès grene,
> Under the greenwood tree."[6]

Hier fand ich zum ersten Mal genau den Wald meiner Träume.

---

[5] Der Rossomaka ist ein scheußliches Tier. Mata Michovia sagt, dass er den Körper und Schwanz eines Wolfes hat und das Gesicht einer Katze; dass er sich von Aas nährt und frisst, bis sein Bauch aufs äußerste angeschwollen ist; dann quetscht es sich zwischen zwei Bäume, zwingt die Fracht aus seinem Magen und kehrt zu seiner Beute zurück und schlingt und entlädt sich abwechselnd, bis alles aufgefressen ist.

Düster sind Nordamerikas Urwälder. Nicht so diese sonnige Gegend mit Tal und Hügel. Haine mit patriarchalischen Eichen voll alten kahlen Häuptern, offenes Ödland mit mannshohem Ginster oder einem Teppich von Heide und wildem Thymian, Gruppen von graziösen Birken mit weißen Stämmen und zarten Blättern. Dazu riesige rotstämmige Kiefern, ein unerwarteter Schimmer von Wasser, und höher als die Bäume und jenseits des Wassers sieht man die großen runden Rücken von zottigen Höhen. Seen schienen uns überall zu umgeben. Wohin wir auch blickten und wie weit wir von höher gelegenem Land aus schauten, stets leuchtete ein blaues Funkeln in einem Rahmen von Kiefernwald.

Als sich die Zeichnerinnen an ihren Plätzen niedergelassen hatten, ging ich zum Boot zurück und rauchte friedlich meine Pfeife unter den Bäumen. Kein Wild schien Furcht vor mir zu haben. Zwei Paare der schönen großen Haubentaucher hielten sich immer in der Nähe, tauchten kokett, guckten da und dorthin und tauchten mit nassglänzender Brust wieder auf. Ein kleiner Taucher kam noch näher, aber nicht lange, dann tauchte er hinter einem Schirm von Wasserpflanzen. Dann durchbrach ein lautes Platschen die vollkommene Stille und ein Fischadler flog dicht an mir vorbei – das Niederschießen war ihm nicht geglückt, so stieg er hoch hinauf über die höchsten Bäume und kam nicht wieder. Eine Familie von Blässhühnern schwamm nur ein paar Meter entfernt herum, bis ein wachsamer Altvogel näher kam und offenbar keine guten Nachrichten zurückbrachte, worauf sie misstrauisch davonschwammen. Kleine Schwärme von wildem Federvieh flogen ab und an über meinen Kopf, und ein großer Fisch sprang und spritzte zwischen Pflanzen im Wasser. Einmal paddelte ein Boot in der Ferne. Aber sonst war den lieben langen Tag außer wilden Waldbewohnern nichts zu sehen, und kein anderer Laut zu hören, außer in langen Abständen der dünne Knall eines Gewehrschusses. Ich rauchte zufrieden eine und noch eine Pfeife – die Mädchen kehrten lange nicht zurück – und dachte den langen goldverschleierten Nachmittag über an viele Dinge.

Dieses Wasserland ist reich an Volkslegenden. Nix und Nixin geisterten einst in den tiefen Seen, in denen sie einen Sturm entfachten, wenn ein Sterblicher einen Stein hinein warf und sie ärgerte. Ihr Vieh weidete unter Wasser und ihr Bote zu den Menschen war der Nix Cobb, ein hässlicher, mit Muscheln und Seegras behangener Zwerg. Eines Tages kam das Wasserpferd Jagow heraus aufs Land, spannte sich vor eines armen Mannes Egge und erschreckte die Pferde fast zu Tode. Aus einem See, dem Teufelssee, sind am Jo-

---

[6] *etwa:* „Im Sommer, wenn die Schafe geschoren werden, die Blätter groß und lang sind, war es eine Freude, im schönen Wald, den Gesang der Vögel zu hören, das Wild ins Tal ziehen zu sehen, die Berge verlassend und Schatten suchend unter den grünen Blättern der Bäume im grünen Wald." - *Red.*

hannistag die Schreie eines Menschen in Todesangst zu hören. Ein verzweifelter Bauer hatte den Beelzebub um Hilfe angerufen. Ein schwarzes Pferd mit umgekehrten Hufen kam zu ihm aus dem Wasser. Aber als der unglückliche Mann es bestiegen hatte, stürzte es sich hinunter in die Tiefe des Sees.

Ein milder Südwind trieb unser kleines Boot heimwärts. Die beiden „Augen" im Dach eines Bauernhauses – die Dachfenster in Mecklenburg sehen aus wie Augen – zeigten uns den Weg in den weiteren See. Und am nächsten Morgen segelte die *Gipsy* zu ihrem alten Liegeplatz im Bolter Kanal.

Ich hatte mir Felsen auf dem Ufer westlich von der Kanalmündung gemerkt und dorthin fuhren wir, um mehr Zeichnungen zu machen. Der Pegel des Sees musste früher höher gewesen sein, denn hier wie überall hatte das zurückgehende Wasser eine deutliche Terrasse zurückgelassen. Hinter der Terrasse ist eine Böschung von ungleicher Höhe, und von dieser Böschung sind große Granitblöcke heruntergefallen. Der Ort ist zu einem natürlichen Garten geworden. Grüne wellige Lichtungen, Gruppen von schattigen Erlen, ein paar schottische Kiefern, schlanke Büsche mit rosa Beeren, schmucker Wacholder. Große Steine liegen da und – Altären gleich – stehen Diis Campestribus, die hohen Leuchter der Königskerzen, um sie herum, ihr Licht fast verlöscht. Kränze von wildem Hopfen schmücken die Böschung und überwachsen Felsen und Bäume. Am Boden glühen die sich jetzt rot verfärbenden Blätter der wilden Erdbeere. Am Rand dieses Gartens dehnt sich die blaue Müritz: der schmale Strand mit winzigen Sandbuchten und kleinen Muscheln, hin und wieder mit Gruppen von großen, vom klaren Wasser gewaschenen Granitbrocken. Nach rauem Wetter auf dem See findet man oft Bernstein an diesem Süßwasserstrand.

Von ganzem Herzen genoss ich das sonnenwarme köstliche Leben, die absolute Freiheit, das Vergnügen des Erforschens, die sanften Aufregungen des Segelns und die vollkommene Ruhe.

Mein Tagebuch, sehe ich, verweilt bei dieses Tages purpurnem Abend und seinem glorreichen Sonnenuntergang. Von unserem Garten aus – wir nannten ihn Eden, denn wir hatten eine Schlangenhaut unter einem Baum gefunden – sahen wir seine Herrlichkeit langsam verblassen. Die Wenden in der Lausitz sagen: Wenn sich der erste Stern zeigt, muss der Gänsehirt seine Gänse heim treiben; wenn der zweite kommt, muss der Schweinehirt seine Schweine zusammenholen; der dritte warnt den Schafhirten, seine Schafe in den Pferch zu bringen und der vierte den Kuhhirten, sein Vieh heimzuführen. Ich sah diesen Sonnenuntergang verbleichen und sorgte dafür, dass meine Schutzbefohlenen sicher heimkamen, bevor auch nur ein Stern sie bescheinen konnte. Eine dieser Schützlinge war von einem schlüpfrigen Stein in seichtes Wasser gerutscht; aber ihre Worte „es macht mir gar nichts aus, ich bin das erste englische Mädchen, das in der Müritz war" zeigen, wie wenig ernst sie das nahm.

Zwei ländliche Kähne lagen in der Mündung des Kanals. Das sind einfach lange Kästen aus Fichtenholz mit geraden Enden. Ich schritt die Länge des einen ab: genau fünfzig Yards, man könnte die *Gipsy* in ihrem Hauptladeraum verstauen. In einem alten Buch, das ich habe, 1711 herausgegeben, ist ein Druck von einer Donau-Barke, fast genau wie solch ein Kahn. Seit einhundertachtzig Jahren ist das Baumuster nicht verbessert worden.[7]

Diese Kähne im Kanal hatten bereits tagelang gewartet und mussten vielleicht noch Wochen auf passenden Wind warten. Ihre Besatzungen rannten am Ufer entlang und machten große Augen, als wir unter unserem einen großen Segel vorbei segelten, um über den offenen See zu kreuzen. Und es war herrliches Segeln, starker Wind und leichter Wellengang.

In Höhe der Mündung der Röbelschen Lanke überholten wir einen kleinen Fischerkahn, der mit gutem Wind von Norden gekommen war. Wir waren die Flussenge hinauf gekreuzt, hatten geankert, unsere Briefe abgeholt, und waren um die Hafeneinfahrt spaziert, als er langsam herankam, um den runden Rand des Schilfgürtels stakend. Er konnte nicht kreuzen, denn er hatte keinen Kiel und konnte nur nahe am Ufer staken, weil seine Stakstangen zu kurz für das tiefere Wasser waren. Man konnte die armen Männer bedauern, die zu einem so leistungsschwachen Gefährt verdammt waren.

Die Zivilisation scheint in diesen Gebieten in traurigem Rückstand zu sein. Selbst das Land sieht aus, wie England vor Jahrhunderten ausgesehen haben mag: Die Städte, alle mit ihrem Stadtgut und den riesigen städtischen

---

[7] Deutsche Bootsleute waren immer zu konservativ. War es nicht eine ihrer Innungen, eifersüchtig auf Zauberei und Erfindung, die das allererste Dampfschiff zerstörten? Unglücklicher Denis Papin! 1707 sollte sein kleines dampfgetriebenes Schiff, in das er sein ganzes Vermögen gesteckt hatte, mit all seinen Hoffnungen befrachtet auf der Fulda von Kassel nach dem Seehafen Bremen fahren, als – er war nicht weit gekommen, nur gerade bis in die Weser – die groben Dummköpfe an Bord stürmten, seine wunderbare Maschinerie zerstörten und der Welt den unschätzbaren Segen für annähernd ein Jahrhundert vorenthielten.

Scheunen vor ihren Toren, die offenen, nicht eingezäunten Felder und Straßen, die großen Ödflächen und Wälder. Und im gesellschaftlichen Leben sieht man bei der wohlhabenden Klasse die Sitten der Landedelleute und ihrer Frauen, die bei uns längst vergangen sind. Die Männer laute, gesellige Schulterklopfer; die Frauen, den Kopf zur Seite geneigt, gefühlvoll und unwissend, bis auf Klatsch und Haushalt. Und was die materiellen Dinge betrifft – man sehe die Segel ihrer Schiffe, primitiv, wie in den sehr alten Zeiten als, nach Tibull, „Prima ratem ventis credere docta Tyrus".[8]

Man stelle sich Arbeitsleute vor, nicht in guten genagelten Schuhen oder vernünftigen Holzschuhen, sondern daherschlurfend auf sandalenähnlichen Sohlen, die nur mit einem Lederstreifen über den Zehen gehalten werden. Die hölzernen Sohlen klappern, wenn sie gehen, und die Strümpfe sind durchnässt und schmutzig. Und man betrachte sie bei der Arbeit! Zum Beispiel beim Kartoffellesen. Alle, einschließlich der Frauen, knien im Modder und graben die Knollen mit kurzstieligen Forken heraus. Sie tragen alles, von Mist bis Kohl, in zwei kleinen Körben, die von einem Schulterjoch hängen. Ihre Schubkarren haben keine Beine. Um schwere Ladungen mit vier Pferden zu ziehen, werden die Tiere von einem Mann angetrieben, der das hintere Deichselpferd reitet und überanstrengt. Ihre Eggen sind grobe hölzerne Rahmen mit Pflöcken als

---

[8] *sinngemäß:* Anfangs haben wir das Schiff dem Gott der Winde anvertraut. - *Red.*

Zähne, ihre Pflüge vorgeschichtlich. Ich sah Anzeigen meiner Freunde Messrs. Richard Garrett und Sons Gerätschaften, aber ihre Mähmaschinen sahen wir auf den Getreidefeldern Mecklenburgs nicht, noch nicht einmal so archaische Dinge, wie sie in der Zeit Plinius des Jüngeren benutzt wurden.[9]

In diesen männerarmen Landstrichen scheinen die Frauen die meiste Feldarbeit zu machen. So viele Männer werden der produktiven Arbeit entzogen, um in der deutschen Armee und dem unproduktiven Heer der halbmilitärischen Bürokratie zu dienen. Nun, man wird einwenden, dass auch die arbeiten, die „mit glühendem Eifer der Schule des Mars" folgen, und das ist wahr.

> „Yet with a difference, General! the one fill
> With profitable industry the purse;
> The others are well skilled to empty it.
> The sword has made the Emperor poor, the plough
> Must re-invigorate his resources."[10]

Wir erfuhren, dass zur Ernte nicht annähernd genug Männer verfügbar waren, sechs höchstens, wo zehn nötig wären. Und die Bevölkerung dieser beiden mecklenburgischen Staaten – beide landwirtschaftliche Provinzen – nimmt immer noch ab. Auch außerhalb Mecklenburgs können nicht genügend deutsche Arbeitskräfte vorhanden sein. Oder warum wird das große deutsche Bauwerk, der Nordostseekanal, von holländischen, Schweizer und italienischen Arbeitern ausgehoben?

Wie lange kann der deutsche Patriotismus, so edel und aufopfernd er ist, solch lähmenden Druck aushalten, diese erzwungene industrielle Unfruchtbarkeit seiner kräftigsten Männer?

---

[9] „In Italien, wo die Felder klein sind, wird das Getreide mit Sensen und Sicheln gemäht; aber in Gallien, wo die Felder größer sind, wird eine von Pferden gezogene Maschine in das Getreide gefahren, wobei die Ähren geschnitten werden und auf eine Art Trage fallen." *Plinius d. J.*

[10] *etwa:* „Jedoch mit einem Unterschied, General! Die einen füllen mit ertragreicher Arbeit den Geldbeutel, die anderen verstehen, ihn zu leeren. Das Schwert hat den Kaiser arm gemacht, der Pflug muss seine Einnahmen wieder stärken." - *Red.*

KAPITEL XII

Wieder rund um die großen Seen

„Fremunt immani turbine venti." [1]
Ovid

hat night it came on to blow properly. The gale continued all next day and night, nor had it abated the following morning. But thirty-six hours was enough at Röbel; I had some temporary shrouds fitted, an all reefs tied up in the sail.

In dieser Nacht fing es an, ordentlich zu blasen. Der Sturm hielt den nächsten Tag und die nächste Nacht über an und hatte auch am folgenden Morgen noch nicht nachgelassen. Aber sechsunddreißig Stunden in Röbel waren genug. Ich ließ provisorisch ein paar Wanten anbringen und alle Reffs in die Segel binden.

„Alles fertig, Sir!", machte Wilson Meldung. Aber nein! Pieter arbeitete noch mit eifriger Hingabe. Er schloss den eisernen Riegel über dem vorderen Lukendeckel, laschte alle losen Dinge an Bord fest und nahm alle Holzteile aus dem Beiboot.

„In Ordnung, Pieter?"

„Nein, ich glaube, nicht in Ordnung, Sir. Natürlich fahren wir los, wenn Sie Los sagen! Aber Sie werden sehen: Ich kenne Süßwasserseen, Süßwasser ist viel schlimmer als Salzwasser. Vielleicht geht's gut. Sie können es versuchen, Sir."

Er sah wie ein lebendes Omen aus. Pieter hat, wie alle Holländer, einen ausgeprägten Vorsichtsnerv, aber – auch das ist holländisch – keine Furcht und ist verlässlich in wirklicher Gefahr. Hier war keine Gefahr. Pieter hatte nicht gemerkt, dass wir mit diesem Westwind immer Land auf unserer Wetterseite hatten. Das kleine Schiff hielt sich wunderbar unter seinem kleingerefften Segel und nur, als wir ein kurzes Stück offenes Wasser an der Mündung der Sietower Lanke passierten, rollte es etwas mehr, als ihm lieb war. Gerade genug an Aufregung, um das Vergnügen des Segelns zu erhöhen.

---

[1] *sinngemäß:* „Ungeheuer tosende Wirbelwinde herrschten" - *Red.*

Hinter Bellevue, wo sechs große Kähne wegen des Wetters festlagen, hatten wir gut zu tun, als wir gegen den Wind die Enge von Eldenburg aufwärts stakten. In Eldenburg lag eine Flotte von Fischtransportern – Boote, die wie Kähne in kleinerem Maßstab gebaut waren: Kiellos, mit flachem Boden und wenig tauglich. Die Art, wie sie ausgerüstet und gefahren werden, ist sehr seltsam. Da sie keine Fischbehälter haben, schleppen sie bootförmige Fischkästen hinter sich her und brauchen, da sie nicht mit Seitenwind segeln können, fünf oder sechs Tage für ihre Reise zum Berliner Markt. Wenn sie schleppen, machen sie die Ruder los, bringen lange Spieren über das Heck aus und machen sie oben auf den Fischkästen fest. Diese Vorrichtung dient ihnen zum Steuern: das Innenbordende der Spiere, das in einer Stützgabel liegt, ist die Pinne und der Fischkasten selbst, der, wenn er voll ist, fast unter Wasser liegt, und knapp so lang ist wie das Boot, dient als Ruderblatt.

Nahe der Einfahrt in den Kölpinsee lagen zwei weitere Kähne wegen des Windes fest. Zum Erstaunen ihrer Mannschaften gingen wir zwischen den Wellenbrechern gegen das kabbelnde Wasser an und kreuzten über den See, stakten durch die Durchfahrt in den Fleesensee, kreuzten bei immer noch stärker werdendem Wind hinüber und ankerten bei Dunkelheit im Schutz von Malchow.

Der Sturm nahm zu bis fast zum Hurrikan mit heftigen Böen. Wir fierten reichlich Leine aus und legten den Mast. Die kurzen Wellen schlugen gegen den Bug. Das Schiff zitterte wie von einem Schlag bei jeder heulenden Bö, die es traf. Es war ein Wunder, dass der Anker hielt, obwohl wir nahe unter Land lagen und dem Wind nur die Deckshöhe als Angriffsfläche boten. Als der Mond aufging, sah ich unter unserem Heck ein Holzfloß, das an Pfählen, die nur knapp aus dem Wasser ragten, vertäut war – gefährlich, wenn man dagegen trieb.

Mit Tageslicht wurde es eher schlechter statt besser. Nie in meinem Leben hatte ich solche Kraft in einem Wind gespürt – man konnte an Deck kaum stehen. Die Luft war voller Gischt, die wie Regen an die Kabinenfenster prasselte. Über allem hing ständig eine seltsam gespenstische Wolke von Treibsand, hinter der die Häuser der Stadt, weniger als einhundert Meter entfernt, verschwanden. Um elf Uhr brachten die beiden Männer das Beiboot mit großer Mühe ans Ufer, liehen einen Draggen von einem am Ufer liegenden Kahn und brachten auch ein Tau mit, mit dem wir verholen konnten, wenn es ruhiger werden sollte. Ich befestigte unsere Kette an dem Draggen und fühlte, dass wir mit diesem Gewicht in Reserve sicher wären. Unser kleiner Anker wäre völlig nutzlos gewesen.

Der Sturm hörte am Nachmittag auf. Das Barometer, das nach langem stetigem Fall am letzten Tag und in der Nacht nur einviertel Zoll runtergegangen war, stieg jetzt in ein, zwei Stunden einhalb Zoll. Wir verholten uns an diesem Abend und machten längsseits am sicheren Ufer fest. Wir schliefen alle einen gesunden Schlaf. So bald werden wir diesen zweiten Oktober nicht vergessen.

Am nächsten Tag sank das Barometer wieder. Wir waren durch die Stadt gekommen und halb über den Petersdorfer See, als wir einen guten Liegeplatz entdeckten und querab vom kleinen Ort Petersdorf ankerten. Zwei leere Kähne hatten neben uns festgemacht. Einer hatte all sein vieles Tauwerk während des Sturms eingebüßt, war über den See getrieben und hatte sein Ruder verloren. Der Schiffer des anderen sagte uns, dass es noch nie in seinem Leben solch einen Sturm gegeben hätte.

G. und ich machten einen Gang durch die Wälder. Große schottische Kiefern lagen hingestreckt, ihre Zehen nach oben. Draußen blies sogar jetzt noch ein halber Sturm aus der gleichen Richtung, im Wald spürten wir jedoch den Wind kaum, selbst da nicht, wo gefallene Bäume Schneisen gelassen hatten. Welch gewaltiger Sturm musste das gewesen sein! An einer Ecke des Waldes war eine ausgewachsene Eiche mit großem festen Stamm, vielleicht achtzig Jahre alt, auf halber Höhe abgespalten.

Wir wanderten über kahle hügelige Felder zu den niedrigen Steilufern über dem Plauer See. Die Steilufer sind hier etwa sechzig Fuß hoch und so abschüssig, wie es der lose Boden erlaubt. Wo immer der Abhang weniger steil ist, haben Bäume Halt für ihre Wurzeln gefunden – meist schottische Kiefern und ein paar Birken. Da und dort gewährt eine Schlucht, die die Frühlingsfluten gerissen haben, einen unebenen Abstieg. Wie üblich, erstreckt sich ein ebener Streifen am Ufer – grasbewachsen, mit einzelnen Bäumen und geschmückt mit dem schönsten Wacholder, den ich je sah. Der Strand darunter ist Sand, jetzt freilich bedeckt von grünen Massen von Wasserpflanzen, die ohne Zweifel von der gestrigen Brandung angespült wurden und den Bauern willkommener Dünger sind.

Am nächsten Tag blies es immer noch mächtig – wann würden diese äquinoktialen Stürme aufhören? –, und wir schafften mit zwei Reffs im Segel nur die kleine Strecke bis Lenz am kleinen Kanal in den Plauer See.

Der Biestorfer Forst nördlich der Brücke zeigte wieder, wie der fröhliche altenglische Wald gewesen sein muss. Wir schritten unter einem Blätterbaldachin zwischen moosigen Säulen uralter Eichen und den glatten grauen Schäften der Buchen dahin – kein Unterholz außer Wacholder. Unsere Füße traten auf federndes Moos und Gras oder auf rostfarbene Flecken von Buchenlaub aus dem letzten Herbst, besetzt mit den grünen breiten Kronen des Farns.

Wir kletterten den steilen Hügel hinunter. Nach einhundertzwanzig Fuß Abstieg erreichten wir das Ufer des Plauer Sees: Ein kleines Meer, dessen Wellen sich am sandigen Strand brechen, nur dass die Bäume ihre Äste über das Wasser neigen, Schilf an den seichten Stellen wächst, und man vielleicht einen Frosch sehen kann, der aus seinem Element heraus über die nassen Kieselsteine hüpft. Kein Segel auf der steingrauen Flut unterbrach die Einsamkeit, nicht ein Haus an seinen waldigen Ufern außer den Dächern von Plau in undeutlicher Ferne. Und kein menschliches Wesen war in diesem ganzen großen Wald außer uns. Ein unverdorbenes Land mit wenig Bewohnern, an dessen Wäldern, Weiten und einsamen schönen Seen wir uns ungehindert erfreuen konnten, als ob wir fahrendes Zigeunervolk von alters her seine natürlichen Herren gewesen wären.

Wir waren zu laut, um Rehe oder anderes wildes Waldgetier zu sehen (nur Wegschnecken ließen sich bei ihrer Pilzmahlzeit nicht stören) und K. hörte, während sie Schnecken beobachtete, die Rufe eines goldschöpfigen Zaunkönigs. Keiner von uns sah oder hörte an diesem Tag einen anderen Vogel. Kleine Vögel sind keineswegs zahlreich in Mecklenburg. Weder Amsel noch Lerche hatten wir irgendwo gesehen oder gehört. Drosseln sind selten, aber Rotkehlchen, Buchfinken, Grünfinken, Meisen, Goldammern, gefleckte und gelbe Bachstelzen gibt es ziemlich viele. Pirol und der schöne blaue Eichelhäher sind hier üblich, ebenso Spechte, wie zu erwarten. Gewöhnliche Eichelhäher und norwegische Krähen sind zu alltäglich. Adler und Habichte schweben über den Bäumen, Fischadler jagen, eulengleich über dem Wasser, und es gab wenige Abende, an denen nicht ganze Flotten der Saatkrähen und Stare über uns hinweg segelten. Die Mädchen fanden auch alte Nester von Dompfaffen, Mönchsgrasmücken und Rohrgrasmücken, sahen und hörten die Vögel aber nicht. Schwalben gibt es natürlich in Mengen.

Am nächsten Tag fuhren wir mit zwei Reffs im Segel – es wehte immer noch stark – hinunter zum Südende des Plauer Sees und machten in einer landumschlossenen Bucht nahe Bad Stuer sicher am Ufer fest, geschützt vor allen möglichen Winden. Dort begaben wir uns bald über eine Brücke aus Beiboot und Planke an Land. Zuerst musste ein etwa einhundert Fuß hoher steiler Hügel bestiegen werden, wo eine Bank ist – „Hechts Höhe". Dann unter einer Reihe von riesigen Buchen, über ein paar Felder, hinunter zu einer Wassermühle und wieder in die Wälder hinauf. Pfade führten hindurch, um die Ränder von Talsenken herum, bergauf und bergab, immer im Baumschatten, nie ohne Sicht auf den See unter uns. Der Wald war gerade jetzt am schönsten. Das Blattwerk nicht zu sehr von den Äquinoktialstürmen ausgedünnt, die Buchen gerade in der ersten Herbstpracht glühend, das Farnkraut unter den blaugrünen Kiefern und das Schilf unten am See – beide in Gold. Hier oben auf den Hängen hörten wir die Bäume rauschen, aber unter uns lag der See ruhig und spiegelglatt, nur ab und zu von einem Lufthauch gefächelt, der kaum den Widerschein erzittern ließ.

Wir sahen auf die *Gipsy* hinab. Nichts schwamm da außer den schwanenhalsigen Tauchern und vielen weißen Seemöwen (eher Teichmöwen, denn sie brüten und leben auf Süßwasser). Das Kurhaus unterhält Wege durch den

Forst, aber hält sich dankenswert zurück von Eingriffen in die Natur, außer dem, was nötig ist, ihre Schönheit zu erschließen. Wenn frische Luft und schöne Landschaft gut wären für müde Hirne und überreizte Nerven, könnte Stuer viele kurieren, ob seine Wasser nun heilkräftig sind oder nicht. Es gibt viele Quellen in den Wäldern; von einer nahe bei unserem Liegeplatz füllten wir uns etwas ab und fanden es einfach gutes Wasser – es nützte oder schadete uns nicht.

So glitt ein Tag nach dem anderen müßig vorbei. Die Mädchen zeichneten, und wir anderen erforschten die Umgebung.

Eines Morgens machten wir uns auf einen langen Weg, um eine berühmte alte Burg zu besuchen. Der Weg führte durch einen Talgrund – ähnlich Nord-Devon – an einem Bach, der durch einen Birkenwald plätscherte entlang, vorbei an der Vordermühle, einer hübschen Wassermühle, über Felder mit armem, sandigem Boden, pflügbar mit zwei Kaninchen und einem Messer; vorbei an einem heruntergekommenen Dorf, eine gepflasterte Chaussee entlang und von der Chaussee weg auf einem Fußweg durch Wiesen. Aus dieser grünen Ebene ragte eine Gruppe hoher Bäume, und – fast verborgen von den Bäumen – machten wir eine Art Gebäude auf einem Erdwall aus. Der Wall sieht sogar jetzt noch wie eine Insel aus, was er in der Tat früher gewesen sein muss. Die flachen Wiesen sind offensichtlich der Grund eines alten Sees, und die Insel in der Mitte war zweifellos ein Zufluchtsort für die frühen Siedler des Landes. Wie wir wissen, wählten die Wenden Inseln in Seen oder trockene Stellen in den Sümpfen für ihre Siedlungen – anders als ihre Vorgänger, die Vandalen, die sich lieber auf festen Hügeln niederließen. Zu unserem Erstaunen waren die Bäume alles Eschen; davon hatten wir bisher keine einzige in all diesen mecklenburgischen Wäldern gesehen[2] – und diese waren alt und ehrwürdig. Ein riesiger Geselle lag hingestreckt zwischen seinen kräftig gewachsenen Schösslingen. Er war zwölf Fuß über dem Boden von dem Sturm gekappt worden, den wir am zweiten Oktober überstanden hatten. Ich maß ihn ungefähr aus – meine ausgestreckten Arme sind gerade ein Faden. Der gefallene Stamm sieben Fuß oberhalb der Bruchstelle war sechs Fuß im Durchmesser und im Umfang rund achtzehn Fuß. An zwei anderen noch aufrecht stehenden Riesen maß ich einen Umfang von sechzehn und vierzehn Fuß in Schulterhöhe über dem Boden.

---

[2] Im nächsten Jahr haben wir ein paar Eschen gefunden, die auf den Festungsanlagen einer anderen Burgruine, bei Plau, wuchsen. Können das die späten Nachkommen der heiligen Bäume sein, die die teutonischen Ureinwohner, die die Esche „Ygdrasil" verehrten, gepflanzt hatten? *Hengist*, von gleicher Rasse und Religion, hat, wie es scheint, diesen Baum als sein Totemzeichen genommen. Er nannte sich ‚Die Enhe' und die Königsdynastie von Kent, seine Abkömmlinge, hießen ‚Söhne der Esche.'

Der Erdwall bestand aus einer wabenartigen Masse von Mauerwerk – hauptsächlich Steinbrocken, wie man sie noch überall im Land verstreut findet – und Mörtel, fast so hart wie die Steine selbst. Wir modernen Menschen scheinen das Geheimnis solchen Mörtels verloren zu haben, obgleich es Chaucers Rezept noch gibt:

> „The temprure of the mortere
> was maad of licour wonder dere,
> Of quykke lyme persant and egre,
> The which was empred with vynegre."[3]

Die Ruine auf dem Wall ist ein roher viereckiger Turm mit roten Backsteinmauern von beträchtlicher Dicke. Über sein Alter wagte ich keine Vermutungen, aber es kann kaum Zweifel bestehen, dass er, selbst ein bloßer Überrest, an der Stelle eines älteren Kastells gebaut wurde. Selbst diese Ruine hier musste älter sein als die alten Eschen, denn sie breiten sich über den ganzen äußeren Ringwall aus, über das trockene Bett des alten Wallgrabens und den ganzen Burgberg selbst. Unsere Zeichnerinnen setzten sich vor dem finsteren alten Ort nieder, mit wehenden Standarten ausgestattet und mit Blöcken und Pinseln bewaffnet.

Leider verbarg die Sonne ihr Gesicht, Wolken sammelten sich über den Mädchen, und zuletzt fiel kalter Regen und schlug sie in die Flucht. Niemals, dachte ich, sah ein Ort düsterer und verlassener aus. Der niedrige bleierne Himmel, das öde Tropfen des Regens, die bröckelnde verwitterte Ruine, der unsagbar alte Hügel und die Unheil verkündenden Krähen, die mit hochgezogenen Schultern regungslos auf den knarrenden Ästen saßen, dazu die ausgeblichenen Blätter, die von den lebenden Eschen auf den großen niedergestürzten Stamm fielen. Der Schatten des Todes lag auf den Ruinen, doch welch lebendige Bilder ihrer Vergangenheit erhoben sich bei ihrem Anblick: Die früher primitive Einfriedung, von wilden Kriegern wimmelnd; dann diese Burg irgendeines freien Ritters, dessen einfaches Gesetz das Faustrecht war, und der mit seiner Horde von Freibeutern rundum im Land raubte – keinem kleinen mittelbaren Herrn untertan, sondern nur dem fernen Kaiser.

In einer nahen Hütte bekamen wir den Schlüssel und betraten den alten Turm durch eine Tür hoch oben in der Mauer. Es ist nur Plunder drin – spätere Waffen und, sonderbar, ein paar Porträts, aus den unteren Gewölben ausgegraben.

---

[3] *sinngemäß:* „Die Mischung des Mörtels wurde mit wunderbarer Flüssigkeit gemacht, mit Kalk und Ei, was alles mit Essig angerührt wird." - *Red.*

Noch zwei weitere Tage segeln – unsere letzte Fahrt dieses Jahr – brachten uns zurück nach Waren.[4]

An der Malchower Brücke sprachen wir mit einer attraktiven amerikanischen Dame, die einen deutschen Auswanderer geheiratet hatte. Sie war „unwohl", wie sie treuherzig sagte, und wartete auf „Pappi", der sie nach New York zurückbringen sollte.

Ein Mann nahm Pieter mit einem lauten plattdeutschen Redeschwall in Beschlag. Ich vermutete, er hatte zuviel Bier an Bord. Aber nein! Es war nur ununterdrückbares Gefühl. Er, ein Schiffer, der westwärts wollte, hatte viele Wochen wegen ständigen Westwindes hier gelegen. Uns aber hatte er westwärts durch Malchow segeln sehen, die Zeitungen hatten ihm von uns in Stuer berichtet, und nun waren wir wieder hier. Ach, es war wunderbar!

Als wir in Waren ankamen, organisierten wir das Winterlager für die *Gipsy*. Unsere Sachen waren schnell gepackt. Wir trafen uns mit unseren deutschen Freunden und machten Ausflüge mit der Kutsche und per Bahn.

---

[4] Diese Stadt Waren, eine andere mit Namen Warin und der nahe Fluss Warnow erinnern an die Warini, einen teutonischen Stamm, Nachbarn unserer angelsächsischen Vorfahren. Wir Engländer leiten einen Teil unseres Blutes aus diesem Teil der Welt ab und einige unserer Gesetze entstammen den alten Gesetzen der Angeln und Warini. Zum Beispiel dies, welches ich meinen radikalen Freunden empfehlen möchte: „Haeriditatem defuncti, filius non filia suscipiat. Si filium non habuit, qui defunctus est, ad filiam pecunia et macipia, terra vero ad proximum paternae generationis consanguineum pertineat." (*sinngemäß:* „Um die Nachfolge – das Erbe – zu regeln, möge man den Sohn, nicht aber die Tochter vorsehen. Ist kein Sohn geboren oder ist er verstorben, sollte die Mitgift der Tochter nicht zur Teilung des väterlichen Besitzes führen." – *Red.) Lex Angliorum et Warinorum tit 6., sec. I., zitiert in Pütters German Empire*

KAPITEL XIII

Eine alte Stadt - Neubrandenburg

„There is given
Unto the things of earth which time hath bent
A spirit's feeling; and where he hath lent
His hand, but broke his scythe, there is a power
And magic in the ruined battlement,
For which the palace of the present hour
Must yield its pomp, and wait till ages are its dower."[1]
Childe Harold

ne of our trips was by rail to Neu Brandenburg. At first approach from the station one sees nothing remarkable. A modern street leads to the market place. A plain Rathhaus stands in the middle of the platz, and all one side is taken up by a dismal palace.

Eine unserer Eisenbahnreisen führte uns nach Neubrandenburg. Bei der ersten Annäherung vom Bahnhof her sieht man nichts Bemerkenswertes. Eine moderne Straße führt zum Marktplatz. Ein einfaches Rathaus steht mitten auf dem Platz, und eine ganze Seite wird von einem düsteren Schloss eingenommen. Dahinter kamen wir an eine Ecke, die Kreuzung zweier Straßen, die an beiden Enden bis an die Grenzen der Stadt reichten. Es ist nur eine kleine Stadt, fast ganz rund und etwa eine viertel Meile im Durchmesser. Wenn man von unserem Standpunkt aus nach Süden blickte, schloss ein rotes gotisches Backsteintor die Aussicht; im Westen lag ein weiterer erhabener Wachturm, während sich zwischen uns und dem

---

[1] *etwa:* „Die gealterten irdischen Dinge sind von einer besonderen Aura umgeben; und wo der Mensch gewirkt hat und gescheitert ist, da ist eine Macht und ein Zauber in den Burgruinen, hinter dem die neuen Paläste mit ihrem Pomp zurückstehen müssen, bis Alter auch sie ehrwürdig macht." - *Red.*

Südtor die schöne Marienkirche erhob. Nur ein paar Schritte weiter konnte man noch ein altes Tor sehen.

Wir begaben uns sogleich zum Treptower Tor genannten Westtor, einem großen, strengen Bauwerk aus verwittertem roten Ziegel, das seinen Treppengiebel hoch über die Hausdächer erhebt. Wir gingen unter seinem Torbogen durch, um es von der Außenseite anzusehen und befanden uns nicht, wie wir erwartet hatten, außerhalb der Stadt, sondern wie in einer Falle gefangen. Alte Backsteinmauern schließen die Straße ein und verbinden das Tor mit einem weiteren, äußeren Tor.

Solche Tore sehen in unseren heutigen Augen weniger wie Verteidigungsanlagen, sondern mehr wie architektonische Schmuckstücke aus. In den alten Zeiten, bevor das Schießpulver erfunden war, waren sie aber ohne Zweifel mächtige Beschützer der Stadt. Sie alle stehen heute noch, wie sie vor nicht weniger als fünfhundertsiebenundachtzig Jahren gebaut wurden.

Und um die ganze kleine Stadt herum läuft von Tor zu Tor ein ebenso alter Wallgürtel, intakt bis auf eine Bresche von sechzig Yards, die für die Straße vom Bahnhof her geschlagen wurde. Wir gingen den vollen Kreis ab, einmal innen auf einer schmalen Straße und einmal auf dem großen äußeren Erdwall. Es gibt einen inneren und ein äußeren Graben mit dem Erdwall dazwischen, und sowohl die beiden Gräben wie auch der Wall sind mit ehrwürdigen Eichen bewachsen. Die ganze bröcklige alte Mauer entlang standen alle vierzig bis fünfzig Yards – sagen wir auf Bogenschussweite – Türme, damals vielleicht verziert mit den vielförmigen Turmspitzen, die im Mittelalter so beliebt waren. Heute sind nur noch zwei Türme höher als die Mauern, beide haben hohe runde rote Backsteindächer und unter ihnen sind noch die Kerker, die einmal für mittelalterliche Missetäter benutzt wurden. Zwei der anderen Stadttore haben solche Außentore oder Brückenköpfe und eines noch ein drittes Außenwerk. Diese äußeren Tore sind von großem architektonischen Interesse.

Innerhalb der Stadt gibt es so gut wie keine alten Häuser mehr, so sehr ist sie von Sturm und Krieg verwüstet worden. Feuer, Hungersnot, Krieg, Plünderung und Pest suchten das arme Neubrandenburg Jahrhunderte lang heim.

Im Mittelalter wurden solche kleinen Städte, anders als die reichen Hansestädte, sehr schlecht gebaut. Wahrscheinlich wurden außer Kirchen, einem Franziskanerkloster, das jetzt ein Armenhaus ist, und dem Rathaus nur wenige Häuser anders als aus Holz, Lehm und Stroh gebaut. Eine solche Anhäufung von brennbarem Material, in engen krummen Straßen zusammengedrängt, brauchte nicht den Anreiz, den heute Versicherungen bieten, um niedergebrannt zu werden. Vom Gesundheitswesen hatte man damals natürlich nichts gehört, Kanalisation und sogar Pflasterung waren nicht erfunden. In der zweiten Hälfte des 17. Jahrhunderts mussten in diese Stadt Soldaten geholt werden, um die Beseitigung der Dreckhaufen auf den Straßen zu erzwingen. Daher wechselten

Pest und Feuer sogar in den wenigen friedlichen Pausen einander ab.

Friede lächelte dem Land jedoch in der Tat selten. Um in der besagten „Dreckzeit" zu bleiben, da töteten Schweden und Kaiserliche sich gegenseitig und zerstörten Leben und Lebensunterhalt dieser Mecklenburger. 1638 wurde kein Korn gesät im Land – es konnte nicht gesät werden, weil für diese Arbeit nicht genug Menschen am Leben waren. Teuerung folgte, so wenig Münder auch zu füttern waren. Roggen kostete zehnmal soviel wie vorher. Die Teuerung ging in echte Hungersnot über, arme Teufel nahmen Zuflucht zu ekelhafter Nahrung: Hunden, Katzen, Ratten, Mäusen. Leichen wurden aus den Gräbern geholt und gegessen. Es gibt schreckliche Berichte darüber, dass Kannibalen sogar Morde begingen. Dann folgte dem Hunger die Pest. Achttausend Menschen starben allein in dieser einen kleinen Stadt. Die Schreckenstaten, die beide Kriegsgegner begingen, spotteten jeglicher Beschreibung. Die Schweden waren den Protestanten zu Hilfe gekommen, behandelten sie aber wie Feinde. Der Dichter von Logau rief ihnen nach, als sie sich aus Deutschland zurückzogen: „Das Fett aller Tiere, die ihr geraubt habt, und die Asche aller Häuser, die ihr verbrannt habt, kann nicht genug Seife liefern, noch die Oder Wasser genug, um eure Gewissen reinzuwaschen."[2]

Um nur Städte zu nennen, die wir besucht haben:

Lübz war 1637 fünf Wochen lang völlig verlassen, ohne Einwohner.

Plau wurde in zwölf Monaten vierzehn Mal geplündert.

Rostocks Handel war vernichtet.

Neubrandenburg, das von den Schweden gehalten wurde, die die Kaiserlichen vertrieben hatten, wurde von Tilly mit achtzehntausend Mann angegriffen. Das Friedländer Tor wurde erstürmt und auf engem Raum, ähnlich wie der, wo wir uns selbst in einer Falle fanden, zwischen innerem und äußerem Tor, lagen zweiundneunzig Leichen aufgehäuft. Die meisten Bürger trugen keine Waffen und alle Frauen und Kinder flohen in die Marienkirche. Dann drei höllisch teuflische Stunden! Sie wurden abgeschlachtet! Keine fünfzig Seelen, Mecklenburger oder Schweden, überlebten in der ganzen Stadt. Die Kaiserlichen verloren tausendfünfhundert Mann.

Der Jahrestag wurde lange mit einem Fastentag begangen und ist auch heute noch nicht vergessen in der Stadt. Es wurde errechnet, dass dieser Krieg Mecklenburg die grauenvolle Zahl von zweihundertfünfzigtausend Leben

---

[2] „Die Bernsteinhexe" (übersetzt, glaube ich, von Lady Duff Gordon – ich schreibe die Notiz an Bord und ohne erreichbare Bücher), die ich las, nachdem ich mein Buch geschrieben hatte und die meiner Ansicht nach einen Platz im Bücherregal gleich hinter „The Vicar of Wakefield" verdient, beschreibt eindrucksvoll den Stand der Dinge während des 30jährigen Krieges in einem Land, das an Mecklenburg angrenzt – Pommern.

A City gate
Neu Brandenburg.

kostetete – von dreihunderttausend Einwohnern waren nur fünfzigtausend übrig. Pferde und Ochsen gab es kaum noch. Der Ackerbau lag brach, und das Land musste von Einwanderern aus Holstein und Dänemark neu bevölkert werden.

Dann der Siebenjährige Krieg! Prinzessin Charlotte von Mecklenburg-Strelitz, die spätere „Good Queen Charlotte" von England, beschrieb den Zustand ihres Landes in einem Brief an den König von Preußen: „Es ist nur ein paar Jahre her", schrieb sie, „dass dieser Erdstrich den schönsten Anblick bot. Das Land war bestellt, die Bauern sahen fröhlich aus und die Städte flossen über von Reichtum und Festlichkeiten. Und jetzt – wie anders als das so schöne Bild! Ich bin kein Meister im Beschreiben, meine Phantasie kann auch dem Bild keine Schrecken hinzufügen, sicherlich würden aber selbst die Eroberer weinen bei dem entsetzlichen Anblick, den ich vor mir habe! Das ganze Land – mein liebes Land! – ist eine fürchterliche Wüste, wo man nur Dinge sieht, die Schrecken, Mitleid und Verzweiflung hervorrufen. Die Arbeit der Bauern und Hirten liegt völlig danieder. Die Bauern und Hirten sind selbst Soldaten geworden und tragen dazu bei, den Boden zu verheeren, den sie früher bearbeitet haben. In den Städten wohnen nur alte Leute, Frauen und Kinder. Vielleicht steht hie und da ein Soldat in seiner Tür, der wegen einer Verwundung oder dem Verlust von Gliedmaßen dienstunfähig geworden ist. Seine kleinen Kinder hängen an ihm und fragen ihn nach der Geschichte jeder Wunde und werden zu Kriegern, bevor sie stark genug sind für das Feld. Aber das wäre alles nichts, bekämen wir nicht die Unverschämtheit beider Armeen zu spüren, wenn sie im Verlauf ihrer Feldzüge vorgehen oder auf dem Rückzug sind. Es ist unmöglich, das Durcheinander zu beschreiben, das selbst die anrichten, die sich unsere Freunde nennen. Die, von denen wir Hilfe erwarten könnten, bedrücken uns mit neuen Nöten."[3]

Dann die Napoleonischen Kriege! Blücher schlug und verlor drei Schlachten in Mecklenburg – Jabel, Nossentin und Wismar. Der Herzog von Mecklenburg-Schwerin wurde von seinem Thron vertrieben. Truppen wurden im Land einquartiert, Abgaben wurden erhoben, dem einzigen ertragreichen Handel, dem mit England, wurde ein Ende gemacht, und Mecklenburger wurden sogar gezwungen, in den Heeren ihrer Feinde zu kämpfen. Von denen, die zum Russlandfeldzug gepresst wurden, hat nur jeder Zehnte sein Heimatland wieder gesehen. Jedoch Unglück über Unglück konnte den Mut des tapferen Volkes nicht brechen. Sie erhoben sich gegen ihren Unterdrücker. Wer hat nicht mit glühenden Wangen den Aufruf des Preußenkönigs „An mein Volk" gelesen! Der Herzog von Mecklenburg-Strelitz folgte seinem Beispiel: „Mit Gottes Hilfe will ich mich der Ehre wert erweisen, ein deutscher Fürst zu sein." Körner, der selbst bei Schwerin fiel, feuerte seine Landsleute mit seinen Kriegsliedern an. Mecklenburger strömten mit Begeisterung zu den Waffen. Das Silbergeschirr beider Herrscher, der Kaufmannsgilden und Privatfamilien wurde in den Schmelztiegel geworfen. Männer, mehr als genommen werden

---

[3] *Annualregister, 1761*

konnten, eilten zu den Fahnen. Frauen gaben Schmuck und Arbeit und schnitten sogar ihr Haar ab und verkauften es für die gute Sache. Ein tapferes Mädchen, Augusta Krüger[4], zog Uniform an und kämpfte als Mann für die Freiheit ihres Landes. Sie kam glorreich heim, mit dem preußischen Eisernen Kreuz und dem russischen St. Georgs-Kreuz auf der Brust.[5]

Wir fanden die Marienkirche offen. Diese Kirche, einst Ort schrecklichen Blutvergießens und Gotteslästerung, war jetzt voll von den glücklichen Gesichtern einer Hochzeitsgesellschaft – Braut und Bräutigam in festlicher Abendgarderobe. Nach einem Blitzschlag 1655 und dem großen Feuer von 1676, das nur einunddreißig Häuser in der Stadt verschonte, ist sie wunderbar restauriert worden. Dass grober Backstein mit Terracotta in dem zierlichen Maßwerk der Fenster verbunden werden konnte, ist bewundernswert.

Am Abend dinierten wir wagemutig im Hotel und dann trug uns ein Zug der Südbahn schnell nach Hause, im gesetzten Tempo meines alten Jagdhundes *Punch*.

Wir hoffen, eines Tages den See bei Neubrandenburg zu sehen, der den Stammesnamen der alten slawischen Tollensi am Leben hält, den Tollensesee. Darin liegt eine Insel, auf der ein heidnischer Tempel stand, der berühmteste im Wendenland. Eine beredtere Feder mag von dem Kultbild erzählen, einer

---

[4] *Gemeint ist Friedericke Krüger aus Friedland/Mecklenburg-Strelitz. – Red.*

[5] Es soll hier bemerkt werden, dass dieser Krieg eine Verbesserung brachte. Durch ihn kam die segensreiche Abschaffung der Leibeigenschaft nach Mecklenburg. Herzog Friedrich Franz hatte 1808 diese Maßnahme seinen in Rostock versammelten Ständen vorgeschlagen. Sie verweigerten damals die Annahme, aber sie konnte nicht lange hintan gehalten werden. 1815 gab die Landschaft (Bürgervertretung) ein Manifest heraus: „Die Gabe der Freiheit für unsere versklavten Mit-Lands-Leute wurde 1808 in unsere Hände gelegt. Sieben Jahre lang ist der Ruf der Nation unbeantwortet verhallt, ist er den Patrioten, den Menschenfreunden aus dem Sinn gekommen. Nicht als an den Boden gebundener Besitz, nicht als seelenloses Lasttier wurde der Mensch erschaffen. Wie! Der edle Leibeigene, der gerade eben frei für die Freiheit gekämpft und sie mit seinem Blut für sein Land erkauft hat, der soll wieder in die Ketten der Sklaverei geworfen werden? Und sollen etwa Fremde, die gegen alle Natur bei uns wohnen (zwei Juden waren zu der Zeit Landbesitzer in Mecklenburg), sollen die das schamvolle Joch auf die blutig erworbenen Ehrenzeichen werfen? Die Landschaft erklärt für sich das Ende des Schweigens, das bereits lange und laut in der Öffentlichkeit beklagt wurde. Sie lädt den geehrten anderen Stand, die Ritterschaft (Rittervertretung) zu einer Koalition ein mit dem hohen Ziel der endlichen und völligen Befreiung unserer Leibeigenen und für die Anerkennung des Grundsatzes, dass das bloße Atmen der Mecklenburger Luft, wie in England, einen Menschen frei macht." Die Abschaffung der Leibeigenschaft wurde mit nur einer Gegenstimme 1820 angenommen und trat 1821 in Kraft.

vielköpfigen abscheulichen Göttin, von ihrem grausamen Kult, ihrer wilden mordenden Priesterschaft und den langen blutigen Kriegen, die um den unheiligen Ort tobten, bis 1150 das heidnische Rethra endlich von christlichen Eroberern ausgelöscht wurde.

Einen andern Ausflug machten wir per Straße zu den Opferaltären, wie sie im örtlichen Reiseführer genannt werden. Wir mieteten einen leichten Wagen und zwei lebhafte kleine Stuten. Die gepflasterte Chaussee führt nicht weit aus der Stadt hinaus und geht dann in eine sandige, zerfurchte, stellenweise sumpfige Landstraße über, bergauf, bergab, durch offene Felder. Steine die Menge überall, unregelmäßige Granitbrocken. Aber die geschotterte Straße muss für Mecklenburg noch erfunden werden. Die Straßen sind entweder mit unebenen Blöcken gepflastert oder verdienen den Namen Straße überhaupt nicht. Nach längerem Suchen fanden wir die Monumente mitten im Wald – in

Outer
Treptower
Gate
Neu Brandenburg

Blankensee. Es sind Gräber, keine Altäre; „Gräber, die der Regen benetzt und das Dickicht überwuchert" und die man in vielen Teilen Deutschlands Hünengräber nennt. Das am besten erhaltene maß ich ungefähr mit Schritten aus und machte eine grobe Skizze. Ein Deckstein, etwa acht Fuß lang, fast oval, ruht jetzt nur knapp mit dem Rand auf drei aufrechten Steinen, von denen nur der obere Teil aus einem teilweise ausgewaschenen Hügel herausragt. Die Höhe des Hügels, der nicht oval ist, sondern rund, ist sechs Fuß vom Erdboden aus und fünfzig Schritt im Umfang. Ein anderes Hünengrab ist nur noch ein Wrack. Die tragenden Steine haben alle nachgegeben und den Deckstein zwischen sich zu Boden fallen lassen. Von einem dritten und höheren Hügel sind die Steine entfernt worden. Die Hügel selber scheinen Haufen kleinerer Steine zu sein, aber ohne Werkzeug konnte ich nicht hinein graben. Wir waren froh, dass wir diese Monumente gesehen haben, die vielleicht von den Teutonen stammten, den Vorläufern der Wenden.[6] Aber sie haben nichts an sich, was die Phantasie so anregte, wie das alte Hunnenbett, dieses düstere Rund von Druidensteinen auf einem einsamen Moor, das wir bei Tijnaarloo gesehen hatten.

Unser Kutscher fuhr uns auf einem anderen Weg nach Hause, auf einer ganz scheußlichen Straße durch bezaubernde Waldlandschaft – ein Wald, der zur Stadtherrschaft Waren gehört. Efeuberankte Bäume oder glanzblättrige Stechpalmen findet man nicht in Mecklenburgs Wäldern, und auch in anderer Hinsicht weicht ihr Aussehen von einem englischen Wald ab: Sie sind und scheinen wilder, und das Unterholz wird nicht regelmäßig geschlagen und gesammelt. Auch das überall gegenwärtige Wild und das, was man von Wildschweinen hört – die sich aber nicht zeigen –, lassen einen nicht vergessen, dass dies Deutschland ist.

Der Kurator der naturgeschichtlichen Sammlung in Waren sagte uns, dass die Großtrappe in der Nachbarschaft häufig ist. Man pirscht sich mit einem Wagen an und schießt sie mit der Büchse, wie man es, glaube ich, auf der Krim tut. Er zeigte uns auch einen weißen Dachs. Könnten dies die sonderbaren irgendwo in Friesland geschossenen Tiere sein, von denen Pieter sagte, er hätte sie in Leeuwarden gesehen? Seine damalige Beschreibung war uns ziemlich rätselhaft: „Ganz weiß, Fell weich wie Wolle, Kopf wie ein Schwein, gerade eben die Größe eines Schafes (unseres französischen Pudels), nur mit dem Bauch näher am Boden." Die Felle, sagte er, wurden für vierzig Gulden je Stück verkauft. Pieter behauptet auch, dass es in Friesland zwei Arten von Ottern gibt: Wasserotter, die von Fisch leben und „Baumotter", die keine Fische

---

[6] Es sieht so aus, als wären die teutonischen Vandalen die Ureinwohner gewesen und im 6. Jahrhundert von den slawischen Venedi oder Wenden vertrieben worden. Die beiden Völker sind oft verwechselt worden, und das Land hat die Namen beider getragen: Vandalia und Wendenland.

fressen und in Wäldern leben. Wir dachten an Eichhörnchen, die nennt Pieter aber „Baumkatzen". Könnten seine „Baumotter" Marder sein? Ich fürchte, da leiste ich mir eine sehr vage Vermutung.

Pieters Morgenpflicht ist, Milch, Butter und Eier von den Bauernhöfen zu besorgen. Bis zu einem gewissen Grad hat er sich mit diesem Land versöhnt. „Ich sehe die Berge gern", sagt der alte Kerl jetzt, „aber wenn ich hingehe und meine Schuhe voll Sand kriege, das mag ich nicht."

Wir taten unser Möglichstes, die Gastfreundschaft unserer Warener Freunde zu erwidern. Eine Gesellschaft kam an Bord zum Mittagessen und zu einem Segelnachmittag auf dem See. Einige Gäste brachte unser eigenes Boot. Andere vertrauten sich einem Kasten aus rohen Brettern an, der von zwei einfachen Mädchen mit einer Art hölzernem Löffel gerudert wurde. Es war wirklich ein Vergnügen, welche Anerkennung unsere Freunde unserem kleinen Schiff zollten – „Parva sed apta mihi"[7], möchte ich (nach *Ariost*) darauf schreiben.

„Ach, prachtvoll! Herrlich!! Wunderschön!!!" Sie guckten in beide Kabinen, sahen sich in Ifoulds Kombüse und der Pantry um, spähten sogar ins Vorschiff. Wir führten unsere kleinen Erfindungen für Stauraum und Bequemlichkeit vor.

„Allerliebst! So schön! So praktisch!" Das Schiff schwankte ein bisschen am Anker. „O, man nimmt uns mit auf den See, wir segeln!", kam es von einer Dame, nur ganz wenig erschrocken. Und „Ach, kann es wahr sein? Können Sie mit Ihrem schönen Schiff von so weit hergekommen sein? Den ganzen Weg von England!"

Es war nur wenig Wind, aber wir segelten unsere fröhliche Gesellschaft langsam hinaus, zum Hals und zurück. Nach unserem heimatlichen Fünfuhrtee – „solch eine Teestunde hat es außerhalb Englands noch nie gegeben" – ging ein vergnügter Nachmittag mit der kurzen Rede einer deutschen Dame in ausgezeichnetem Englisch zu Ende. Unsere Gäste fuhren an Land, einige mit der *Snail*, andere in dem Kasten mit den Mädchen und den Löffeln, und so endete im Jahr 1890 unser letzter Tag mit der *Gipsy* in Mecklenburg.

---

[7] „Klein, aber gerade richtig für mich." – *Red.*

The outer Friedländer Gate
Neu Brandenburg

JHD

KAPITEL XIV

Unser zweites Jahr in Mecklenburg

„Where lies the land to which yon ship must go?
Festively she puts forth in trim array.
...
With roasted, boiled, and baked, I know not where
Thou could'st fare better, save in an hotel;
But men of moderate it don't suit
To pay maids, waiters and something to boot."[1]
Wordsworth

on July the 27th, 1891, a carriage full of English travellers emerged from the hot train on the Waren platform, and a bone-shaking omnibus took them down to the water side – the Fisher Bucht – where their little *Gipsy* lay all ready for them.

Am 27. Juli 1891 quoll eine Wagenladung von englischen Reisenden aus dem heißen Zug auf den Bahnsteig in Waren, und ein knochenschüttelnder Omnibus beförderte sie ans Wasser – an die Fischerbucht –, wo ihre kleine *Gipsy* für sie bereit lag.

1890 hatten nur drei von uns „zigeunert". Jetzt bildeten noch zwei Mädchen und Dick, der eine Schusswunde vom Black Mountain ausheilte, dieselbe Mannschaft, die '88 und '89 in den Niederlanden gesegelt war. Ifould und Wilson waren mit uns von England gekommen, Pieter war von Leeuwarden geschickt worden. Mein Matrosensohn Tom, damals beim Kriegspielen auf einem Torpedoboot, kam auf Urlaub und stieß nach ein paar Tagen zu uns, als die Marine-Manöver beendet waren.

---

[1] „Wo liegt das Land, wohin das Schiff gehen soll? Festlich fährt es los, fein aufgemacht. Mit Gebratenem, Gekochtem und Gebackenem, ich wüsste nicht, wo du besser bedient wärst, als in einem Hotel. Aber zu Leuten mit kleinem Einkommen passt es nicht, Dienstmädchen, Kellner und sonst noch was zu bezahlen."

Unsere Pläne für dieses Jahr: Zuerst den Neulingen zeigen, was ich prahlerisch meine „Entdeckungen" nannte – die Elde oder die Mecklenburg-Schweriner Seenkette. Danach wenn möglich die Havel oder das Mecklenburg-Strelitzer Seengebiet erforschen, das auf der Karte aussieht wie ein Labyrinth. Und dann die Havel hinunter segeln durch eine weitere Seenkette in Preußen bis zur Elbe. Wir erhofften uns schönste Landschaften – Seen, Berge, Wälder – und Besuche in interessanten Städten. Neustrelitz und Rheinsberg sollten wohl mit der *Gipsy* erreichbar sein. Spandau, Potsdam und Brandenburg würden direkt auf unserem Weg liegen. Und letztlich hofften wir unsere Fahrt auf dem großen Strom, der Elbe, fortzusetzen. Durch Magdeburg – Tillys Magdeburg – würden wir segeln (und von da würden der Harz und mehr als eine alte Stadt erreichbar sein), vorbei an Luthers Wittenberg, Anhalt, Zerbst, Dessau, Torgau, Meißen und Dresden. Und vielleicht würde unsere Norfolk-Wherry sogar durch die Sächsische Schweiz in das Land vordringen, wo Zigeuner sich zu Hause fühlen müssten: Böhmen.

Das Auspacken des Proviants – wir nahmen einen gut dreimonatigen Vorrat für neun Personen mit an Bord – war selbst für geübte Hände eine gewaltige Aufgabe. Schließlich hatten wir alles auf kleinem Raum verstaut, und dann schoss das fröhliche Fahrzeug unter seinem weißen Segel aus dem stickigen Hafen; froh wie die Vögel im Morgenlicht, hinaus in Freiheit und Glückseligkeit. Obwohl unsere Einsteiger viel Freude an dem schönen See hatten – soviel, wie sogar ich nur wünschen konnte –, blieben wir nicht lange. Ich überquerte nur die Binnenmüritz und legte die *Gipsy* an ihren letztjährigen Platz, ans grasige Ufer bei Bellevue. Und dort, in einer neuen Welt, ruhten wir zufrieden, atmeten tief und wurden uns freudig und langsam bewusst, dass wir nach neun Monaten tatsächlich aus den Klauen von Mrs. Grundy heraus waren, frei vom erstickenden Dunst der Konvention.

Wildes Leben hieß uns bei sich willkommen: Anmutig springendes Rehwild, braune, großäugige Hasen mit ihren Hängeohren, unverschämt zahme Eichhörnchen, Wanderfalken, Bussarde, kleinere Habichte, die mit göttlichem Vergnügen in der Luft schwebten, schwarze Spechte mit roter Brust, blaue Eichelhäher, die zwischen roten Kiefernstämmen schimmerten und goldfarbene Pirole, die ihre drei klaren Töne pfiffen, sich aber selten sehen ließen. Die Mädchen pflückten Sträuße von wilden Blumen und wanderten am bewaldeten Steilufer entlang. Sie genossen den Ausblick auf den sonnenbeschienenen See und die entfernten verschleierten Ufer gegenüber, gestört nur von einem gefährlichen Tier: einer einen Fuß langen Eidechse, tigerartig gelb und schwarz gestreift, die sich braun färbte, als sie versuchten, sie zu fangen.

Nach ein oder zwei Tagen wehte uns eine Sommerbrise weiter durch schöne wohlbekannte Gewässer – ein Schwarm Mädchen, kleine weiße Gestalten, planschte bei einer Brücke im Wasser – im Kölpinsee. Sein dunkler

Kiefernrahmen war jetzt von Farbflecken durchbrochen: Felder von blassem Gold – Roggen, reif für die Sense – und wärmstem Gelb von den duftenden Blüten der Lupinen.

Nachdem wir die enge Zufahrt wieder gefunden hatten, schlängelten wir uns zum abgeschiedenen Jabelschen See. Auf dem Gras dort, oberhalb eines Strandes von silbrigem Sand, schlugen wir das Badezelt auf. Die Mädchen wurden allein im Wald gelassen, während wir ins Dorf nach Jabel segelten, um frischen Proviant einzukaufen. Bei der Rückkehr ankerten wir querab vom Zelt, und nach dem Lunch wanderten einige von uns an den seltsamen Wällen entlang und fanden einen Wald namens „Heidenfriedhof", wo auf den vielen Grabhügeln prähistorischer Jäger friedliches Rotwild äste.

Dann segelten wir wieder über den Fleesensee und durch die Malchower Brücke. Diese Nacht machten wir im Malchower See fest, an dem Bootssteg unterhalb des Klostergartens.

Der Anblick von Wild hatte Dicks Jagdinstinkt angeregt: Er wollte natürlich nicht wildern, aber er schämte sich nicht, zu bitten. Er und ich suchten den Herrn Forstassessor von M. auf, einen sehr höflichen und freundlichen Beamten. Er lud Dick ein, mit ihm zusammen Böcke zu jagen und gab ihm die schriftliche Erlaubnis, Vögel auf dem Petersdorfer See zu schießen. Er zeigte uns das Geweih eines Hirsches, den er einen Tag zuvor bei Nossentin erlegt hatte. Der Vorsteher des Klosters versprach Dick ebenfalls die Erlaubnis, auf den Klostergütern rund um den Fleesen- und den Kölpinsee zu jagen.

Am nächsten Tag segelten wir nicht weit, nur nach Lenz. Dick erwischte nur eine Ente, die sich – bereits tot – beim Sturz auf einem abgebrochenen Schilfstängel aufspießte. Er wollte nicht auf Blässhühner oder Haubentaucher schießen. So blieben wir über Sonntag in Lenz, allesamt begeistert von den fantastischen, grünen Biestorfer Wäldern.

Am Montag segelten wir über den Plauer See nach Plau und lagen in der Mündung der Elde vor Anker, bis der Wind direkt in den Hafen blies und wir unser Quartier verlegen und an einem Kahn festmachen mussten, der am Ufer lag. Pieter wird diesen Tag nicht vergessen. Als er half, den Anker zu lichten, rutschte er aus und fiel rücklings schwer gegen die Winsch. Ich ließ ihn zu Bett bringen, ihm für die geprellte Hüfte einen Umschlag machen und ihn verbinden. „Keine Rippen gebrochen", stellte der Doktor fest, aber der arme alte Kerl stand für Wochen auf der Krankenliste, ein Bild des Jammers.

Ein Telegramm von Tom. Er war in Gefangenschaft genommen worden, auf Ehrenwort entlassen und in Güstrow angekommen. Er sprach kein Wort Deutsch, also machte sich Dick auf, um ihn dort abzuholen. Inzwischen spielte ich den Führer zu den Sehenswürdigkeiten von Plau, der Kirche, dem Berg und der alten Burgruine.

Toms Telegramm und Pieters Unfall hatten anscheinend einige von uns sonderbar mitgenommen: F. und ich kauften ein paar Stettiner Tontöpfe. „Ich sollte sie nicht hier kaufen", sagte F., „die derselben Größe im anderen Laden waren viel größer." Und Wilson, der Seemannsgarnspinner, wurde von einer Eingebung heimgesucht: „Ach, das war ein böser Winter! Erinnern Sie sich an das Wrack von Orford Ness? Ein Segelschiff war es, eine Barke. Ein Harwich-Dampfer rammte sie im Nebel. Er fuhr am Heck hinein, schnitt sie mittendurch und kam am Bug wieder heraus. Sie zerfiel in zwei Teile, einer nach der Seite, einer nach der anderen. Gott, Sir, Sie wären erstaunt gewesen." Das war ich in der Tat.

Unsere Jungs kamen wie geplant am nächsten Tag an. Dick hatte Tom heil, glücklich und gut untergebracht gefunden. Er war im besten Hotel abgestiegen und hatte ein erstklassiges Dinner bestellt. Niemand verstand sein Englisch, aber Zeichen sind beredt und gute Laune weltweit ansteckend. Man sagt, Güstrow ist eine saubere hübsche Stadt mit einem kleinen Fluss, einigen alten Häusern an den Straßen, einem imposanten Schloss, in dem jetzt Behörden untergebracht sind – die Güstrower Herzogslinie ist vor zweihundert Jahren ausgestorben –, und im Dom gibt es eine schöne geschnitzte und bemalte Chorschranke, mit Heiligenbildern auf der Rückseite, die noch so frisch aussehen wie damals, als sie gemalt wurden.[2] Tom und Dick hatten die Jahreszahl 1406 gesehen.

Nachdem wir nun vollzählig waren, segelten wir zum fernen Ende des Sees, nach Stuer. Eine leichte Brise und Sonnenschein – das Lächeln Gottes – auf dem glitzernden Wasser und auf den kieferbestandenen Hügeln ringsum.

Wir waren vorher noch nicht im Kellersee gewesen, einem runden, von Land umschlossenen natürlichen Hafen auf der Ostseite des Plauer Sees. Wir lagen jetzt eine Nacht an seinem Südwest-Ufer.

Vom hohen Land auf der Nordseite war die Aussicht wunderschön. Zwischen hohen Eichen, die sich über Gras und Farn erhoben, wanderten wir auf den Berg, wo wir ein Feld voll mit Roggengarben entdeckten. Es lag wohl dreihundert Fuß über dem Plauer See, der sich vierzehn Meilen weit nordwärts erstreckte. Vorsprünge zacken die Seen aus, Welle auf Welle von grünem Wald mit Flecken von goldenen Stoppelfeldern darin. Auf dem See blies es frisch mit

---

[2] Nachdem die Mecklenburger Herzöge mit Hilfe ihres Vetters Gustav II. Adolf ihr Land von Wallenstein zurück erobert hatten, zogen sie feierlich in Güstrow ein, wo Wallenstein residiert hatte. Gustav nahm an der Zeremonie teil und befahl, dass jede Kindesmutter auf dem offenen Platz dabei sein sollte und dass jedem Kind etwas von dem Wein gegeben werden sollte, der an alle verteilt wurde, damit sich ihre Kinder immer an den Tag der Rückkehr ihrer rechtmäßigen Fürsten erinnerten.

wirbelnden Regenböen, aber die *Gipsy* in ihrer geschützten Bucht kümmerte sich nicht um den Wind und merkte kaum etwas vom Regen, so dick waren die überhängenden Erlen.

Ein Tag und wir waren wieder in Bellevue und segelten dann über die große Müritz nach Röbel, der berühmten Gänsestadt. An einem Tag sahen wir die Gänse von der Weide kommen. Als die Prozession langsam die Straße hinunter watschelte, hörten die alten Hausfrauen mit den weißen Hauben das Geschnatter, und jede Gans ging durch eine geöffnete Haustür in ihr eigenes Quartier.

Bei der Ausfahrt sahen wir auch Unmengen von Wildgänsen. In strömendem Regen, der oft jede Landsicht verhinderte, segelten wir in die Engen, vorbei an der Burgwallinsel, durch die Brücke im Damm, den Arm hinauf und ankerten an unserem alten Platz, auf der Höhe der Mündung im Langen Ort. Am nächsten Morgen wurden fünf von uns mit Zelt und Frühstückskorb in die *Snail* gepackt und ruderten durch den Langen Ort zum Thüren- und zum Tralowsee. Das Zelt wurde unter dem Baldachin der Bäume aufgeschlagen und die Mädchen badeten. Dann ruderten wir alle durch die Krümmeliner Brücke zum Ende eines anderen „die Nebel" genannten Sees (eine schöne Wasserfläche, etwa zwei Meilen lang – ein wilderer und weit hübscherer Fritton Decoy). Der Wald bot wilde Früchte zum Lunch – Erdbeeren, Stachelbeeren, Johannis- und Himbeeren. Wir hätten Körbe voll pflücken können. Es gab auch wilde Pflaumenbäume, aber keine Früchte daran. Ein Einsiedler könnte in Mecklenburg wie ein Hahn im Korb leben: Großwild, wildes Geflügel, Wildfrüchte – und alles gleich bei der Hand.

Die Zurückgebliebenen hatten in unserer Abwesenheit Besucher, die Töchter des netten Bauern aus Alt Gaarz, den wir letztes Jahr kennengelernt hatten. Ihr Vater war zum Wildschweinschießen. Er hat eine große Jagd:

> „Of fawnes, sounders, and does,
> Are full his woods, and many roes."[3]

Er ist an keinem geringen Wild interessiert, wilde Vögel erscheinen ihm kaum jagenswert. Unsere Jungs durften auf dem Wasser schießen. Rohrdommeln gab es in den Sümpfen, das wussten wir, denn wir fanden eine tote am Ufer. Wildgänse und -enten in Mengen, Süßwasser-Seeschwalben – ein Leckerbissen – und große Schwärme von Regenpfeifern. Unsere Mädchen gingen mit ihren Besuchern zum Hof zurück und wurden mit Bier, Kaffee und rohem Schinken bewirtet.

---

[3] „Von Kitzen, Wildschweinen und Ricken sind seine Wälder voll und vielen Hirschen."
- *Red.*

Alt Gaarz müsste glücklich sein, da es von einer ehrwürdigen Storchen-garde beschützt wird. Zwei hatten die gelben Schnäbel des reifen Alters, der Rest das einfachere Schwarz der Jungvögel. Ein Paar kommt jeden Frühling und richtet seine Kinderstube auf dem Scheunendach ein. Sie sind Muster an Regelmäßigkeit, da sie, so sagen die Alt Gaarzer, unweigerlich am 18. oder 19. August nach dem warmen Süden fliegen. So pünktlich sind nicht alle Störche, denn wir sahen viele bestimmt eine Woche später in anderen Teilen Deutsch-lands. Drei von der Bauernfamilie, zwei Mädchen und ein Junge, fuhren für ein, zwei Meilen mit uns, mit Jagdtaschen und in Stiefeln. Der Wind war frisch und die Wherry holte etwas über, so waren sie offensichtlich erleichtert, als sie am Damm ans trockene Land gesetzt wurden.

Draußen auf der offenen Müritz war der Wind noch stärker. Außerdem stand eine grobe See, die sich kurz und spitz brach. Wir tobten etwa zwei Stunden herum, genossen es, gut durchgeschüttelt zu werden und liefen dann in unseren alten Liegeplatz in der Mündung des Bolter Kanals ein.

Die Mädchen genossen sehr ihr Morgenbad vom Zelt aus, das zwischen den Felsblöcken des schönen „Garten Eden" aufgestellt war.

Ein komisches kleines Boot erschien: Sein Hochsegel und das Vors-tagsegel hatten uns, noch weit entfernt auf dem See, Rätsel aufgegeben, so unähnlich war es allem in Mecklenburg. Als es hereinkam, die Segel herun-ternahm und hinter der *Gipsy* am Ufer festmachte, rieben wir uns die Augen. Eine phantasievolle Schaluppe aus dem Orient, über und über aufs Seltsamste gelackt und bemalt. Formen von sagenhaftem wilden Gewürm waren auf den Seiten abgebildet, ein fürchterlicher Drache, scheußlich anzusehen, krauchte über das Ruder, und pausbäckige Liebesgötter umflogen die Kabinenfenster. Ein winziges Beiboot war in Miniatur genau gleich geschmückt. Nach und nach, ohne Segel oder Ruder, bewegte es sich weiter. Es wurde von einer kleinen Schraube vorangetrieben, wie wir sahen, als es vorbei gefahren war. Der Treibstoff schien Öl zu sein.

Der Schleusenmeister an der Bolter Schleuse sagte, ihr Besitzer sei Dr. Koch.

„Dr. Bacillus Koch?"

„Ja, gewiss, der große Dr. Koch aus Berlin!"

Er war jedoch im Irrtum, denn wir hörten später, dass es nicht der „Bazillenvater" war, sondern ein Landschaftsmaler gleichen Namens, dessen verrücktes Boot in Potsdam „Kochs Malkasten" heißt.

KAPITEL XV

Auf den Havelseen

„And further al about I gan espie
The dredeful roe, the buck, the hart and hind,
Squirrels and bestes smale of gentle kind."[1]
Chaucer, The Assembly of Foules

„I have loved thy wild abode,
Unknown, unploughed, untrodden shore,
Where scarce the peasant finds a road,
And scare the fisher plies an oar."[2]
Campell

he Bolter Lock connects the two systems of lakes before mentioned. We dropped down some twelve feet from the last auf the chain of Elde Lakes, to the lower level of those strung like beads upon the river Havel.

Die Bolter Schleuse verbindet die beiden schon erwähnten Seensysteme. Sie senkte uns um etwa zwölf Fuß vom letzten See der Elde-Seenkette auf das niedrigere Niveau der Seen ab, die wie Perlen an der Havel aufgereiht sind.

Nachdem wir die Schleuse passiert hatten, segelten wir langsam – meist hart am Wind – durch den flachen Carpsee (wo Dick einen schönen Barsch am Haken hatte und wieder verlor) über den Woterfitzsee und durch einen kurzen flachen Kanal in den schönen Leppiner See.

Kaum war der Anker gefallen, ruderte Tom davon, um das östliche oder Mecklenburg-Strelitzer Ufer zu erkunden. Am Abend kam er strahlend zurück. Er hatte sich, natürlich unbewaffnet, bis auf einhundert Yards an Rotwild herangepirscht – sechs Tiere, zwei davon Hirsche, einer mit einem prächtigen Geweih – und hatte nicht weniger als zwölf Rehe gesehen. Diese Wälder sind tatsächlich fröhliche Jagdgründe.

---

[1] *etwa:* „Und weiter kann ich überall erspähen das ängstliche Reh, den Bock, den Hirsch und die Hinde, Eichhörnchen und sanfte kleine Tiere." - *Red.*

[2] „Ich habe deine wilde Umgebung geliebt, du unbekanntes, ungepflügtes, unbetretenes Ufer, wo der Landmann kaum einen Pfad findet und kaum ein Fischer die Ruder bewegt."

„There's the dae and the rae, the hart and the hynde,
And of a'wild bestes grete plentie."[3]

Eines Jägers Paradies – man denke nur, dass es zu Hause in England als „gute Jagd" gilt, auf einem kleinen Acker ein paar zahme Fasane zu erlegen. Der nächste Tag hat schlechte Eigenschaften in meinem Tagebuch: „Es regnet in schweren Böen." Es konnte fast windstill sein, dann traf eine Bö die *Gipsy*, heftig genug, sie unterzukriegen. Man konnte sie nicht kommen sehen. Sie kam von irgendeinem Punkt in einem Radius von neunzig Grad. Ich steckte ein, zwei, dann alle Reffs ein und sogar da war es manchmal zu viel für sie.

Nachdem wir diesen Waldsee – Kiefernwald im Osten, Buchen im Westen – umsegelt hatten, fuhren wir durch eine morastige Durchfahrt in einen Schilfweiher: Drei solche Durchfahrten und drei solche Weiher folgten, bis wir uns in freiem Wasser befanden, wo ich zum Mittag in Lee einer runden Waldinsel ankerte, so gut es der böige Wind zuließ. Wir waren durch die Moße gekommen, den Großen und den Kleinen Kotzower See und waren jetzt im Granzower Möschen, in Höhe des kleinen Dorfes Granzow. Dick fand Grabhügel auf der Insel und eine große Menge wilder Himbeeren und schwarzer Johannisbeeren.

Wieder Anker auf rundeten wir linker Hand mit großer Geschwindigkeit eine Landspitze. Eine enge Durchfahrt brachte uns zum Mirower See, der von Bäumen umgeben ist und an dessen Ende ein malerischer Turm steht. Unser Anker fiel in einer kleinen Bucht im Norden der kleinen dörflichen Stadt Mirow, die so abgelegen ist, dass sie nicht einmal dem Namen nach dem Baedeker bekannt war. Während Ifould einkaufte, spazierten wir durch die grasbewachsenen Kopfsteinstraßen und kamen zu einem Torhaus, durch dessen Torbogen wir ein Schlossgelände betraten. Das Schloss war ein großes, weißes, heruntergekommenes Gebäude. Direkt daneben stand die Kirche, deren kupfergrünen Turm wir vom See aus gesehen hatten. Das Gebäude ist schlecht eingerichtet, traurig, innen und außen vernachlässigt. Aber in der Kirche hängt über dem Altar ein Bild, gemalt von der Mutter des regierenden Großherzogs, einer Schwester – vielleicht auch Tante – unseres Herzogs von Cambridge. Unser Führer zeigte uns eine Gruft voller Särge mit dem Staub der Fürsten darin, bedeckt mit verwelkten Kränzen und trüb gewordenen Kronen – der Begräbnisplatz des Herrscherhauses von Mecklenburg-Strelitz.

„Wohnt Seine Königliche Hoheit jemals im Schloss?"

„Nein, selten oder nie."

Die Antwort überraschte uns nicht. Eine Stadt, die so wenig anziehend

---

[3] „Da ist der Bock und das Reh, der Hirsch und die Hinde und eine große Menge wilder Tiere." - *Red.*

war für die Lebenden, die soviel mehr an Tod und Begräbnis denken ließ, hatte ich noch nie gesehen. Auf dem Gelände von Schloss und Kirche, praktisch eine Insel, könnte eine weit ältere Burg gestanden haben. Man weiß, dass hier eine Komturei des Johanniterordens war.

Unter einer Brücke mussten wir durch und rauschten dann mit gerefftem Segel – zu schnell in dem ungewissen Licht – einen engen Kanal hinunter. Wir passierten zwei Brücken und kamen auf einen dunklen See, den Zotzensee.

In diesem Land ist es nie leicht, einen Liegeplatz am Ufer zu finden. Ein sandiger Grund mit weniger als drei Fuß Wasser erstreckt sich fast immer zwölf bis fünfzehn Fuß in den See hinein, so mussten wir außerhalb des seichten Ufers festmachen. Wir hatten eine Planke an Bord, die war aber kaum jemals lang genug. Also richteten wir eine Fähre für uns ein: Das Beiboot in der Schlinge einer Leine – ein Ende an Bord festgemacht, das andere am Ufer. Der Plan klappte, entfremdete das Boot aber natürlich seinem eigentlichen Zweck.

Die *Gipsy* lag diese Nacht unter dem westlichen Ufer, einem Steilufer, auf dem die ungeheuren Bäume eines schwarzen Kiefernwaldes wuchsen. Es war die herrlichste Nacht nach einem stürmischen Tag. Der Wind war eingeschlafen, es war

> „A track of moonlight on the quiet lake,
> Whose small waves on the silver sanded shore
> Whispered of peace."[4]

---

[4] „Ein Streifen Mondlicht auf dem stillen See, dessen kleine Wellen auf dem silbrig-weißen Sand von Frieden flüsterten." - *Red.*

Wir blieben stundenlang an Deck und genossen jede Minute. Wie wir still da saßen, kamen aus den dunklen Waldgründen klare Mädchenstimmen, die melodische Volkslieder sangen. Es gab kein Haus weit und breit, nur das Haus des Försters, der ein paar Stückchen Land bewirtschaftet, die unschuldigen Sirenen waren seine Kinder.

Das Land, an dem wir lagen – der Vorholm oder Mirower Holm –, ist eine Halbinsel mit wildem Wald, nur unterbrochen von den Feldern des Försters. Wir verbrachten einen glücklichen Tag hier, badend, zeichnend und forschend. Einige gingen durch den Wald und entdeckten den Fehrlingsee. Einige übten sich ohne Waffen darin, das Wild anzuschleichen. Rehe bellen fast wie Hunde und stampfen mit ihren hübschen Füßen, wenn sich Eindringlinge sehen lassen. Und einige besuchten den Förster. Bei seinem Haus steht eine mächtige Buche von neunzehn Fuß Umfang – wir haben sie dreieinhalb Fuß über dem Boden gemessen – mit einer grünen Rasenbank auf ihren Wurzeln. Prinzessin Charlotte – unsere spätere gute Königin Charlotte – kam als Mädchen aus dem langweiligen alten Schloss Mirow immer hierher, um unter der Buche Milch zu trinken.

Am Abend segelten wir ein oder zwei Meilen bis zum Mössensee. Die dunklen Kiefernwälder, die den Zotzensee säumen, schließen sich in schwingenden Bögen um das Südende. Dort ist ein enger Hals, der sich in den Mössensee öffnet.

Am nächsten Morgen war kaum Wind. Fast unmerklich glitten wir aus unserem Teich in den großen Vilzsee, der das Südufer des Mirower Holms umspült. Dort verbrachten wir fast den ganzen Tag – das bisschen Wind kam westlich ein – und kreuzten dann zum Zethner See. Die Kreuzschläge brachten uns bald in schattige Buchten zwischen bewaldeten Hügeln auf dem Nordufer, bald quer über den zehn Faden tiefen See zur zivilisierteren Südseite, wo das Dorf Diemitz liegt. Graureiher saßen wie versteinerte Vögel auf überhängenden Ästen. Störche und Kraniche flappten mit ihren großen Schwingen und langgestreckten Beinen unter dem Himmel. Fischadler, die wie Eulen hinter ihrer Beute herjagten, tauchten mit plötzlichem Klatschen ins Wasser. Bussarde klagten unheimlich über ihrem Nest in den abgestorbenen Ästen einer Eiche. Keine Spur von Menschen, alles unberührte Wildnis auf dieser Waldhalbinsel. Auf dem Südufer, westlich von Diemitz, luden Frauen Korn auf Wagen. Und weiter weg, dicht beim Zethner See, stand ein malerisches Haus zwischen Scheunen. Der Kopf eines Hirsches mit großartigem Geweih war über seine Tür genagelt.

Durch den Zethner See erstreckt sich eine Sandbank, die von einer Schilfreihe markiert wird. Die Jungen fanden mit der *Snail* einen Durchlass und, wir segelten langsam weiter, den leichten Wind jetzt von Backbord. Im perlengleichen Schwarzer See spiegelte sich das waldige Ostufer. Kühne, kieferbestandene Vorsprünge staffelten sich, eine hinter der anderen, bis in blaue und immer blassere Fernen. Auf der anderen Seite eine völlig andere Landschaft: kahle, runde Berge, das Dorf Schwarz mit einem hohen Kirchturm zwischen den Hügeln, und auf Höhe des Dorfes schwamm – oder schien zu schwimmen – ein grün bewaldetes Inselchen. Wir machten unter einem grasbewachsenen Steilufer fest, wo eine natürliche Lichtung ins Innere des Waldes führte.

Ich glaube nicht, dass es einen hässlichen Wald in Mecklenburg gibt, wir kennen nicht einen. Aber diesen hielten wir für die Krönung von allen, die wir gesehen hatten. Stattliche patriarchalische Buchen von Turmhöhe und ungeheurem Umfang, die schattenspendende Baldachine aus Blättern ausbreiteten; Kiefern wie mächtige Säulen und hier und da eine stämmige Eiche.[5] Lichtungen gab es, mit Gras bewachsen, rot von den Buchenblättern des letzten Herbstes oder ungleichmäßig bedeckt mit Heide und Preiselbeerbüschen. Das Auge konnte manchmal durch Alleen von massigen Baumstämmen hinaus schweifen in eine dunstig-blaue Ferne oder hinter dem schattigen Wald einen gleißenden Schimmer von sonnenbeschienenem Wasser entdecken. Und in all diesen Meilen von Laubwald trafen wir keinen Menschen. Rehe gab es, es gibt sie überall, aber nicht viele. Wir lagen so, dass der Wind ihren geschärften Sinnen eine Warnung zugetragen haben mag. Im Dunkeln hörte Wilson Spritzen und Springen – „wie Pferde beim Baden", meinte er. Er hustete leise, worauf eine trampelnde krachende Flucht in den Wald folgte. Wir sahen uns das am nächsten Morgen an. Im weichen Boden der steilen Uferböschung waren tiefe Fußabdrücke von – nun, es konnte entweder Rot- oder Schwarzwild gewesen sein. Ich könnte nicht entscheiden welches, weil sie sehr ähnlich sind.

Da wir am Rande des flachen Wassers in völligem Windschatten lagen, hatten wir einen Anker in Luv ausgebracht. Ein starker Wind hatte sich mit Sonnenaufgang aufgemacht, so waren wir froh, dass wir uns mit dem Anker frei warpen konnten.

Ärgerliche kleine Wellchen brachen sich im Flachen. Die Binsen im seichten Wasser beugten sich tief, und es schien, als zerrten die hohen Kiefern auf dem Steilufer an ihren großen knotigen Wurzeln, als wir auf den See hinaus segelten. Der Wind war frisch, aber ganz stetig – die *Gipsy* konnte eben noch unter vollem Segel laufen. Wir fuhren nach Norden, den Wind an Backbord, als ich, wie ich eine tiefhängende schwarze Wolke in Windrichtung beobachtete, eine weiße Schaumlinie unter ihr entdeckte, die auf uns zu raste. Ich rammte die Pinne nach Lee.

---

[5] Kein Wunder, dass Bäume in Mecklenburg so lange angebetet wurden. Bis vor siebzig Jahren wurden Pilgerfahrten von nah und fern zu einer heiligen Eiche bei Mahlen-Eixen gemacht. Diese Buchen waren die schönsten, die ich je gesehen habe. Das goldene Vlies hätte man an jede nageln können. Solche Bäume wachsen in England nicht, wo nach dem Gesetz die Buche nicht einmal als Bauholz gilt, außer in besonderen Distrikten.

„Schot lose, Wilson!"

Aber die Bö war schon über uns.

„Lass die Schot laufen!"

Sie rauschte nicht schnell genug aus, die *Gipsy* krängte, bis die Aufbauten der Leeseite unter Wasser waren. Ein paar angstvolle Augenblicke, dann kam sie hoch, in den Wind und richtete sich wieder auf ebenen Kiel auf. Das Segel musste runter, also ließen wir den Anker in zehn Faden Tiefe hinab, aber wie trieben halb über den See, bevor er hielt. Die Bö war bald vorbei, wir nahmen alle Reffs heraus, holten den Anker auf und segelten wieder, doch nun war es fast windstill.

Gleich nachdem wir in den Vilzsee gekommen waren, gerieten wir in noch eine, noch wildere Bö mit Donner und Blitz. Obwohl das Schothorn des Segel achteraus wies, wagte ich nicht, eine Halse zu machen und nahm das Segel wieder runter. Die *Gipsy* raste wie verrückt vorwärts, nur mit dem Mast als Segelfläche, bis die Bö über uns hinweg war, so plötzlich, wie sie gekommen war. Ein sintflutartiger Regen folgte, der das Wasser um uns zischen ließ, dann fast völlige Windstille. Wir schütteten alle Reffs aus, kamen aber nicht mal schleichend voran. Wie Wilson sagte, schien der Wind an diesem Tag in Bündeln zusammengeschnürt.

Wir trieben langsam zur Nordostecke des Vilzsees und fuhren einen verschilften Kanal hinauf. Wir wollten zum Rätzsee, und nach der Karte gab es einen Abzweig dahin. Ich hatte dieses Jahr die wunderbare Karte der neuesten Landesvermessung besorgt. Sie war unser dodonischer Zweig, beantwortete alle Fragen und führte uns durch dieses Gewässerlabyrinth – wir haben niemals nach dem Weg gefragt. Hier jedoch, zum ersten und letzten Mal, habe ich das Orakel nicht verstanden: Die Durchfahrt stand tatsächlich in Verbindung mit

dem Rätzsee, mit zwei Einfahrten. Aber einen fanden wir von einer Wassermühle versperrt, den anderen von einer Brücke, gerade in Ausbesserung, die sogar für Ruderboote zu niedrig war. Auf einem Teich unterhalb der Sägemühle schwammen Holzflöße. Wir machten längsseits daran für die Nacht fest.

Die Jungs und ich gingen am Morgen durch den Regen zum Rätzsee, dann stakten wir die *Gipsy* zurück aus unserer Sackgasse in den Vilzsee. Durch eine andere Öffnung zwischen bewaldeten sandigen Ufern fanden wir unseren Weg zur Diemitzer Brücke und dann durch den Großen Peetschsee zur Diemitzer Schleuse.

Auf dem Vilzsee war uns ein Boot begegnet, in dem der Schiffer wie ein Gondoliere mit einem Ruder arbeitete, das Gesicht in Fahrtrichtung, wie es in Mecklenburg üblich ist. Er brachte den Postboten mit Briefen für uns. Dick erfuhr, dass ihm Schmerzensgeld zugestanden worden war. Die Horse Guards hatten seine Wunde auf neun Monate Sold geschätzt.

Von der Schleuse segelten wir auf den Labussee – ein einsamer See, wie im fernen Kanada von dunklen Kiefern ummauert, und sehr tief. Fünfzehn Faden Leine fanden keinen Grund. Am östlichen Teil des Nordufers entlang suchten wir nach einem Einlass in den Gobenowsee und steckten unsere Nase in jede Schilflücke, wie ein Hund am Zaun. Tom und Dick fanden ihn schließlich mit dem Beiboot. Er wurde sicher nur selten befahren; wir mussten uns den Weg erkämpfen, einen Teppich von Seerosenblättern durchpflügen und die wachsweißen Blüten stören, die vor uns scheu ins Wasser tauchten und nicht wieder hochkamen, bis wir vorbei waren.

Diese Durchfahrt erweiterte sich zu einem Teich, tief, aber beinah unpassierbar. Keine schwimmenden Blätter, keine Hindernisse auf der Oberfläche. Aber was tatsächlich wie Wasser aussah, war eine gemeine halbfeste Masse von Kraut. Der leichte Wind füllte unser Segel, und im offenem Wasser hätten wir drei Knoten gemacht, aber das Kraut hielt uns fest. Wir nahmen die „Freunde des Wherryman", die Staken, zur Hilfe, aber, obwohl wir sie die volle Länge hinunter stießen, fanden wir keinen Widerstand – unter dem Kraut lag unermesslicher Morast.

„Dieses Gewässer wird sehr bald austrocknen", sagte der alte Pieter. Er schien zu fürchten, das Wasser würde zu Land werden, ehe wir herausgefunden hätten.

Der Gobenowsee ist untief für Mecklenburger Verhältnisse, im Durchschnitt nur drei Faden. Wir konnten eben auf Drosedow zufahren, ein Dorf an einem Fluss, der im Norden in den See mündet. Aber als wir halb hinüber waren, drehten wir und segelten ostwärts durch einen engen Hals in einen sich wieder weitenden Arm und hielten an einem grünen Ort, einhundert Yards westlich einer Brücke, die die Mündung des Klenzsees überquert.

Ifould hatte mir am Morgen einen Schrecken eingejagt – mir, der ich für vier Damen den Morgentee bereitstellen musste und für zwei junge Bärte das Rasierwasser!

„Kohlen sind fast alle, Sir!"

Kohlen gibt es nicht überall. Kohlenhändler gibt es in diesen wilden Gegenden nicht. Holz gab es massenhaft, in Scheite gehackt und aufgeschichtet. Wir hätten welches kaufen, betteln oder – Fahrende sind traurige Schurken – stehlen können. Aber eine Holzdiät bekam unserem Kochherd nicht.[6]

Ich verbarg meine innerlichen Befürchtungen, doch als die Sonne im Westen sank, sank auch mein Herz. Bald fünf Uhr – Teezeit! Was konnte man machen? Um halb fünf Uhr fuhren wir an einer Art Fabrik am Seeufer vorbei, und bei der Fabrik – Eureka! – sah ich einen großen schwarzen Haufen. Ich schickte heimlich das Beiboot hin. Sie überließen uns freundlich für sechs Schilling zweihundert Kilogramm Kohlen.

Dieser See war nicht so schön wie andere. Schilfgürtel auf der Westseite und nirgendwo viel Wald. Hinter unserem Liegeplatz stieg das Land steil an. G. und ich kletterten auf den Hügel. Alles Baumstümpfe – wie in einer Westernlichtung – mit Kiefernsämlingen, die in gepflügten Furchen zwischen

---

[6] Der *Sachsenspiegel* war ein Gesetzbuch, das Diebe nicht ermutigte: „Wer Holzscheite aus dem Haufen bei Tage stiehlt, soll Haut und Haar verlieren; aber wenn er sie nachts stiehlt und so, wie die Schweden sagen, Gottes, des Allmächtigen, Schloss und Schlüssel bricht, der soll gehängt werden." Die alten Vandalen, die hier in Vandalien lebten, pflegten ebenso Haar und Haut von ihren Verbrechern zu nehmen. Eines der gestohlenen Scheite wurde auf den Kopf des Übeltäters, eines Christen zum Beispiel gelegt, in sein langes Haar gewickelt und herumgedreht – und herunter kamen Haut und Haar zusammen. Viele verloren das Augenlicht und viele starben bei dieser Bestrafung. Die gleiche Tortur wurde in alten Gesetzen der Franken und Burgunder beschrieben.

den Stubben wuchsen.[7] Dahinter war der noch stehende Wald, durch den wir bis zum Klenzsee gingen.

Ich fürchte, mit meinen Wäldern zu langweilen. Aber uns erschien jeder neue der schönste, den wir gesehen hatten, bis wir einen anderen, noch schöneren fanden. Hier wuchsen Kiefern, die der Inbegriff von Bäumen waren – gerade, sauber, zweiglos, aufragend – wie die Masten eines großen Flaggschiffes. Den lockeren malerischen Grund darunter hatte die Kunst der Natur mit grünen gartengleichen Wacholdern bepflanzt.

Wir wanderten südwestlich durch diesen Wald, bis dahin, wo nach der Karte ein Dorf, Neu-Canow, sein sollte, und wir kamen richtig an. Wir fragten in vielen Häusern nach Brot. Keine der armen barfüßigen Frauen konnte welches verkaufen. Backtag wäre erst morgen, antworteten sie uns höflich. Schließlich kamen wir zu einem bescheidenen Bauernhaus. Der Redestrom der guten Frau war ermüdend, aber „wer Eier will, muss das Gegacker der Henne aushalten" sagt ein deutsches Sprichwort. Unsere Geduld wurde belohnt. Sie verkaufte uns die Hälfte ihres letzten Schwarzbrotes, etwa dreißig mehr oder weniger frische Eier, eine Schale Kirschen und eine Gurke.

In der Nacht drehte der Wind in die für uns beste Richtung, genau Ost, und am nächsten Tag kamen wir entsprechend voran, zurück über den Gobenowsee, über den krautigen Teich (diesmal ohne stecken zu bleiben), über den Labussee – drei Kähne „im Gänsemarsch voraus", wie Tom sagen würde, schwammen darauf – und durch einen kurzen Kanal in die Canower Schleuse. Dann kreuzten wir durch den Canower See und um die Ecke in das Südwestende des Kleinen Pälitzsees.

Wir fuhren unter der Pälitzbrücke durch. Hier tauschen Kähne, die nach Süden wollen, mit Hilfe eines Krans ihre Masten in kleinere um und können so ihre Fahrt auf dem Kanal, der auf preußischem Gebiet südwärts durch viele Seen nach der preußischen Stadt Rheinsberg führt, fortsetzen.

Bald kam eine Schleuse und ein kleiner Aufenthalt, während dem der Schleusenmeister aufgetrieben werden musste. Die Leute von einem Haus in der Nähe erzählten uns, dass nachts das Rotwild aus dem Wald käme und viel Schaden auf den Feldern anrichtete.

Dann eine Brücke, die Wolfsbrücke, eine andere ohne Namen, ein kleiner See, der Großer Preblowsee heißt und danach ein kurzer Verbindungskanal. Frauen machten Heu, nahmen sich aber eine Pause, bis wir vorüber gefahren waren in den Tietzowsee. Wir folgten dem schönen, waldgesäumten Tietzowsee,

---

[7] In der Lausitz gehörte früher der Wald den Leuten als Weidegrund so lange, bis die kleinen Bäumchen in „Höhe der Sporen eines Reiters" gewachsen waren. Nachdem sie aber diese Höhe erreicht hatten, pflegten die Leute den Wald alle zwei Jahre abzubrennen, damit sie dieses Recht noch länger behielten.

bis wir die Mündung eines anderen Kanals an seinem Südwestende ausmachten, durch den wir nach einer weiteren Brücke in den Zootzensee segelten und endlich in Höhe einer Lichtung mit Stapeln von Feuerholz festmachten. Wie gut ich mich dieses Liegeplatzes erinnere: Der Sonnenuntergang war besonders schön, der Wind hatte aufgehört, es fiel „ein purpurner Abend nieder auf den ruhigen schimmernden See."

Wir lagen friedlich, ganz allein, Angst und Sorgen vergessen, auf allen Seiten umschlossen von der frischen grünen Wildnis, von Wasser und Wald. Der Mond, der helle volle Erntemond, hing strahlend hinter den feierlichen Kiefern. Jede einzelne der spitzen Nadeln ihres Geästs zeigte scharf gegen den Himmel.

Hinter einem bewaldeten Vorsprung unter ausladenden großen Bäumen, wo eine grüne Waldlichtung zum Wasser hin abfiel, wurde am nächsten Morgen das Badezelt für die Mädchen aufgestellt. Während sie sich vergnügten, musste ein notwendiges Stück Arbeit getan werden. Wir brachten den großen Filter ans Ufer, leerten und wuschen ihn gut aus.

Dann segelte die *Gipsy* wieder, und durch einen westwärts führenden Kanal kamen wir weiter zum Großen Zechliner See, einem großen, sehr tiefen See in Form eines dreibeinigen Seesterns mit Mischwald und bestelltem Land an seinen Ufern. Vom Fuß des Westbeines zeigt ein Zeh in den Kleinen Zechliner See. Wir fuhren in eine hübsche Bucht mit dem Dorf Zechlin am fernen Ende und ankerten dort.

Beim Gang durch den sauberen kleinen Ort besuchten wir den Fischer, der anscheinend als einziger das Recht hatte, auf dem See zu fischen, und der seinen Fang nach Berlin, Rostock und anderswohin schickt. Er zeigte uns Fische in Behältern, darunter einige schöne Hechte. Wir kauften drei sehr schwere Schleien, die ein wunderbares Mahl abgaben.

Ich wollte, dass Pieter eines seiner Rezepte anwandte. In seinem Land, sagt er, hält man „Saugfisch" viele Wochen am Leben. Mit „Saugfisch" meint man Karpfen und Schleie, die sich, wie er sagt, mit ihren Mäulern an Gras und Kraut festhalten. Pieters Landsleute hängen die Fische an ihre Hausdächer und füttern sie einmal am Tag mit Milch. Und die dankbaren Kreaturen bleiben nicht nur am Leben, sondern werden fett und zart.

„Stell dir vor, du hängst diese Schleie in die Vorpiek, Pieter."

„Ach, Sir, das würde nicht nützen, die Vorpiek ist kein Hausdach. Ich sehe schon, Sie glauben mir nicht, aber ich spreche die volle Wahrheit, Sir."

Diese Nacht lagen wir in der Durchfahrt zwischen Zootzen- und Tietzowsee. Ein Kanal verbindet das Südende des Tietzow mit dem nächsten See im Süden, dem Schlabornsee. Durch den segelten wir am Morgen. An der letzten der beiden Brücken geriet beim Mastlegen ein Kinken in das Fall, der Mast kam nicht ganz herunter und berührte die Brücke ganz leicht.

Im Schlabornsee kreuzen sich vier Wasserstraßen: Eine von Norden, durch die wir gekommen waren, eine westwärts zum Dollgowsee (zu dem einige vom Zootzen über den Scharfenberg wanderten), eine andere nach Osten in den Bikowsee und die vierte nach Süden.

Diese letztere sollte jetzt unser Weg sein. Wir segelten sie hinunter, dann durch einen Kanal, am kleinen Mehlitzsee vorbei, und kamen unter einer Brücke durch, hinaus auf den großen Rheinsberger See.

Im östlichen Winkel von See und Kanal steht etwas, das nach unserer Erfahrung selten ist: ein deutsches Landhaus. Ein Mann kam herunter gerannt, um die Fremden zu sehen. Wir riefen laut, wessen Haus das wäre, aber keiner von uns konnte die Antwort verstehen, nur „Major, 24. Regiment". Wir waren jetzt in Preußen. In Mecklenburg sahen wir, sonderbar genug, auf all unseren Wanderungen nur ein oder zwei Landhäuser von einiger Bedeutung, jedoch gibt es große Besitzungen und alten Adel in beiden Großherzogtümern, einige, wie ihr erlauchtes regierendes Haus, sogar wendischen Ursprungs.

Die alten Familien hier sind berühmt für ihren Ahnenstolz. Drollige Geschichten werden über die kühnen Behauptungen mancher über ihre lange Ahnenreihe erzählt. Ernst Boll berichtet von der verrücktesten Behauptung einer gewissen Familie von Ferber.[8] Diese von Ferbers beriefen sich auf das zweifelhafte „Evangelium Infantiä", in dem diese Erzählung vorkommt:

Als Jesus ein Kind war, spielte er einmal in Nazareth mit anderen Jungen, und sie kamen zum Laden eines Färbers, der Salem hieß. Dort lag zufällig ein Haufen Kleider, die den Bürgern der Stadt gehörten und neu in verschiedenen Farben gefärbt werden sollten. Jesus betrat den Laden, nahm die Kleider und warf sie alle zusammen in einen Bottich. Als der Färber kam, wurde er laut und schalt ihn voreilig: „Was hast du getan, du Sohn der Maria? Viel Schaden hast du mir und den Bürgern zugefügt. Jeder wollte die Farbe haben, die ihm gefiel, und du hast sie alle zusammengeworfen." Jesus antwortete: „Ich will die Farbe von jedem Stoff, die du geändert haben willst, für dich ändern." Er nahm alle Kleider aus dem Kessel und jedes hatte genau die besondere Farbe, die der Färber gewollt hatte.

Dies betrachteten die von Ferbers als schlüssigen Beweis, dass sie und ihr Familienname sich von dem „Färber" Salem aus Nazareth herleitete. Ich möchte hinzufügen, dass einer meiner irischen Freunde, ein guter Kirchenmann, über ein Bistum gesagt haben soll: „Meiner Treu, das älteste in ganz Irland, 700 vor Christus gegründet!"

---

[8] Die ältesten Familien nahmen das „von" erst am Ende des 30jährigen Krieges an, einige nicht einmal bis 1755.

KAPITEL XVI

Rheinsberg und Neustrelitz

„Viele Jahre lang liegt das alte Schloss ohne Bewohner und verlassen.“
Longfellow

„Dort lebt die Natur in ungekünsteltem Gewand, mit den Falten ihrer Täler, bestickt mit Hügeln, mit den Spitzen der Silberströme besetzt und den Rüschen der Wälder, lieblich in ihrer ursprünglichen Schönheit.“
Chamberlayne

 erhaps the Rheinsberger See is the „spacious lake" mentioned by Macaulay. The famous Schloss Rheinsberg is not here however, but at the far end of an inner, smaller pool. We sailed round the isle of Remus, about the lake, and then entered a straight canal, a breakwater on the east side of it, which took us into the little Grienerick See.

Vielleicht ist der Rheinsberger See der von Macaulay erwähnte „weite See". Das berühmte Rheinsberger Schloss ist jedoch nicht hier, sondern an dem Ende eines inneren kleinen Beckens. Wir segelten um die Insel Remus herum über den See, und kamen dann in einen geraden Kanal mit einem Wellenbrecher, der uns in den kleinen Grienericksee brachte.

Ein hohes Dach, das wir aus der Ferne gesehen hatten, gehörte nicht zum Schloss, wie wir zunächst gedacht hatten. Wir segelten daran vorbei, passierten noch die Kirche und das Dorf, ehe irgend etwas Schlossähnliches erschien. Endlich ein großes weißes Haus, zwei Pfeffermühlentürme, zwei vorspringende Flügel, dazwischen eine Kolonnade – unübersehbar das historische Schloss. Ohne Vorhänge, offensichtlich unbewohnt, so dass wir uns nicht des Eindringens schuldig machten, als wir davor ankerten. Und dann, da deutsche Fürsten väterliche Herrscher sind, die ihre Parks selten schließen, gingen wir über die von verwitterten Säulen flankierten Gartenstufen an Land und wanderten, ohne zu fragen, freimütig auf dem Gelände herum.

Es ist ein Ort, der noch den Geist seiner Geschichte atmet – der Jugendjahre des Prinzen, der später Friedrich der Große genannt wurde. Eine herrschaftliche Aura umgibt noch jetzt das Haus. Eine große Zahl von Räumen, die alle – wegen der kontinentalen Sorglosigkeit um Privatsphäre – ineinander übergehen sowie eine Menge zweitklassiger Fürstenporträts. Jedes leere, kaum möblierte Haus ohne Möbel und Teppich muss verloren aussehen. Aber hier war es mehr als diese Art von Verlorenheit. Eine gewisse Unfertigkeit in allem – mangelhaft eingepasste Türen und Fenster, schlecht verlegte Fußböden, irgendwie aufgekleckste Farbe – bezeugen noch die Härte und Knauserigkeit der Regierung Friedrich Wilhelms. Ein Turmzimmer, des Prinzen Lieblingsraum, ist so gelassen worden, wie er es vor etwa hundertfünfzig Jahren verlassen hat: Der Stuhl, auf dem er zu sitzen pflegte, das Pult, an dem er schrieb und Büsten seiner Freunde, der getauften Antichristen Diderot, Rousseau und Voltaire und des Heiden Cicero. Da saß der königliche Schreiber in der Zugluft von Tür und drei schlecht schließenden Fenstern mit Blick auf den See.

Der ziemlich hübsche Park-Garten hat auch seine Erinnerungen. Wir wanderten mit Lust darin herum. Es gibt keine Eisenbahn nach Rheinsberg, wenige Besucher und keine spielverderberischen offiziellen Führer. Einen Pfad entdeckten wir, der rund um den See zu einem Denkmal gegenüber dem Schloss führt, das die Helden des Siebenjährigen Krieges feiert. G.'s Skizze, deren Federzeichnungsversion abgebildet ist, wurde von da gemacht. Andere Denkmäler und Urnen stehen reichlich umher, aber nichts von Interesse. Die französischen Inschriften auf ihnen allen sind beredtes Zeugnis der gar nicht so fernen Zeit, als Deutsche ihre Muttersprache für bäurisch und barbarisch hielten.[1]

Das Sehenswerteste im Garten war ein Freilufttheater, wo der damals noch dilettantierende Prinz sich und seine französischen Freunde zu unterhalten pflegte. Die Bühne aus gemähtem Rasen, die Wände aus geschnittenen Hecken, der ganze immergrüne Raum und der grasbewachsene Zuschauerraum werden erhalten. Tatsächlich hatte eine reisende Truppe ganz kürzlich hier gespielt, wie wir hörten.

Nach dem Lunch am nächsten Tag, dem 21. August, brachte uns eine lustige Brise genau von achtern über die preußische Grenze zurück. In Kleinzerlang, auf der mecklenburgischen Seite der Brücke, machten wir die *Gipsy* diese Nacht sorgfältig unter dem Schutz des hohen Ufers fest, denn das Barometer war in drei Stunden drei Zehntel gefallen. An diesem Abend gab es

---

[1] Wenigen Fremden klingt sie lieblich, obgleich Goropius Becanus zu beweisen suchte, dass Adam und Eva im Paradies Hochdeutsch sprachen. Swift berichtet uns, dass die Sprache der Houynhmns anmutiger war und Karl V. sagte, „wenn er zu seinen Pferden spräche, müßte es Hochdeutsch sein."

Musik und Gesang in unserem kleinen Salon. Das lockte die Kleinzerlanger Dörfler an, eine große Bootsladung voll und eine Menge am Ufer gegenüber. Aber das Boot berührte uns nie und alle diese guten höflichen Leute dämpften ihre Stimmen, um unsere Musikanten nicht zu stören.

Das Glas stieg in der Nacht wieder, die Stürme, von denen die Zeitungen gesprochen hatten, waren an uns vorübergegangen und der Morgen stand für dieses Tages Reise unter günstigen Vorzeichen. Fertige Wäsche musste in Canow abgeholt werden, dann ging unser Kurs ostwärts den Kleinen Pälitzsee entlang. Wir hielten zuerst auf einen großen Schornstein zu (ein seltsames Wahrzeichen inmitten wilder Wälder), fuhren dann zwischen Wald auf beiden Seiten und durch eine Enge voller Binsen – das sechs Fuß tiefe Fahrwasser war mit Stangen markiert – in den langen einhundert Fuß tiefen windungsreichen Großen Pälitzsee.

Den großen See – auf dem wir gern länger geblieben wären – kreuzten wir hinunter, etwa zwei Meilen bei leichtem Wind, der in launischen Stößen von den hohen bewaldeten Ufern herabfiel. Dann machten wir uns auf nach Strasen, dass an seinem nordöstlichsten Ausläufer liegt. Die Schleuse, an der drei Kähne lagen, und ein überbrückter, nur fünf Fuß tiefer Kanal führten uns in einen anderen See, den Ellbogensee – hübsch und gewunden wie ein Fluss. Wir aber verließen den See nordwärts und kamen in einen engen seichten Fluss, in dem wir die Strömung gegen uns hatten.

Vorbei an einer Kirche mit schiefem Turm und einem holländisch aussehenden Dorf, machten wir unsere Verbeugung vor einer Brücke und fanden wieder offenes Wasser, den Großen Priepertsee. Über diesen fünfzehn Faden tiefen See segelten wir sehr schnell, schlängelten uns durch eine Durchfahrt voller Schilf und fanden uns auf einem ausgedehnten Gewässer.

Es hätte der Leijen in Friesland sein können

    „Where the long green reed beds sway
    In the rippled waters grey."[2]

Denn hier waren die Ufer ebenso voll Schilf, ebenso gab es niedrige Schilfinseln, scheinbar seichtes Wasser, und es herrschte die gleiche große Einsamkeit. Nur der dunkle Hintergrund, der immer gleiche Kiefernwald, sagte uns, dass wir in Mecklenburg waren.

Wir fuhren die ganze Länge dieses Wangnitzsees ab, ohne einmal Grundberührung zu haben und kreuzten dann zurück zur Südwestecke, der Mündung der sogenannten Havel.

Die Havel ist ein seichter Fluss – wir hatten gerade eben eine Handbreit Wasser unterm Kiel –, der sich durch hübsche Wälder windet. Er brachte uns in einen kleinen Waldsee, den Finowsee. Eine scharfe Wendung nach rechts und noch ein tiefer und sogar noch hübscherer Teich, dann ein Kanal heraus, wo wir an einer ländlich einfachen Brücke zum Fünfuhrtee anlegten. Nach dem Tee wehte uns der ersterbende Wind langsam in den Drewensee. Ein hübsches Haus stand auf einer Halbinsel. Zwischen der Halbinsel und dem gegenüberliegenden Ufer verstopfte wucherndes Schilf beinahe das Fahrwasser. Schilf bedeutet Sumpf, und dementsprechend fanden wir unter vier Fuß Wasser bodenlosen Morast. Dahinter ein schönes breites Gewässer. Wir trieben – der Wind immer mehr abnehmend – in die geheimnisvolle Pracht des Abendglanzes, bis Tom uns mit dem Beiboot zu einem Weg lotste, der zu einem idealen Liegeplatz führte.

Ein Schritt vom Deck zum Ufer – eines Streifen silbrigen Sandes. Noch ein Schritt –

    „A turn, and we stand in the heart of things,
    The woods are round us, heaped and dim."[3]

– ausgedehnte Wälder, wo ein Eichhörnchen sich dreißig Meilen und mehr in gerader Linie fortbewegen könnte, ohne den Boden zu berühren.

---

[2] „Wo die langen grünen Schilfmatten in den grauen geriffelten Wassern schwingen."
- *Red.*

[3] „Eine Drehung und wir stehen im Herzen der Dinge, Wälder um uns, groß und dämmrig."
- *Red.*

Diese See- und Waldwildnis lebt wie fotografiert in meiner Erinnerung, aber wenn ich sie schildern möchte, fehlt es mir an Worten, die geeignet und kunstvoll genug sind. Vögel, wenn sie in ihrer Jahreszeit wandern, müssen unter sich eine urweltliche Landschaft ausgebreitet sehen; weite wellige Ebenen von dunkelgrünem Kiefernrasen und in jeder Lücke dieses Grüns ein glasklarer See, und wie Adern zwischen See und See sehen sie die glitzernden Flüsse. Ein Vogel, der wie eine Wolke am Himmel seine Bahn zieht, könnte ein seltsames Wasserinsekt erspähen, das einen weißen Flügel ausgebreitet hat, um den schweifenden Wind zu fangen, das wie ein phönizisches Schiff ohne Steuermann seinen schweigenden Weg durch den Irrgarten aus Wasser zieht.

Der Sonntag wurde geziemend in diesem süßen Paradies verbracht, wo niemals Kirchenglocken klingen, doch jeder Atemzug Frieden verheißt. Eine sanfte Brise kräuselte den See und fächelte sanft das Laub der Bäume. Der Sonnengott versteckte sein Gesicht nicht einen Augenblick. Kein Werk von Menschenhand entweihte den Ort, nur die *Gipsy* am Ufer und das kleine weiße Zelt unter den Bäumen. Sogar die wilden Tiere hielten Sabbath und legten ihre Menschenfurcht ab. Ein Reh schwamm über den See. Einmal scheute es und wendete, aber im Vertrauen auf St. Brendan kam es wieder, den anmutigen Kopf hoch über Wasser und stieg sechzig Yards von uns entfernt ans Land.

Einige von uns sahen ein achtzehnköpfiges Rudel Damwild im Wald, und andere erblickten dreizehn in einer Gruppe zusammen, die Damhirsche noch mit Bast auf dem Geweih. Das Damwild hat seit undenklichen Zeiten in diesen Wäldern frei gelebt.[4] Die anderen fingen Schmetterlinge und fügten G.'s junger Sammlung zweiundzwanzig Arten hinzu.

Starker Wind wehte uns am nächsten Morgen genau ins Gesicht, die *Gipsy* konnte ihn gerade noch unter vollem Segel aushalten. Auf offenem Wasser ist Wind von vorn eher willkommen, und wir kreuzten vergnügt mehr als zwei Meilen über den See. Aber als wir bei Ahrensberg in die Havel kamen, änderte sich die Sachlage schmerzlich. Mehr als drei Meilen Kanal lagen vor uns mit Wind von vorn und Gegenströmung. Sumpfig und hässlich waren die

---

[4] Ein Förster dieses Strelitzer Waldes schrieb auf unsere Bitte einen Bericht über das Großwild: „Der Hauptwildbestand im Forst vom Drewensee besteht aus etwa dreihundert Stück Rotwild und etwas weniger Damwild, etwa achtzig Stück. Der Bestand an Rehen in diesen großherzoglichen Wäldern ist sehr begrenzt, da es hier nur große zusammenhängende Wälder gibt und Rehe gewöhnlich Dickicht oder Waldränder vorziehen. Im Gebiet von Ahrensberg mag es etwa hundertfünfzig bis zweihundert Rehe geben. Wildschweine sind demgegenüber sehr selten, nicht mehr als sechs. Auch Kleintiere, wie Füchse, Dachse, Marder und Iltisse, gibt es wenig. Otter sind auch ziemlich selten, ab und an fange ich einen in meinen Tellereisen."

Ufer und flach das Wasser. Wir hatten ständig Grundberührung. Vier Rücken, schmerzend und schweißüberströmt, waren für den Rest dieses langen Tages über die Schleppleine oder die Stakstange gebeugt. Wieder ganz die untere Elde vom vorigen Jahr.

Endlich passierten wir die Stauschleuse, die nur ein Tor ist und dann nach langer Zeit Schleuse und Brücke von Wesenberg. Als wir auf den See hinaus kamen und das Segel setzten, dachten wir, all unsere Mühen wären ausgestanden, aber der Wind schlief ein und so war es spät, als wir bei einer Mole nördlich der Stadt ankerten.

Wesenberg, einst eine befestigte Stadt, liegt am Woblitzsee. Am Morgen spazierten wir durch die grasbewachsenen Straßen. Ein sauberes, ruhiges Städtchen, das nur wenig Interessantes bietet. An das alte Schloss erinnert nur ein roter Backsteinturm, an den ein hässliches altes Haus angebaut ist. Bei der Eingangstür der einzigen Kirche steht eine sehr alte Linde. An ihren knotigen Stamm angekettet fanden wir ein rostiges Halseisen, das einst überführte Sünder festgehalten hatte, so dass sie gequält werden konnten von anderen Sündern, denen man noch nicht auf die Schliche gekommen war. An einer Tür hängt eine noch ältere und wie man sagt, endlose Kette. Die Überlieferung ist darüber unklar, ob die Priester den Teufel damit an die Kette legten oder der Teufel die Priester. Aber bis zu diesem Tag heißt sie Satanskette.

Seltsam kommt es uns heute vor, wie Priesterkunst und Hexerei den Geist der Menschen schon im dunklen Mittelalter zu binden verstanden; und seltsam, wie dauerhaft diese Ketten gewesen sind. Hexenglaube überlebt noch heute bei unserem Landvolk und unter feinen Damen findet man noch immer Anhängerinnen veralteter Kirchlichkeit. Diese Damen und ihre Beichtväter würden ein Aufleben öffentlicher Bestrafung begrüßen – sogar Halseisen. Und wenn es in diesen respektlosen Zeiten möglich wäre, würden wir in Kirchenblättern von Berichten über Prozesse so genannter „christlicher Gerichte" erbaut werden, so wie Hales Präzedenzfälle noch aus Zeiten nach der Reformation. Wie zum Beispiel Klage erhoben wurde bei einem Erzdiakon in Essex „Gegen Nikolaus Sutton de Warley Magna" und wie der Herr ihm die Strafe auferlegte, „auf dem Marktplatz von Brentwood in einem weißen Hemd zu stehen, wenn dort die meisten Leute sind, mit einem Papier auf seinem Kopf, worauf seine Verfehlung geschrieben ist." Wir könnten uns sogar unsere Bischöfe vorstellen, wenn sie ihr „Anstandsgericht" halten, wie die deutschen Bischöfe unter den Kapitularien Karls des Großen, aber wie würde unseren „Priestern" ein solches Beispiel gefallen?

Die Verfahren dieser alten Anstandsgerichte waren eigenartig: Eine Jury wurde zusammengerufen, eingeschworen und befragt. Hier ein paar dieser Fragen. Sie werfen ein Schlaglicht auf die düsteren alten Zeiten vor mehr als eintausend Jahren.

„Ob es jemand in dieser Pfarrei gäbe, der vorsätzlich oder zufällig jemanden getötet hatte, auch wenn es sein eigener Diener oder seine Magd war?"

„Ob jemand jemand anderem Hände oder Füße abgeschlagen hätte, ob jemand des Meineids schuldig wäre oder ähnlichem?"

„Ob jemand einen Freien oder Diener, Fremden oder Reisenden geraubt hätte oder mit List in eine Falle gelockt und sie hinterher in ein anderes Land verkauft, oder ob jemand einen christlichen Sklaven an einen Juden verkauft hätte, oder ob Juden weiter christliche Sklaven kauften und verkauften?"

„Ob es irgend Hexerei, Geisterbeschwörung oder Wahrsagerei gäbe? Ob jemand bei Bäumen, Quellen oder Steinen wie an einem Altar geopfert hätte, Lichter oder irgend andere Gaben dorthin gebracht, als ob eine Gottheit dort wäre, die ihnen Gutes oder Böses tun könnte? Ob irgend eine Frau vorgegeben hätte, durch Hexenkünste Neigungen zu ändern und Hass in Liebe oder Liebe in Hass zu verwandeln, eines anderen Eigentum zu schaden oder es wegzuzaubern? Ob jemand vorgegeben hätte, in gewissen Nächten auf seltsamen Tieren zu reiten, mit Teufeln in Gestalt von Weibern und mit ihnen Umgang zu pflegen?"

„Ob jemand Blut oder Fleisch eines toten Tieres gegessen hätte oder eines, das von seiner eigenen Art getötet worden war?"

„Ob jemand Wasser getrunken hätte, in dem ein Wiesel[5], eine Maus oder irgend ein anderes unreines Tier ertränkt worden war?"

„Ob jemand dem Bischof das Recht streitig gemacht hätte oder sich denen entgegengestellt, die er beauftragt, unbotmäßige Bauern oder Diener auf dem nackten Körper mit Ruten zu züchtigen?"

Eine Rute, eine Schere und die Heilige Schrift lagen gewöhnlich auf dem Gerichtstisch.

Denen, die für schuldig befunden wurden, wurde Strafe auferlegt, die aber mit Geld abgelöst werden konnte oder manchmal mit der Wiederholung einer bestimmten Anzahl von Gebeten. Wenn ein Mann zum Beispiel verurteilt wurde, einen Monat zu fasten, galt es als Äquivalent, wenn er eintausendzweihundert Psalmen auf den Knien oder eintausendsechshundertachtzig stehend herbetete.[6]

---

[5] Ein Artikel in *Chambers Magazine* vom 9. August 1890, vom gegenwärtigen Schreiber aus eigener Kenntnis niedergeschrieben, erzählt, dass eine arme Mutter in Suffolk, deren Kind krank war, eine „weise Frau" befragte. Die Hexe befahl ihr, eine Schale mit Milch zu füllen und nachts nach draußen zu stellen. Wenn ein Wiesel daraus getrunken hätte, sollte sie den Rest dem Kind geben. Kann der Aberglaube der weisen Frau mit deren sächsischen Vorfahren nach Suffolk gekommen und wenigstens tausendzweihundert Jahre alt sein, älter als Karl der Große?

[6] *Schmidts Deutsche Geschichte, zitiert Pütter, Deutsches Kaiserreich I*

Der Woblitzsee ist drei Meilen lang und aus seinem Nordende führte unser Weg zum Zierker See über den Kammerkanal, durch eine Schleuse und unter Brücken durch. Was ich am besten von diesem Kanal in Erinnerung habe, ist: ein armes Land wie Teile von Hannover, das Sumpfherzblatt in Blüte, das allgegenwärtige Geläut von Kuhglocken und dass wir allzu oft auf Grund gerieten.

Der Zierker See war enttäuschend. Wir hatten auf einen hübschen See mit einer netten Stadt, Neustrelitz, gehofft, auf ein schönes Fürstenschloss, das die Ufer schmückte wie in Schwerin. Was wir tatsächlich sahen, war ein flacher See mit hellgrünem Wasser, niedrigen konturlosen Ufern und keinem besseren Ankerplatz als bei den Armenvierteln der Stadt. Die alten mecklenburgischen Städte zeigen dem Wasser meist ihr Gesicht, aber Neustrelitz, modern, wie der Name sagt, wendet seinen Rücken dem See zu, der den Namen nicht von der Stadt, sondern vom weit älteren Dorf Zierke hat.

Der Baedecker kennt Neustrelitz nicht, aber es ist trotz seines Schweigens eine freundliche kleine Stadt, sauber, wenn auch vielleicht ein bisschen langweilig, gut gebaut, weil modern, mit einem stattlichen Schloss, hübschem Schlossgarten und einem kleinen, sehr hübschen Wildpark. Am meisten bewunderte ich das großherzogliche Museum. Unserer Unkenntnis von prähistorischen Zeiten wurde von dem gütigen und gelehrten Herrn Doktor von Buchwald aufgeholfen, dem großherzoglichen Bibliothekar, der selbst viele wendische und vorwendische Altertümer ausgegraben hat. Als wir über Hünengräber sprachen, zeigte er uns freundlicherweise ein Bild in einer alten illuminierten Mönchshandschrift: Eine große Tafel von Steinblöcken getragen und von einem Ring anderer Blöcke umgeben, von dem er sagte, dass es das Grab eines vorgeschichtlichen Teutonen sei.

Von Neustrelitz aus machten wir zwei Ausflüge – einen nach Neubrandenburg, das einige von uns schon gesehen hatten und das oben schon beschrieben worden ist. Den anderen nach Stargard, was übersetzt „alte Stadt" heißt.

Stargard war einst Haupt dieses Landesteils und Fürstenhof; lange, bevor von Neustrelitz die Rede war. Wir wanderten von der Bahnstation in die kleine alte Stadt, die von einer für Mecklenburg beeindruckenden Erhebung überragt wird. Wahrscheinlich ist nichts übriggeblieben von den Erdwällen der teutonischen Burg oder den Anbauten, die die Eroberer, die Wenden, vornahmen. Alles, was man jetzt sieht, sind ziemlich spärliche Überbleibsel einer mittelalterlichen Burg: ein Wallgraben, Spuren einer Zugbrücke, ein altes Torhaus, Teile der alten Mauern und alte Gebäude, die als Scheunen und Ställe genutzt werden. Was einmal die Kapelle war, ist jetzt eine Remise voller Schlitten; dann ein alt aussehendes, modernisiertes Haus, das der Krümmung der Mauern angepasst wurde und für das alte „Krumme Haus" gehalten wird. Außerdem ein noch perfekt erhaltener Turm aus dem Jahr 1259. Dieser Turm aus rotem Backstein mit rotem spitzen Dach war das Burgverlies. Ich bin durch eine moderne Tür hineingegangen und die Stufen hinaufgestiegen, um die Aussicht zu genießen. Die ursprüngliche Tür, dreißig Fuß über dem Erdboden, war nur mit einer Leiter erreichbar.

Diese berühmte Festung, Burg Stargard, hat viele fürstliche Eigentümer gesehen. Eingenommen und wiedergewonnen in endlosen Kriegen, Gegenstand von Geschäften, Verkäufen und Teilungen, wechselte sie Hände wie ein Kartenspiel. Und das Pech scheint sie immer verfolgt zu haben. Pommersche Herzöge, Markgrafen von Brandenburg in der älteren Linie und Herzöge der beiden ehemaligen Mecklenburger Linien haben hier geherrscht. Von diesen vier fürstlichen Häusern gibt es keins mehr – alle ausgestorben und erloschen. Die einzige Familie, der das zerstörte Stargard noch keinen Untergang gebracht hat, ist die des jetzigen Verwalters – des Herrn Assessor von Oertzen –, dessen Ahnen vor fünfhundert Jahren hier Verwalter waren. Der Herr Baron war auf Jagd, sagte sein Gärtner, als wir in Stargard waren.

Am Fuß des Burgberges bemerkten wir ein kleines altes Haus, das ein Wappen trug und eine lange Inschrift, von der wir außer der Jahreszahl 1564, dem Geburtsjahr Shakespeares, nur die Namen Ulrich und Elisabeth lesen konnten. Es ist ein Frauenhospital, gegründet von der Herzogin Elisabeth, geborene Prinzessin von Dänemark und Ehefrau von Herzog Ulrich III. von Mecklenburg. Dieselbe Herzogin hat eine Mauer um einen Brunnen gebaut, der noch heute Mädchenbrunnen heißt. Herr von Oertzen gibt in seiner Geschichte der Burg Stargard eine Legende über den Brunnen wieder, die, wie er sagt, zuerst von Latomus erzählt worden ist, und von Pastor Sponholz-Rühlow aufgeschrieben wurde.

„Eine Fürstentochter hatte ein Stelldichein mit einem Ritter unter der Linde bei diesem Brunnen zwischen Stadt und Burg. Sie war vor dem Ritter dort und floh aus Furcht vor einer herankommenden trächtigen Löwin. Die Löwin ließ ihre Jungen auf den Mantel fallen, den das Mädchen in ihrer Eile liegen gelassen hatte. Der Ritter, der den blutbesudelten Mantel sah, glaubte seine Geliebte tot und stürzte sich in seiner Verzweiflung in sein Schwert. Als die Liebe ihre Furcht überwand, wagte auch die Dame, an den Ort zurückzukehren, der nun der Schauplatz neuen Schmerzes wurde, denn sie erstach sich selbst mit dem Schwert ihres toten Geliebten."

Herr von Oertzen erzählt die Überlieferung in ihrer ganzen, scheinbar ursprünglichen Einfachheit, aber lesen wir nicht bei Shakespeare, dass

„By moonshine did those lovers think no scorn
To meet at Ninus tomb, there, there to woo.
This grisly beast, which by name lion hight.
The trusty Thisby coming first by night
Did scare away, or rather did affright,
And as she fled her mantle she did fall,
Which lion vile with bloody mouth did stain,
Anon comes Pyramus, sweet youth and tall,
And finds his trusty Thisby's mantle slain,
Whereat with blade, with bloody blameful blade,
He bravely broached his boiling bloody heart,
And Thisby, tarrying in mulberry shade,
His dagger drew and died."[7]

Wie kam Stargard zu dieser alten klassischen Legende, die eigentlich in das löwengeplagte Assyrien gehört?

---

[7] *etwa:* „Bei Mondschein fanden diese Liebenden nichts dabei, sich an Ninius' Grab zu treffen, um sich Liebe zu schwören. Das grausige Biest, das Löwe heißt, erschreckte und verscheuchte die treue Thisbe, die zuerst da war. Und als sie floh, fiel ihr Mantel zu Boden, den die Löwin mit ihrer blutigen Schnauze befleckte. Dann kommt Pyramus, von süßer Jugend und hochgewachsen und findet den blutigen Mantel seiner lieben Thisbe, worauf er mit seinem Schwert, seinem blutigen unseligen Schwert, sein tapferes blutvoll schlagendes Herz durchbohrte. Und Thisbe, die im Schatten des Maulbeerbaumes zögernd stand, nahm seinen Dolch und gab auch sich den Tod." - *Red.*

KAPITEL XVII

Adieu! Gutes, altes Mecklenburg

„My son, the road the human being travels,
That on which blessing comes and goes, doth follow
The rivers course, the valley's peaceful winding Curves."[1]
Coleridge (Translation from Schiller)

„O wilder, einsamer Strom ...
Kiefern ragen dicht gedrängt an deinen Ufern
auf und neigen sich über dein Bett."
Coleridge

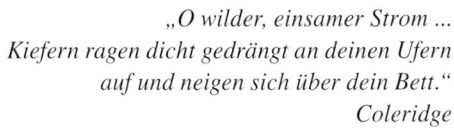

e off-keeled in the lock in the Kammer Canal, and beat keelless, the wherry behaving extremly well, across the Woblitz See. A warehouse by the lock at Wesenberg had been burned during our absence, and still, unheeded by St. Florian, was smouldering as we went by.

Wir nahmen den Kiel in der Schleuse im Kammerkanal ab und kreuzten kiellos über den Woblitzsee, wobei sich die *Gipsy* sehr gut benahm. Ein Speicher an der Wesenberger Schleuse war in unserer Abwesenheit niedergebrannt und rauchte – unbeachtet von St. Florian – immer noch, als wir vorbeifuhren.

Selbst bei unserem verminderten Tiefgang von nur zwei Fuß ein Zoll musste das Tor der Stauschleuse geschlossen und Wasser gestaut werden, ehe wir im Kanal flott waren. Wir lagen diese Nacht in der Havel, an einem hübschen Fleck nahe dem Wangnitzsee. Wildgänse umkreisten uns, bevor sie gen Westen zogen. Der Schilfgürtel um den Wangnitzsee, aus dem sie kamen, muss voll von ihnen gewesen sein. Am nächsten Morgen montierten wir den Kiel wieder an.

In Priepert saß ein Kahn im Kanal fest. Wir quetschten uns schließlich an ihm vorbei und segelten hinaus auf den Ellbogensee. Der Wind war leicht,

---

[1] „Mein Sohn, die Straße, die der Mensch wandelt, die, auf der Segnungen kommen und gehen, folgt dem Lauf des Flusses und des Tales friedlichen Windungen." - *Red.*

unstet und meist genau von vorn. Nachdem wir den südöstlichen Arm hinunter gekreuzt waren, hatten wir Grundberührung am südlichen Bogen und fanden von da an nur flaches Wasser bis zur Fleether Brücke. Eine kurze hübsche Passage brachte uns bis in den Ziernsee. Von dort südwärts eine neue Brücke und eine neue Durchfahrt in den Menowsee, von wo ein anfangs breiter Fluss hinaus führte.

Dieser schöne kurvenreiche Fluss mit hügeligen Ufern, überhängenden Bäumen, einem halb im Gebüsch verborgenen Haus, einer Brücke und spielenden Kindern bot entzückende Bilder. Aber nichts, nicht einmal die schönste Landschaft, hatte Zauber genug, an diesem Tag einen wütenden Schiffer zu besänftigen: Eine Zeit lang glitten wir mit dem Strom, hielten uns so weit wie möglich in der Mitte und vermieden Stellen stromabwärts von Ausbuchtungen und berührten trotz aller Sorgfalt ab und zu den Grund, bis wir um eine Biegung segelten, und ein riesiger Kahn erschien, der offensichtlich mitten im Fahrwasser festsaß. Ich segelte weiter und wollte an der Seite des Ungetüms vorbeirutschen.

„Fender klar!" – aber es war zu spät. Genau neben dem Kahn saßen auch wir fest. Die Kahnleute nahmen es philosophisch. Sie gaben uns einen halbherzigen Schubs, dann steckte einer seine Pfeife wieder an, und der andere legte sich wieder hin, um weiter zu schlafen.

Nicht weit entfernt war eine Wassermühle, die Steinhavel-Mühle. Ob man den Müller überreden könnte, sie für eine Stunde anzuhalten?

Ich ging mit Pieter an Land und auf einem sehr hübschen Weg zur Mühle. Der Meister war auf den Feldern und fuhr sein Korn ein. Seine Leute umringten uns, starrten und fragten, konnten aber nicht helfen. Die Mühle würde nachts anhalten, sagten sie, das Wasser würde dann steigen und könnte unser Schiff flott machen, laufen müsste aber die Mühle ohne Rücksicht auf uns, bis ihr Tagewerk vollbracht wäre.

Man gibt sich nicht gern geschlagen. Ich rief alle Mann zusammen zu einem letzten Versuch. Einige nahmen Stangen, einige schoben, die Schultern gegen den Kahn stemmend, und wir weckten die Kahnleute, damit sie mit Hand anlegten. Jetzt alle zusammen! Hurra, die Wherry bewegte sich! Wir blieben dran und brachten sie schließlich Zoll für Zoll an dem Hindernis vorbei. Dann stakten wir ungehindert weiter in die Schleuse bei der Mühle und – da wir weiter voraus wieder einen Kahn auf Grund sahen – fanden wir es weise, unseren Kiel wieder abzubauen.

Um den ganzen Röblinsee herum suchten wir nach einem Liegeplatz am Ufer. Da wir keinen fanden, ankerten wir querab einer Straße, die von Süden aus herunterführte, etwa zweihundert Meter westlich der Eisenbahnbrücke, in Sicht der Häuser und der Kirche von Fürstenberg.

Die Lage Fürstenbergs, zwischen drei Seen fast gänzlich von Wasser umgeben, deutet auf wendischen Ursprung hin. Für eine wendische Nase mögen die noch vorhandenen vorgeschichtlichen Gerüche ein süßes Aroma haben, aber nichts Altes ist übrig, das Auge zu fesseln. Die Straßen haben mittelalterliches Kopfsteinpflaster, und es gibt ein vermodertes Schloss in einem kleinen vernachlässigten Garten mit geschlossenen Fensterläden – Fürstenberg liegt nun mal an der Grenze Mecklenburgs.

Unser weiterer Weg führte durch die Schleuse, über den kleinen Baalensee und durch eine enge Durchfahrt in den Schwedtsee. Vom nördlichen Ende des Schwedtsees bei Ravensbrück führt eine Wasserstraße zum Thymensee, und von dort gehen zwei Flüsse nördlich zu anderen Seen und Teichen: Einer zum Schwaberower, zum Sager, Schlie-, Godendorfer, Grammentin-, Mühlen- und Grünower See, der andere zum Dabelowsee. Ich erwähne alle diese Seen trotz ihrer zungenbrecherischen Namen als sehr wohl wert, von Kanufahrern aufgesucht zu werden, für uns waren sie durch Wassermühlen und flaches Wasser versperrt.

Wir fuhren aus dem Schwedtsee heraus nach Osten wieder auf die Havel. Von da hatten wir etwa eine Meile lang Glück mit einer breiten, fast friesischen Wasserstraße mit Feuchtwiesen auf beiden Seiten und Schilfinseln. Und dann schossen wir mit frischem Wind von achtern über den zwei Meilen langen Stolpsee, roten Dächern und einem hohen Schornstein entgegen, das musste Himmelpfort sein.

Himmelpfort lag neben unserem eigentlichen Weg, aber weitere Seen und die alte Stadt samt Stadtmauer, die dahinter lag, lockten uns an. Der Weg, den wir aus dem Stolpsee heraus einschlugen, ging durch einen kurzen windungsreichen Kanal. Als wir hineinfuhren, sahen wir hinter einer Biegung einen Kahn kommen, und gerade, als wir die Landzunge rundeten, ergriff er die Gelegenheit, zwischen zwei anderen Kähnen, die am Ufer festgemacht hatten, auf Grund zu laufen und den ganzen Kanal zu blockieren. Unser Segel kam sehr schneidig herunter, aber wirklich in letzter Minute. Kahnleute beeilen sich niemals, „außer wenn sie Flöhe fangen", und es dauerte endlos, bis wir vorbeigelassen wurden. Dann bellte uns ein hässlicher Zwerg von einem Schleusenwärter mit heiserer Stimme überflüssige Befehle zu, und wir waren froh, als die Schleusentore aufgingen und uns den Weg zum Frieden wieder öffneten.

Während der zwergenhafte Tyrann unsere Männer anbrüllte, ging ich in dem, was die Zeit von dem alten Kloster übriggelassen hatte, umher: Nur eine zum Teil verfallene Kirche, das östliche Ende mit den Säulen ohne Dach, eine alte, aber wetterfeste Scheune, die Reste einer massigen Feldsteinmauer und die roten Backsteinpfeiler. Freundliche Menschen waren seine Gründer, als sie vor sechshundert Jahren das Werk ihrer Hände „Himmelpfort" nannten. Auch dieser Ort steht wieder auf einem typischen Platz – fast ganz von Wasser umgeben: dem Stolpsee, dem weiter innen liegenden schönen Haussee und weiteren zwei Seen, dem Sidowsee und dem Moderfitzsee.

On the UPPER Havel. G.M.D. sketch by 1891.

Während die *Snail* in den Moderfitzsee ruderte, glitt die *Gipsy* über den spiegelglatten Haussee in den Woblitz-Fluss oder -kanal und hielt bei einer Lichtung im Wald, wo Holz fertig zum Verladen gestapelt war. In der Nähe, an einer nassen Stelle im Wald, fanden wir Sumpf-Calla, und G. und Tom fingen zusammen einen Trauermantel. Wir sahen Rotwild und Rehe, und neun Kraniche flogen über unsere Köpfe, sicher ein Glückszeichen.

Die Woblitz schlängelt sich durch den großen Neu-Thymener Wald und wird schöner an jeder Biegung, bis sie bei einem Bauern- oder Försterhaus in den Großen Lychensee führt.

Es war ein vollkommen schöner Tag, und der hell unter der Sommersonne glänzende See hatte eine ganz eigene Schönheit. Nicht wie der ungemein hübsche kleine Haussee, wo die Bäume in dichten Reihen um das Wasser stehen, sondern eine blauschimmernde Weite mit kahlen hügeligen Ufern und hohen Inseln von gelbem Sand. Wir rundeten die größte Insel in Lee – westlich –, legten den Mast, um unter dem hohen Bogen einer hölzernen Brücke durchzufahren, kreuzten bis auf den Stadtsee unter die Stadtmauern und legten längsseits von Gärten gegenüber von Kirche und Stadt Lychen an.

Wieder die typische wasserumschlungene Lage, so günstig in den Zeiten vor dem Schießpulver. Lychen ist fast eine Insel. Der Große Lychensee, der Nesselpfuhl, der Oberpfuhl und der Zenssee waschen es von allen Seiten, einen schmalen Hals im Norden ausgenommen.

Eine verschlafene kleine Stadt: grasige, steinige und mächtig stinkende Straßen, die üblichen Fachwerkhäuser mit überhängenden Dachtraufen, ein großer Marktplatz, viel von der alten Feldsteinmauer und ein hoher alter Torturm, ebenfalls aus groben Feldsteinen, mit einem Storchennest als Wächter oben drauf.

Es gibt eine ehrwürdige Kirche, deren sieben Fuß dicke Wände aus grauen, roh behauenen Granitblöcken errichtet und deren Chor- und Turmdächer mit blassroten Ziegeln gedeckt sind. Sie hat einen hohen viereckigen Turm, mit zwei Reihen einfacher Bögen oberhalb des Granitsockels und noch mehr Bögen von sonnenrotem, wettergegerbtem Backstein in den Giebeln des Satteldaches – ein großartiger Anblick vom Wasser aus.

Wir fuhren über den Großen Lychensee und hielten uns östlich von allen Inseln. Ein Schilfstreifen verlief vom äußersten Osten zu einem inselartigen Vorsprung. Ich steuerte die *Gipsy* an den Zaun aus Reet, und sie mähte ihn wie ein echter Arbeiter nieder. Im königlich-preußischen Forst an der Woblitz sahen wir zum ersten Mal in Deutschland ein Schild „Verbotener Weg".

Bisher hatte uns unser Segeltörn meist über Seen geführt. Wir waren über siebenundfünfzig davon gesegelt, hatten außerdem noch sechs weitere erkundet – eine Liste, der noch viel hinzugefügt werden sollte. Aber nach dem Stolpsee lagen gute sechzig Meilen der schmalen Havel wie eine sich windende Schlange vor uns. Mich schauderte bei der Erinnerung an die Elde. Es stimmte, die Strömung floss hier mit und nicht gegen uns, aber wir hörten Schauermärchen über grässliche Hydren, Gorgonen, Chimären: über seichtes Wasser, verzwickte Kurven und Ufer, an denen Wald den Wind unberechenbar machte.

Unsere erste Erfahrung war nicht ermutigend. Nachdem wir über das letzte offene Wasser gekreuzt waren, kam uns in der Havel der Wind genau

entgegen. Die hohen, kiefernbewachsenen Ufer waren malerisch, aber wenn der Fluss in eine für uns günstige Richtung bog, kam der Wind ihm zuvor und blies gerade durch die Schneise. Ohne Kiel hatten wir fast keinen Tiefgang, es war aber so flach, dass wir oft auf den Steinen entlang schrammten. Bei dem Dorf Bredereiche wurde es wieder breiter, aber nicht tiefer. Dann eine Schleuse und eine Klappbrücke – an der alle Arbeit für uns getan wurde! Bald danach, bei flacheren Ufern und einer Flussbiegung nach Lee, konnten wir das Segel wieder benutzen.

Mit zwei Schleusen mussten wir noch rechnen, von denen nur eine, die Grenzschleuse, auf der Karte verzeichnet ist. Dann passierten wir die Schleuse Regow und machten vier- bis fünfhundert Meter unterhalb für die Nacht am Ufer fest.

Die Landschaft war eine ganze Strecke lang sehr hübsch. Von unserem Liegeplatz unter dem hohen bewaldeten Land boten der mäandernde sonnenbeglänzte Fluss und die üppigen grünen Wiesen auf dem entfernteren Ufer vor dem Hintergrund von unregelmäßig mit dunklem Kiefernwald oder purpurfarbenen Heidekrautflächen bedeckten Hügeln ein bezauberndes Bild.

Aber die Schiffsführung war am nächsten Tag und mehr als je zuvor alles andere als bezaubernd. Wir waren jetzt auf einer regulären Handelswasserstraße, und der enge Fluss war gestopft voll mit Kähnen. Einige wurden von sechs oder acht Männern flussaufwärts geschleppt, andere stakten langsam flussabwärts. Der Wind war sehr stark. Ich versuchte zu segeln, aber der Fluss machte so viele Biegungen und der Wind kam so unstet zwischen den Hügeln, dass wir damit wenig Erfolg hatten.

Unterhalb der Zaarener Schleuse legten wir zum Mittagessen am Ufer an. Ich hatte Papiere für Spandau besorgt und siebeneinhalb Mark Zoll bezahlt, als dem hilfsbereiten Schleusenwärter einfiel, dass, da wir zum Vergnügen reisten,

A Town gate Templin

wir ebenso gut einen kleinen Umweg machen könnten. Wir würden die Stadt Templin mit ihrer Mauer und einer schönen Seengruppe sehr besuchenswert finden, sagte er. Darauf beschlossen wir, seinem Rat zu folgen, und er änderte unseren Wegeschein dementsprechend. Während Dick und ich mit dem guten Mann sprachen, nahte ein vorbeifahrender Kahn, schoss quer über den Fluss auf die *Gipsy* zu und hätte, wenn Tom nicht geistesgegenwärtig gewesen wäre, die arme *Snail* völlig vernichtet.

Nachdem wir alle Reffs eingebunden hatten, segelten wir zwei oder drei Meilen mit freundlicher Strömung bis zur Abzweigung nach Templin. Um eine scharfe Ecke, wo die Havel sich auf die *Gipsy* stürzte und der Templiner Fluss auf ihrer Leeseite war, schaffte sie es gerade eben. Viele Windungen folgten.

Dann eine Gabelung, deren linker Arm uns in den Großen Kuhwallsee brachte. Der andere Arm führt durch eine Seenkette – einer davon, der Lübbesee, ist mehr als fünf Meilen lang –, aber der Kanal ist zu flach für größere Fahrzeuge als Ruderboote oder Kanus.

Über den Großen Kuhwallsee – ein tieferer, schönerer Wroxham-See – segelten wir mit großem Tempo bei achterlichem Wind zu einer Brücke, an der wir die Ausfahrt vermuteten. Als es Zeit war, den Mast zu legen, konnte Pieter die Gaffel nicht runterkriegen, und wir trieben viel zu schnell weiter. Ich ließ das Schiff am Ufer entlang rutschen, aber wenn Tom nicht an Land gesprungen wäre und ein Tau um einen Baum geschlungen hätte, wären wir kaum rechtzeitig zum Stehen gekommen.

An der Brücke fanden wir die Kannenburger Schleuse, fast so groß wie ein Teich, die zu füllen ein langwieriges Unternehmen war. Dann segelten wir weiter durch einen kleinen See, der von riesigen Kiefern gesäumt war, über denen sich die Wolken zu einem unheilvollen Zeichen zusammengebraut hatten. Von dort führte ein enger sumpfiger Graben in den Röddelinsee. Der Wind war stark, und wir flogen unter unserem kleinem Segel die drei Meilen über den See, der sich wie ein tiefer Fluss zwischen sandigen Steilufern durchschlängelt.

„Gerade wie die Dunwich Cliffs", wie Wilson mit Begeisterung sagte.[2]

Das Dorf Hindenburg rechter Hand, ein anderes, Röddelin, zur Linken. Und am äußersten Ende die Mündung des Templiner Kanals, aber weil er im rechten Winkel in den See fließt, ist die Mündung versteckt und für den Fremden schwer zu finden.

Schmal, aber tief genug – wie ein Graben in Norfolk – führte uns der Kanal zu einer einfachen Schleuse. Wir öffneten sie, da der Ort verlassen schien, selbst und legten bald danach am Ostufer an.

Eine Stadt mit „sehr vollständigen Mauern", wie John Evelyn sich ausgedrückt hätte, und zwei alten Toren war auf dem ansteigenden Gelände vor uns gut zu sehen: Templin.

Unser Freund, der Schleusenwärter, hatte wahr gesprochen. Die Stadt ist vollständig von einer mittelalterlichen Mauer umgeben, höher, dicker und besser erhalten als die von Neubrandenburg, mit Türmen, rund oder manchmal viereckig, in klugen Abständen – etwa fünfundzwanzig Yards – voneinander entfernt. Drei Tore sind übrig, einfach, alt, stolz, nicht schön. Das beste bewacht

---

[2] Dunwich an der Küste von Suffolk liegt jetzt unter dem Meeresspiegel, aber es war einst „eine Stadt, umgeben von einer steinernen Mauer mit ehernen Toren, mit zweiundfünfzig Kirchen, Kapellen, frommen Häusern und Hospitälern, einem Königspalast, einem Bischofssitz, einem Rathaus, einer Münze, so vielen Großseglern wie Kirchen und so weiter und nicht weniger Windmühlen." *Gardner's Historical Account of Dunwich, zitiert „Stowes Chronicle"*

die Brücke über den Kanal und unmittelbar daneben steht – ohne Zweifel auf dem Fundament älterer Mühlen – die heutige Getreidemühle der Stadt. In dem modernen Bauwerk ist viel alte Handarbeit zu sehen.

Wir gingen außerhalb der Mauern fast ganz um den Ort herum. Ein See, der Templiner, verteidigt ihn im Nordosten. Und wo kein See ist, umgibt den Ort ein tiefer Graben. Innerhalb der alten aus Feldsteinen gebauten Mauern machten wir trotz abscheulichster Gerüche die ganze Runde. Die Straßen sind nicht bemerkenswert. Es gibt keine sehr alten Häuser mehr, nur eine kleine Kirche, deren einfacher, backsteinroter Stufengiebel zur Straße zeigt. Hier als Relikt interessant, aber in einer Stadt wie Lüneburg würde man sich nicht danach umdrehen.

Dieser zweite September war der Jahrestag unseres Ausflugs im letztem Jahr nach Rostock – und der Schlacht von Sedan. Am Abend wanderte eine Prozession von Templinern über die Brücke: Kriegsveteranen, Frauen in Schwarz, die Kränze für die Gräber ihrer Helden trugen und sorglose glückliche Kinder. Das Fest des Sedantages wird in Deutschland wirklich heilig gehalten.

Am nächsten Morgen rief uns ein Mann am Ufer in gutem Englisch an. „Segeln Sie höher hinauf?"

„Nein, warum?"

„Hinter der Stadt gibt es meilenweit Wasser, wo Sie nur einmal den Mast legen müssen. Ich möchte Sie sehr gern segeln sehen."

Sechs neue Seen zu erkunden war wirklich eine mächtige Versuchung, aber es ist nicht immer Sommer, und da noch verlockendere Dinge und eine Strecke von Hunderten von Meilen vor uns lagen, mussten wir uns das notwendigerweise jetzt versagen.

Es konnte keinen schöneren Sommertag geben als den, an dem wir auf dem Weg, auf dem wir gekommen waren, durch den neunzig Fuß tiefen Röddelinsee und das Templiner Wasser zurücksegelten und für die Nacht nahe der Einfahrt in die Havel festmachten.

Dort drängte sich uns ein Forstmensch in Grün auf, ein verdächtiger Kerl, dem Jägersmann vom Drewensee gar nicht ähnlich, der „ein nobler Wächter, der Menschlichkeit und gute Sitten kannte" war.

Er erzählte uns jedoch, dass der Kaiser jedes Jahr im uns umgebenden Zehdenicker Forst jage, dass es sowohl Rotwild wie Damwild und Rehe in Mengen gebe, dass Wildschweine zu selten wären, und dass er oft Fisch- und Steinadler sähe und schösse.

Wir lagen diese Nacht an einer sumpfigen Wiese, hinter der sich ein steiler Hang erhob. Oben standen Bäume, stolze Kiefern ohne Unterholz. In der Dunkelheit sahen wir über den Sumpf unter dem Blätterdach sonderbar verlöschende Lichter stundenlang flackern. War das der „Feuchte Dank Will ... der in trüber Nacht tanzt" oder die Laterne des närrischen Forstmanns?

Eher „Jack mit der Laterne", sagte einer von uns, „ein Irrlicht", war ein anderer sich sicher. Wir riefen uns das ganze Gelichter der „Sumpfgeister" ins Gedächtnis: Unsichtbare, Wassergeister, Meister Tuckbold von Hannover und weitere solche „Feuerdrachen". Aber es erwies sich, dass es keiner von denen war. Das Tageslicht zeigte, dass das Gelände hinter dem Kamm steil abfiel und dass von unseren Kabinenfenstern aus der Himmel zwischen dem Kamm und den unteren Zweigen der Bäume zu sehen war. Es war der Schein des Wetterleuchtens, der still zwischen den kahlen Stämmen der Bäume hindurchgeflackert war.

„ich bin ein Jägersman sketched by J.K.D. 1891.

Die schöne Landschaft verließ uns auch am nächsten Morgen nicht. Dunkle kiefernbewachsene Hügel mit grünen Wiesen zu ihren Füßen, bald auf der einen, bald auf der anderen Seite des Flusses. Und obwohl Wind von vorn vorherrschte, war es leichtes Staken mit einer Strömung von zwei Knoten in unserer Fahrtrichtung. Gleich hinter der Einmündung eines gelben Wassers, das aus dem langen Großen Wentowsee kommt, und einem im Bau befindlichen Schloss, hielten wir zu Mittag am Ostufer. Und da wir von einem Kahnführer hörten, dass wir von da an genug Wasser hätten, schraubten wir den Kiel wieder an.

Adieu, Vandalia oder Wanderland, „Old merry Mecklenburg", wie deine Söhne dich genannt haben! Adieu denn! Jetzt wird es viele, viele hundert Meilen Preußen heißen.

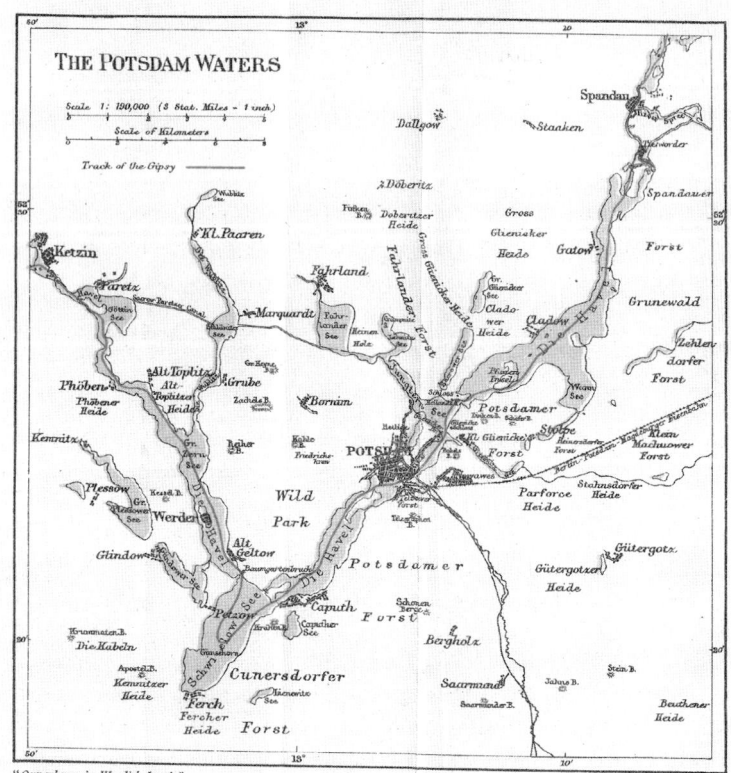

THE POTSDAM WATERS

Scale 1: 190,000 (3 Stat. Miles = 1 inch)

Scale of Kilometers

Track of the Gipsy ————

Spandau

Dallgow

Staaken

Döberitz

Spandauer

Wublitz

Döberitzer Heide

Gross Glienicker Heide

Forst

Kl. Paaren

Falken B.

Gatow

Ketzin

Paretz

Fahrland

Gr. Glienicker See

Kr. Glienicker See

Grunewald

Marquardt

Cladow

Clado- wer Heide

Zehlendorfer Forst

Fahrländer Forst

Meiner Holz

Alt Toplitz

Grube

Bornim

Sakrow

Potsdamer

Wann See

Phöben

Alt Toplitzer Heide

Zachów

Neuer Palais

Kl. Glienicke

Klein Machnower Forst

Phöbener Heide

Kennritz

Acker B.

Mühle B.

Friedrichs-krone

POTSDAM

Stolpe

Forst

Stahnsdorfer Heide

Plessow

Krahl B.

Gr. Zern See

Wild

Park

Templiner See

Parforce Heide

Werder

Glindow

Alt Geltow

Baumgartenbruck

Potsdamer

Gütergotz

Glindower See

Caputh

Schman Berge

Gütergotzer Heide

Krummeten B.

Die Kabeln

Petzow

Caputher See

Forst

Bergholz

Stein B.

ApontB.

Kemnitzer Heide

Ferch

Simonite See

Cunersdorfer

Saarmund

Jahns B.

Beuthener Heide

Ferch

Ferscher Heide

Forst

"Our wherry in Wendish Lands."   JARROLD & SONS, PUBLISHERS, LONDON AND NORWICH.

KAPITEL XVIII

Berlin und Potsdam

„Four horses aided by the favouring breeze
Draw our gay vessel, slow and sleek and large,
Crack goes the whip; the steersman at his ease
Directs the way and steady went the barge."[1]
Southey

„So viele Zeitungsartikel und überflüssige Bücher sind über Deutsch-
land geschrieben worden, dass eine Beschreibung der preußischen Hauptstadt
so langweilig und fade schmecken würde wie eine frische Berliner Auster."
Hood

assing east of the first, west of the next of two islands not shown upon our map, we entered a dreary country – brickfields, planted with tall chimneys, stretching in an unlovely flat as far as eyes could see. Flat land however suits sailing; a turn enabled us to lie our course, and up the sail went with, as it was blowing fresh, two reefs in it.

Wir passierten östlich die eine und westlich die andere von zwei Inseln, die beide nicht auf unserer Karte verzeichnet waren, und kamen in eine trostlose Gegend: Ziegeleigelände, durchsetzt von mächtigen Schornsteinen, erstreckte sich als wenig schönes, flaches Land, soweit das Auge reichte. Flaches Land ist jedoch gut fürs Segeln: Eine Biegung ermöglichte es uns, unseren Kurs anzuliegen, so ging das Segel hoch – mit zwei Reffs drin, denn der Wind wehte frisch. Wir kamen mit enormer Geschwindigkeit voran, überholten Kähne, auf denen drei Männer hart an ihren Pinnen arbeiteten, um den Kurs zu halten, wurden von lehmverschmierten Zie-

---

[1] *etwa:* „Vier Pferde ziehen mit Unterstützung des günstigen Windes unser munteres Schiff, langsam und glatt voran; die Peitsche knallt, der Steuermann hält gleichmütig Kurs und stetig läuft das Schiff." - *Red.*

geleiarbeitern bestaunt, und schmutzige, armselige, barfüßige Frauen strömten zum Ufer, um uns zu sehen. Wir fuhren an der Mündung des Welsengrabens vorbei, der westlich zum Gransee und zu einer alten umwallten Stadt gleichen Namens führt, und gelangten in die Außenbezirke von Zehdenick. Nach einer scharfen Linkskurve hatten wir plötzlich eine Zugbrücke direkt vor uns: Das Segel kam rasselnd runter, ich manövrierte die *Gipsy* nahe an einer Pfahlreihe entlang, schlang eine Bugleine um einen der Pfähle und stoppte so.

Aus einem Gasthaus, wo, wie Milton es ausdrückt, „Besäufnis verkauft wird und zu Hause ist", kam ein betrunkener Haufen hervor, um die Fremden anzugucken. Die Mädchen flüchteten unter Deck, aber ich oben musste gute Laune bewahren bis die Schleuse für uns gefüllt war. Es war eine Lektion in Geduld, denn der Schleusenwärter, keiner der mildesten Sorte von Schwätzern und Schwadroneuren, nahm sich Zeit. Alle Dinge aber haben ein Ende, „nur die Wurst hat zwei", wie ein deutsches Scherzwort besagt. Wir kamen endlich frei von diesem Volk, stakten unter ein paar weiteren Brücken durch, ließen ein Kloster und eine Kirchenruine zu unserer Rechten, segelten den befestigten Vosskanal entlang, der die windungsreiche Havel begradigt, und stoppten unterhalb des Dorfes Krewelin.

Der Gegenwind am nächsten Morgen bedeutete Treideln. Die Männer arbeiteten hart unter der heißen Sonne und zwischen Weidengebüsch, in dem sich die Schleppleine ständig verfing. Wir passierten nahe einiger leerer Hütten die Schleuse Bischofswerder und schwenkten nach Lee. Dann eine kurze Strecke unter Segeln, wo, wie wir später hörten, Segeln gar nicht erlaubt war: Endlich die Einfahrt in den Finowkanal, von dem aus eine Abzweigung zum Werbellinsee führt, einem sechs Meilen langen, schönen See. Der Hauptarm mündet jedoch in die Oder.

An der Liebenwalder Schleuse stand ein Mann mit Treidelpferd parat, der für ein paar Pennies bereit war, uns nach Oranienburg zu ziehen.

Das Land wurde etwas hübscher: flach, aber wieder bewaldet. Der Kanal, der hier Malzerkanal heißt, war mit Lastkähnen verstopft. Nach dem Straßenreglement hält man sich rechts. Ein Hindernis, von dem der Pferdeführer gehört hatte, machte aber das rechte Ufer unpassierbar. Er musste auf die falsche Seite hinüber und unser Tau über jeden entgegenkommenden Kahn hieven. Die Kahnführer legten ihre kurzen Masten, um die Leine rüber zu lassen, aber wenige machten sich die Mühe, hinterher zu laufen und sie über ihren Decks klar zu halten. Das Heck des einen war voll von Frauen und kleinen Kindern. Die Leine verfing sich, eine Frau eilte, sie zu klarieren, stand aber auf der falschen Seite, nämlich achtern der Leine. Das Mannsvolk guckte stur zu und rührte keinen Finger; dabei wäre sie über Bord gerissen worden, wenn die Leine klargekommen wäre.

„Kapp sie, Pieter!" Der alte Mann, aufgeregt und verwirrt, konnte sein

Messer nicht aufkriegen. Glücklicherweise riss die Leine, bevor sie Schaden anrichten konnte.

Ein anderes Mal gelang es einer Frau, die Leine bis zur Heckreling frei zu kriegen, wo sie jedoch ein Stück Holz vom Ruderkopf abriss. Die Arme stieß Verwünschungen aus und wurde hysterisch. Diese Ärgernisse waren nicht unsere Schuld, trotzdem beschämten sie mich sehr.

Es war bereits dunkel, als unser Pferd uns verließ und wir uns im Gedränge einer Menge Kähne vertäuten, achtern von einem, der auf der linken Kanalseite lag.

Wir erfuhren, dass die Kähne auf die Schleusung in Sachsenhausen warteten. Wir brachten die *Gipsy* am nächsten Morgen durch, stakten an der Mündung des Ruppiner Kanals rechter Hand vorbei und an der Stadt Oranienburg zu unserer Linken. Der Ruppiner Kanal verbindet den Malzerkanal mit dem kleinen Fluss Rhin. Der Rhin widerum ergießt sich in das untere Ende der Havel, und wir hätten, glaube ich, auch diesen Weg durch viele Seen in die Elbe bei Havelberg segeln können. Unsere geplante Route führte jedoch die Havel hinunter durch Spandau, Potsdam, Brandenburg, den Plauersee und durch den Plauerkanal und mündete weiter oberhalb in die Elbe.

Ein Dampfboot überholte uns bald nach dem Frühstück und erbot sich, uns für fünf Mark nach Spandau zu schleppen, etwa fünfzehn englische Meilen. Das war nicht viel, aber es wäre uns fast teuer zu stehen gekommen: Der Kanal war mit einer ungeheuren Menge von Kähnen vollgestopft. Unser Schlepp zwängte sich zwischen zweien hindurch, ohne an uns zu denken. Wir hätten möglicherweise glatt folgen können, aber die Kahnführer waren so beschäftigt, den Dampfer zu verfluchen, dass einer uns mit seinem Steven rammte. Nun wetzte der Schiffer seine Zunge an uns *Gipsys* – sein Mund war eine wahre Dreckschleuder. Ich hatte noch nie jemanden so außer sich gesehen. Er stampfte in ohnmächtiger Wut auf, schrie sich heiser, fluchte und schüttelte die Fäuste. Aber der arme Verrückte konnte uns nichts anhaben, und alles, was er sich selbst antat, war womöglich ein Schlaganfall und ein kleines Loch im Vorschiff, da, wo er unseren Ankerstock zu fassen gekriegt hatte.

Zu schnell zog uns der Dampfer durch den Kanal und Teile der Havelseen, von denen sechs oder sieben Meilen besonders hübsch sind. Noch zwei Seen passierten wir an Backbord, den kleinen Heiligensee und den Tegeler See.

Zwischen diesen, die sich beide in den Havelsee öffnen, liegt ein Wald mit einem Hügel darin, um den sich ein wenig wendische Mystik rankt:

„Die Unterirdischen – Leutchen oder kleines Volk – wohnten einst in dem Hügel zwischen dem Heiligen- und dem Tegeler See. Sie pflegten beim Hause eines Bauern namens Martin Dannenberg zusammenzukommen und einen irdenen Krug an seiner Tür stehen zu lassen. Sie hatten große Köpfe und es wurde ihnen nachgesagt, dass sie Kinder vertauschten. Doch irgendwann verschwanden sie, und das ging so zu: Sie kamen zu einem Schiffer und fragten ihn, ob er gern ein bisschen Geld verdienen möchte, sie wollten über die Havel. Er legte eine Planke für sie von seinem Schiff zum Ufer, und sie befahlen ihm, ruhig zu schlafen und sich über nichts zu wundern. Dann war unaufhörliches Trippeln und Trappeln zu hören. Sie kamen und kamen, mehr und immer mehr, die ganze Nacht hindurch. Seitdem sind die Leutchen nicht mehr gesehen worden. Sie hatten die Größe von einjährigen Kindern, trugen rote Kleider und fürchteten sich vor Hunden."

Der Schlepper hatte an der Spandauer Schleuse losgeworfen, und ich versuchte, da ich wegen Tom vorankommen wollte, dessen Urlaub in ein paar Tagen zu Ende ging, einen neuen Schlepp zu organisieren. Aber der Schlepper musste Kohle bunkern, und der Schiffer sagte, dass die Strömung unter den Brücken so stark sei, dass es gefährlich wäre, im Schleppzug durch die Stadt zu fahren.

Also stakten wir nach der Schleuse weiter. Wir passierten die Spreemündung, kamen gut voran und erreichten glücklich die Brücken, drei waren es, glaube ich. Als wir die hässlichen Slums hinter uns hatten, stoppten wir am rechten Ufer für unseren Fünfuhrtee.

Kurz darauf tauchte der Dampfer wieder auf. Er war jetzt bereit, uns auf seinem Weg nach Potsdam zu schleppen. So legten wir ab, und sein Boot nahm unsere Trosse an. Wenn nur die Zeit nicht so gedrängt hätte! Einer von uns hasst es, geschleppt zu werden, und hier zu segeln wäre herrlich gewesen.

Nach einem hohen Ufer auf unserer Linken kamen wir nach etwa drei Meilen auf einen See, so schön wie nur irgend einer in Mecklenburg.

„Das ist wieder wie Leben!" kam es sogleich von Wilson. Tatsächlich bot sich ein Anblick, der uns Reisenden aus der Wildnis ganz fremd vorkam. Weiße Segel leuchteten in allen Richtungen. Es war ein lieblicher Sonntagnachmittag, und die Segler machten das Beste daraus. Meilen von glitzerndem See lagen vor uns, und es war perfekter Wind. Aber wir, die wir doch die britische Flagge führten, waren die einzige Jacht, die nicht unter Segel war.

„Macht nichts, Dad, wir können ja noch einmal wiederkommen!"

Ich wusste, dass das nicht passieren würde, blieb aber still und verwünschte den dreckigen Dampfer.

Einige Jachten waren sehr hübsch. Aber eine, die mit aufgetuchten Segeln vor Anker lag, war eigentümlich: Nur eine viereckige Schachtel, die auf einen breiten vierkantigen flachen Ponton gesetzt war, ohne Kiel oder Seitenschwert, aber wie ein Schoner getakelt.

Auch kleine Boote schwärmten auf dem See umher. Eins von ihnen, es tut mir leid das zu sagen, stellte unsere Ernsthaftigkeit auf die Probe und machte unser gutes Benehmen zuschanden. Eine würdevolle Person, stattlich

und beleibt, hielt die Steuerleinen, Passagiere waren eine Dame und ein junger Mann, das Boot lief unter einem kärglichen viereckigen Segel. Der Patriarchenbart dieses Mannes breitete sich nicht nur über die Stelle aus, wo seine Taille sein musste, sondern auch noch über einen unförmigen Korkrettungsring! Wir waren entsetzlich unfein, konnten aber einen Lachanfall einfach nicht unterdrücken.

An der rußigen Trosse unseres Schleppers spulten wir drei Meilen schönster Landschaft ab. Wir überholten lange Ketten von Kähnen im Schlepp und wurden von fröhlichen Ausflugsdampfern überholt – einer ließ uns an Friesland denken –, Taschentücher flatterten, und die Kapelle spielte einen Tusch für die Ausländer. Wir passierten den Wannsee, das Stammrevier des Berliner Jachtclubs. Dann kamen enge Stellen zwischen der hoch bewaldeten Pfaueninsel und dem ähnlich hohen Potsdamer Wald. Danach wieder offenes Wasser und weitere Engstellen. Dann signalisierte der Dampfer, warf uns los und schickte ein Boot nach der Bezahlung.

Wir verholten uns in eine nördliche Bucht und warfen außerhalb des Fahrwassers den Anker. Dieser Teil des großen Sees heißt Jungfernsee, und wir lagen querab der Gärten von Sacrow, nahe der Heilandskirche, deren östliches Ende direkt aus dem Wasser aufsteigt. Ungefähr dreißig Meilen hatten wir an diesem Tag zurückgelegt.

Am nächsten Morgen inspizierten wir unsere Umgebung. Unsere Liegestelle war klar auf der Karte zu sehen. Der Jungfernsee erstreckt sich nach Westen, aus ihm heraus schneidet ein Kanal eine große Havelschleife ab und bildet die Insel Potsdam. Unser eigener Weg würde die Schleife entlang führen, ein längerer, aber interessanterer Törn.

Dann gingen wir ankerauf und segelten auf eine schöne Brücke südlich von uns zu, die Glienicker Brücke. Ein Teil der Straße klappte zwischen den Mittelpfeilern auf, und wir segelten hindurch in einen kleineren See. Die Spielzeugfregatte, die der Kaiser als Kronprinz benutzte, um auf dem See zu segeln, lag vor Anker mit ihren straff verstagten Masten und rechtwinkligen Rahen – das perfekte Miniaturmodell eines guten altmodischen Kriegsschiffes.

Wir kreuzten auf dem Tiefen See und loteten, wenn wir den Ufern nahe kamen. Als wir gegenüber einer Reparaturwerkstatt für Dampfboote zwei enge Öffnungen entdeckten, nahmen wir das Segel runter, wählten den linken Zugang und stakten eine Weile weiter, bis wir einen ruhigen Platz fanden, wo wir am Ufer festmachten. Obwohl wir dicht bei Brücken und der Eisenbahnstation waren, hätten wir uns keinen besseren Liegeplatz wünschen können, nicht besonders schön, aber still wie das Land und mit schönem sauberen Wasser.

Tom hatte Zeit, alles zu besichtigen. Wie gewöhnliche Touristen absolvierten wir pflichtschuldig Berlin. Man braucht sie nicht zu beschreiben – es steht ja alles schon im Baedeker –, diese saubere, etwas langweilige, ehrgeizige Hauptstadt: die Meister im alten Museum, die enttäuschende Straße „Unter den Linden" (mit der einen schönen Statue von Friedrich dem Großen), den grandiosen Stuck und den feuchten zugewachsenen Tiergarten.

Kein Wunder, dass die preußischen Herrscher Potsdam immer geliebt haben. Um Berlin herum ist die Gegend abscheulich. Aber hier, nur sechzehn Meilen von der Hauptstadt, trifft man auf Schritt und Tritt eine schöne Aussicht, ein glückliches Zusammenspiel von Berg und Tal und von Wald und Wasser.

Die älteren Potsdamer Schlösser sind nicht gut gelegen. Das Stadtschloss, vom Großen Kurfürsten gebaut, steht auf niedrigem Grund. Auch Friedrichs des Großen berühmtes Sanssouci, obgleich höher gelegen, bietet keine besonders schöne Aussicht. Wir sahen die Terrassen, wo Friedrich für immer sans souci *(französisch: ohne Sorge – Red.)* zu liegen wünschte, und viele Überbleibsel aus seinen späten Jahren. Auf seinen früheren Pfaden waren wir schon in Rheinsberg gewandelt. Die Orangerie wurde uns gezeigt. Wir sahen die Außenseite des „Neuen Palais", das, seit der edle Friedrich darin starb, wieder in Schloss Friedrichskron umbenannt wurde. Wir spazierten auch zu den modernen Schlössern, dem Marmorpalast, der den Heiligensee überblickt, und zum hübsch in Grün eingebetteten Babelsberg. In Babelsberg, von Kaiser Wilhelm I. erbaut und sein bevorzugter Sommersitz, gibt es viele Erinnerungen an den königlichen alten Mann, einen Edelmann ohne Furcht und Tadel: Der Majestät ordentliches Arbeitszimmer, noch so, wie er darin arbeitete, die Köpfe der Hirsche, die er schoss und seinen über neunundvierzig Jahre lang geliebten Spazierstock. Außerdem fanden wir schlichte Erinnerungsstücke der englischen Prinzessin, die wie seine Tochter war: Ihre mädchenhaften Skizzen von der schottischen Landschaft, die Büste ihrer Schwiegermutter;

auch Zeichen britischer Gewohnheiten, wie ihren Kamin und ach! – es erregte immer noch das Erstaunen unseres Führers – ihr Bad.

Für Reisende würden sich ein paar Tage in Potsdam lohnen. Die Stadt ist in der Tat nichts Besonderes, aber ihre Umgebung ist bezaubernd. Sie ist am besten zu sehen, wie es die jetzige Kaiserin liebt, vom Boot oder einer Dampfbarkasse aus, oder wenigstens von Bord eines Seedampfers. Nur wenige von denen, die Berlin kennen, haben diese „verzweigte amphibische Potsdamer Region", wie Carlyle sie nannte, gesehen. Von Spandau im Nordosten zum südwestlichen Ende des Schwielowsees und rund um den Zernsee, und die angrenzenden Seen sind fünfzig Meilen ebenso schöne Seelandschaften, wie ich sie aus Mecklenburg kenne.

Die Nachricht vom Untergang einer Norfolk-Wherry erreichte uns hier in Potsdam. Die *Elsie* wollte auf den Friesländischen Binnenmeeren kreuzen. Ihr Charterer hatte seine Pläne mit mir durchgesprochen, und ich hoffte inständig, dass diese zweite Wherry, die ins Ausland ging, ebenso glücklich sein würde wie die erste. Es war ein Schock, zu hören, dass sie verloren ge-gangen war – in der Nordsee gesunken, während sie geschleppt wurde. Die Crew wurde gerettet, aber der unglückliche Charterer verlor seine Gewehre und seine Ausrüstung, die nicht, wie die Wherry, versichert waren. Wir selbst machten die Überfahrt bei hoher See nach einem Sturm. Aber verschalkt, mit gelegtem und gut gesichertem Mast, schwamm die *Gipsy* wie ein Korken. Ich hoffe, mein wagemutiger Bekannter wird es neu versuchen und dafür dann belohnt werden.

Kapitel XIX

Die Mark Brandenburg

„In einem Irrgarten von trägen trügerischen Wassern, die sich wie ein Netzwerk von Stahl in alle Richtungen ausdehnen."

Longfellow

fter poor old Tom's departure, we resumed our voyage. Bridges had to be quanted through, and then we hoisted sail for the stretch of water which is called the Havel, but is in fact a lake.

Nachdem der arme alte Tom abgereist war, setzten wir unsere Reise fort. Brücken mussten durchstakt werden, dann setzten wir Segel für ein Stück Wasser, das sich Havel nennt, aber in Wirklichkeit ein See ist. Der Ort Caputh am seinem Südende ist malerisch: hohes Hinterland und an der Wasserseite die Masten einer Reihe von Booten. Danach segelten wir mit stetigem, aber leichtem Wind den Schwielowsee hinunter und passierten das Gänsehorn. Das Wasser war undurchsichtig und flach, aber die hohen bewaldeten Berge erinnerten uns an Mecklenburg, mit dem Unterschied, dass dies hier wirklich Berge sind. Einer zum Beispiel, der Große Ravensberg, erhebt sich elfhundert Fuß über den Seespiegel.

Bei Baumgartenbrück wurden wir unter der Brücke fast von einem Kahn angefahren. Wir schipperten weiter, vorbei am Dorf Geltow und an der Einfahrt zum Glindowsee. Sehr langsam segelten wir an Werder vorbei, einer Inselstadt, die nur durch einen Damm mit dem Festland verbunden ist. Eine Meile nach einer Eisenbahnbrücke ankerten wir im Kleinen Zernsee.

Ein wunderschöner Herbsttag. Ich kann noch immer die bewaldeten Berge vor mir sehen, die mit dem blauen Dunst der Ferne verschmolzen. Ebenso deutlich ist meine Erinnerung an das ruhige graublaue Wasser und die langen geriffelten Spiegelungen der Schiffssegel darin.

Nahe Werder kam ein Küstenboot bei uns längsseits. Der Redakteur einer Berliner Zeitung wollte die englische Jacht interviewen. Herr Meyer sprach gut Englisch und bekundete lebhaftes Interesse an unseren kleinen Abenteuern.

Es hatte schon öfter Notizen in Zeitungen gegeben, aber das Ergebnis dieses Besuches war ein sehr langer Artikel in den Spalten von „Wassersport", der uns mehr pries als wir verdienten. Am nächsten Tag gab es eine schöne milde Brise und weitere liebliche, sonnige Landschaft.

Weiße Segel auf blauem Wasser, grüne Wiesen, weich gerundete Hügel in neblig grauer Ferne, Kirchtürme und Dörfer am Fuße der Berge. Ein Einschnitt, der Schenkengraben, durch den wir wieder auf die Hauptwasserstraße kamen, liegt im Schutze eines Dammes und stellte jetzt eine Art „Toilettenzimmer" für Schwäne dar.

Wir folgten einer Abkürzung nach links und ließen so Ketzin rechts liegen. Die vielen Kähne und nicht wenige Schleppzüge dienten uns als Führer, da die Havel sich hier in einen verwirrenden Irrgarten von Kanälen teilt. Über den Trebelsee trieben wir mehr als wir segelten, nur ab und an brachte uns ein leichter Puff vorwärts. Das Labyrinth setzte sich den ganzen Tag über fort. Die Karte half uns beim Entschlüsseln des Irrgartens, hier und da fragten wir trotzdem nach dem Weg. Die Tiefe variierte zwischen fünf und zwanzig Fuß.

Als der Himmel sich mit einem prächtigen Sonnenuntergang zu röten begann, stoppten wir ein Stückchen unterhalb der Kleinen Krenz bei einer Wiese mit Heuhaufen.

Wir lagen gerade oberhalb eines Abzweigs, den ich, wenn Zeit gewesen wäre, gern erkundet hätte. Dieser Abzweig, der Emsterkanal, führt durch eine Reihe von Seen – den Rietzer-, den Moor- und den Netzener See – in den Klostersee. Wir hörten, dass der Klostersee schön sei und dass an seinem Ufer eine zerfallene Abtei steht.

Wir waren bis auf drei Meilen an Brandenburg herangekommen, dessen Türme dunkel gegen die Glut des Sonnenunterganges standen. Im Morgenlicht zeigte sich ein auffallend niedriger runder Hügel über dem flachen Land. Was jetzt trocken gelegtes Marschland ist, war einst, wie viele Seen, die wir letzthin durchsegelt hatten, ein offener verbreiterter Arm der Havel. Mancher Kampf ist in dieser Mittelmark ausgefochten worden, der Grenzmark zwischen getauften Germanen und heidnischen Slawen. Die eine Seite für Christus und seine Heiligen, die andere für Belbog und Zernebog, das Idol Swantewit[1] mit seinen vier Köpfen, für Siva, Prowe, Podaga, Triglaff, Rhadegast[2] und die ganze grausige Schar.

---

[1] Dieses Idol hatte die einzigartige Geschichte, sein Leben als Heiliger begonnen zu haben. Die Mönche von Corvey sprachen bei der Bekehrung der Rügenslawen so viel von den Wundern des St. Vitus, dessen Reliquien sie in Corvey aufbewahrten, dass, als sie weiterzogen und die Leute wieder in Götzenanbetung verfielen, aus dem Märtyrer ein Idol gemacht wurde, dem sie Menschenopfer brachten. „Das sind die Gefahren, die sich aus der übermäßigen Verehrung von Heiligen und Heiligenbildern ergeben!" *Palmers History of the Church.*

At
Caputh
a sketch
by
g. u.D.
1891.

Der niedrige runde Hügel, den wir jetzt sahen, war vielleicht die letzte
Zuflucht der Havelbewohner, als vor etwa tausend Jahren Heinrich der Vogler
die slawische Brennaburg angriff. Und es könnte sein, dass nahe unseres jetzigen Liegeplatzes die kühnen germanischen Belagerer auf dem Eis des hart
gefrorenen breiten Gewässers lagerten.

Besonders die Lage der Stadt spricht für ihren wendischen Ursprung
– erbaut auf zwei Inseln und einem gegenüberliegenden Vorsprung des Fest-
landes. Die Trockenlegung des Landes hat die Havel verengt, aber die Inseln
sind noch erhalten und ein See, der Beetzsee, erstreckt sich noch mehr als ein
Dutzend Meilen im Norden der Stadt. In der Oberen Havel[3] fanden wir gutes
Quartier und vertäuten uns gegenüber dem Zentrum der Stadt an Dalben.

Der alte Ort birgt noch viele Altertümer, die wir natürlich sehen wollten. Vorbei an einem achteckigen roten Ziegelturm, dem Mühlentorturm, und
über den geschäftigen Marktplatz kamen wir zuerst zum Rathaus – alt, aber
modernisiert – mit einem vierschrötigen alten Roland an seiner Mauer. Das
riesige Bildnis des „Hornbläsers" – ein Mensch würde mit dem Kopf gerade
an sein Knie reichen – hält sein Schwert aufrecht, und auf seinem grimmigen,
alten, steinernen Kopf ist Moos zu einer Kappe für ihn gewachsen.[4]

---

[2] Es gibt in Mecklenburg einen Ort namens Gadebusch – Wald der Götter – nahe an einem
Fluss, der noch heute nach dem vergöttlichten heidnischen Helden Rhadegast heißt und in
dem die heidnischen Priester zu baden pflegten, ehe sie den heiligen Hain betraten.

[3] *Gemeint ist der stauregugulierte obere Zweig der Stadthavel, nicht zu verwechseln mit dem
gleichnamigen Havelabschnitt bei Neustrelitz. – Red.*

[4] Seltsam genug hat der Roland den Titel „Markgraf der Bretagne", der ihm von *Einhard* in
seinem „Leben Karls des Großen" verliehen wird.

Wir wanderten am Steinturm vorbei (einem weiteren alten Backstein-stadtturm), an den Ufern des Kanals entlang und gelangten in die malerische Umgebung der Paulikirche. Der Küster zeigte uns einen schönen Kelch aus vergoldetem Silber mit einem Knochen von St. Paul (!) in seinem Schaft. Eine andere Reliquie hielt der Küster für wertvoller: Eine Uniform des zeit-weiligen Hauptmanns des Brandenburgischen Regiments, Alexanders II. von Russland.

Aber alle diese Kuriositäten waren vergessen, als wir auf die St. Ka-tharinenkirche stießen. Sie ist eine Hallenkirche mit einem ungeheuren Dach. Aber die Einfachheit des großen Daches ist durch reich verzierte, spitze Giebel unterbrochen. Nur Ziegel sind in den Giebeln verwendet, aber die durchbro-chene Arbeit ist so kunstvoll, dass der Eindruck feinen Steinfiligrans entsteht. F.'s Zeichnung nach einem Foto gibt nur einen unvollkommenen Eindruck. Die Kirche steht auf einem so dicht bebauten Platz, dass sie nicht von unten fotografiert werden konnte, sondern nur von einem Dach oder Fenster aus.

Wir hatten Glück, dass wir die Kirche offen fanden und kein offizieller Küster uns entdeckte. Ein gotisches Bronzetaufbecken, dessen Deckel von einem kranähnlichen Mechanismus gehoben wird, rief uns das hundert Jahre jüngere holländische Becken ins Gedächtnis, das wir in der Groote Kerk in Zut-phen sahen. Bewundernswert, doch ohne diese große archaische Einfachheit, die einen an älteren und gröberen Becken so beeindruckt. Wir bewunderten auch zwei Triptychen hinter dem Hochaltar, eins alt und auch so aussehend, das andere zu frisch restauriert. Um den Altar standen die Kolossalfiguren der Apostel, sechs auf jeder Seite, und auch sonst befanden sich in der Kirche ein paar alte seltsame Denkmäler.

Nachdem wir die Untere Stadthavel überquert hatten, auf der die Strömung sehr stark ist, entdeckten wir in der Altstadt auf dem Festland eine andere alte Kirche, St. Godehard. Eine schöne Kanzel, ein altes Triptychon, nicht geschnitzt, nur gemalt, und auch wieder interessante Denkmäler. Der tatterige alte Küster störte uns so, dass wir den Hauptschatz der Kirche, ein romanisches Bronzetaufbecken, verpassten, von dessen Vorhandensein wir erst später hörten. Ich wäre meilenweit gelaufen, um es zu sehen.

Die Kathedrale steht auf der Dominsel. Wir fanden sie sozusagen in den Händen der Arbeiter und voll von Gerüsten. Alte Gebäude stehen drum herum, die jetzt für die Ritterakademie genutzt werden. Mir schien sie dem College in Winchester ähnlich, Dick war jedoch anderer Meinung.

Nachdem wir mit der *Gipsy* am wunderlichen alten Stadtgerichtshaus, jetzt Kaserne, vorbeigesegelt waren, fanden wir uns in einer Schleuse. Als wir wieder freikamen, brauchten wir nicht lange, um uns mit Hilfe einer frischen Brise aus Nordosten zwischen Kähnen, Flößen und langen Schleppzügen hin-durch zu schlängeln, hinein in den Plauer See. Dieser Plauer See ist eine große

Wasserfläche mit vielen Inseln, Landzungen und mit niedrigen, uninteressanten Ufern, ganz anders als sein mecklenburgischer Namensvetter. Wir fanden ihn ziemlich flach, aber die Untiefen sind gut betonnt und das Fahrwasser extra markiert. So unfruchtbar ist das Land drum herum, dass die kümmerlichen Föhren aus dem schieren losen Sand herauswachsen, kein Hälmchen ist unter den Bäumen zu sehen. Man denke an Friedrich I., den selbsternannten König, der sein neues Königreich aus einem früheren Lehen von Polen schuf – Preußen. Sein volkstümlicher Titel war „Erzsandmann des Reiches". Und hier war in jeder Hinsicht Grund genug, um seine Sandmannschaft aufzubauen.

Wir segelten um das Nordende der Insel Buhnenwerder, dann nach Westen und rundeten eine Landspitze am Nordufer. Bei Mondlicht ankerten wir innerhalb des Tonnenstrichs, aber außerhalb des Fahrwassers in der weiten Mündung der Havel. Drei- oder vierhundert Yards nördlich von uns konnten wir noch eine Brücke ausmachen: die Plaue-Brücke. Wie wir am Morgen sahen, stand jenseits davon am Westufer des Flusses das Schloss des Grafen von Königsmark.

Hier, wahrscheinlich an der gleichen Stelle, war einst ein feudales Besitztum der mächtigen Grafen von Quitzow. Dies Land Brandenburg, damals Kurland, war an Jobst, Markgraf von Mähren, verpfändet worden. Fürsten pflegten damals ihre herrschaftlichen Rechte wie Privateigentum zu verpfänden. Herzog Johann II., Mitregent seines Bruders Ulrich von Mecklenburg-Stargard, war einst vom Hypothekengläubiger als Statthalter eingesetzt worden, oder, wie ein Jurist heute sagen würde, als Steuereintreiber, und hatte sich in dieser Eigenschaft die Feindschaft der Quitzows zugezogen. Eines Morgens ging er auf eine Reise nach Berlin. Er fuhr von seinem Schloss Stargard ab und war bis Liebenwalde gekommen, als er von den Brüdern Johann und Dietrich von Quitzow aufgegriffen wurde, die ihren einstigen Mitregenten hier nach Plaue brachten und ihn im Schloss gefangen setzten. Da er sehr kurz gehalten wurde, versuchte der Herzog zu fliehen. Aber nach einer Nacht in den Wäldern – es war mitten im Winter – nur in Nachthemd und Hausschuhen, fing man seine Durchlaucht ein und setzte ihn wieder fest. Gefangenschaft und Kummer bei Brot und Wasser würden sein lebenslanges Schicksal gewesen sein, wenn nicht Bruder und Co-Herzog Ulrich den Bruder Johann von Quitzow gefangen genommen und seine Lordschaft in Lychen eingekerkert hätte, als dieser eines schönen Tages auf der Jagd war. Im Nachhinein endete alles glücklich mit einem Austausch der Gefangenen. So war das Leben in diesem Land in den guten alten Tagen des Faustrechts.

Von Plaue führen zwei Wasserstraßen in die Elbe. Eine ist die Havel, die nach Norden fließt und ein paar Meilen oberhalb von Havelberg in die Elbe mündet. Die andere ist der Plauer Kanal, der sich westwärts hält, und die Elbe fünfzig Meilen weiter südlich bei dem Ort Niegripp erreicht. Ein Schiff, das el-

The mill-gate Tower
Brandenburg. FHD.

babwärts wollte, würde auf der Havel segeln. Wer stromaufwärts wollte, würde den Kanal nehmen. Wir mussten unsere Wahl treffen. Der Fluss nahm sich von der Brücke her einladend aus; mehr Seen lagen an seinem Verlauf, und an oder nahe an seinen Ufern gab es sehenswerte Städte wie Havelberg und Wilsnack. Der Kanal andererseits ist ein bloßer Graben, selbst nicht attraktiv, aber der beste Weg zu den Sehenswürdigkeiten an der Oberelbe. Nach einer Debatte war sich unsere Runde einig: Alle wählten die Oberelbe mit Harz, Dresden und der Sächsischen Schweiz, wenn – es gibt immer wenns – Zeit dafür wäre. Wir hatten den 12. September und noch, sagen wir, sechs Wochen zur Verfügung. Nach sorgfältiger Überlegung dachte ich, wir könnten es schaffen.

Die Entscheidung war getroffen. Schade um Havelberg und Wilsnack.

Der Baedeker kennt Havelberg nicht und weiß nur, dass eine alte Kirche in Wilsnack existiert. Trotzdem ist der Havelberger Dom eines der schönsten Exemplare der Backsteinbauweise in Deutschland. Und was Wilsnack und seine Kirche angeht, so waren sie einst berühmt in der ganzen Christenheit, obgleich man heute wenig davon hört: Nachdem die Wilsnacker Kirche 1383 abgebrannt war, wurde der Priester durch eine Vision aufgefordert, in den Ruinen die Messe zu zelebrieren. Er fand ein Wunder: Der Altar unzerstört, Kerzen darauf, und zwischen den Kerzen in einem Tuch drei geweihte Hostien, zusammengefügt und mit Blut befleckt. Er eilte zu seinem Diözesan, dem Bischof von Havelberg, der kam und das Wunder bestätigte. Ehe zwanzig Jahre vergangen waren, war der Ort weltberühmt. Könige und Fürsten sandten kostbare Geschenke. Papst Urban VI. versprach den Gläubigen, die dorthin pilgern würden, Ablass. Und Pilger kamen aus allen Himmelsrichtungen: aus England, Schottland, Frankreich, Ungarn, Dänemark, Schweden und Norwegen.

Nun waren andere Kirchen, die auch Reliquien hatten, auf Wilsnack neidisch geworden und wandten sich an den Erzbischof von Prag. Um das Wunder zu prüfen, entsandte er keinen Geringeren als Johann Hus, den späteren Märtyrer. Hus entlarvte den Betrug, Wunschebergius griff es an und ein Domherr von Magdeburg hielt eine Strafrede gegen einen Prälaten, der aus Habsucht einen Betrug tolerierte. Der Bischof von Havelberg jedoch verteidigte das Wunder in Rom, die päpstliche Bestätigung wurde erneuert und die Glaubwürdigkeit des heiligen Blutes von Wilsnack wurde von den Konzilen von Konstanz und Basel ebenfalls bestätigt.

Hus pflegte eine Anekdote über Wilsnack zu erzählen: Ein Prager Bürger, Petrziko de Ach, der mit einem gelähmten Arm geschlagen war, hatte dem Schrein eine silberne Hand dargebracht. Neugierig, was die Priester damit machen würden, wartete er fünfunddreißig Tage in Wilsnack und ging dann unbemerkt in die Kirche. Wie der Zufall es wollte, war der Priester gerade dabei, einer Menge von Anbetern zu verkündigen: „Hört Leute, ein Wunder! Merkt auf! Ein Prager Bürger ist vom heiligen Blut geheilt worden. Und seht, er hat eine silberne Hand als Zeugnis seiner Heilung gestiftet!" Aber der Kranke stand auf, erhob seinen Arm und rief: „O Priester, welche Falschheit! Seht, meine Hand ist gelähmt wie zuvor!"

Ein Dekan von Havelberg, Matthias Ludecus, schrieb im 16. Jahrhundert eine Geschichte des Aberglaubens. Unter anderem erzählt er, dass es in der Kirche eine Waage gab. In die eine Schale setzte man gewöhnlich den Pilger, der Vergebung seiner Sünden suchte. In der anderen wurden seine Opferga-

A Fleet of Barges, Plaue See.

ben aufgestapelt – Brot und Fleisch, vielleicht Käse oder andere heimische Produkte. Wenn der Sünder wohlhabend schien, blieb der Waagbalken im Gleichgewicht und der Priester stellte fest, dass das ein besonderer Bösewicht sei, dessen Missetaten nur mit noch wertvolleren Opfergaben ausgelöscht werden könnten. Schließlich durfte sich durch einen geheimen Mechanismus die Schale senken. Einen komischen Holzschnitt, der das beschreibt, findet man in den Lectiones Memorabiles von Wolfius.

Erst Joachim Eldfelt, der vom reformierten Glauben erfüllt war und 1551 Pastor der Kirche wurde, setzte dem Betrug ein Ende und warf die Oblaten ins Feuer. Die erzürnten Kanoniker von Havelberg brachten ihn ins Gefängnis und versuchten, ihn dem Scheiterhaufen zu überantworten; er wurde aber vom Kurfürsten von Brandenburg gerettet.[5]

Erfreulich und ein bisschen englisch waren die Gärten des Schlosses in Plaue. Das Dorf sah gepflegt und sauber aus, der Friedhof bunt und duftend von Blumen. Für den Gottesdienst kamen wir zu spät zur Kirche, aber am Eingang lauschten wir den vertrauten Choralmelodien, die wir auch in unseren Kirchen daheim singen.

An der Brücke kam es zu einem Plausch mit dem Wärter. Er erzählte uns, dass die Havel voller Fische sei und dass es viele reiche Fischer gäbe; alle gewöhnlichen Fischarten und in der Saison, glaube ich, sogar eine ganze Menge Lachse.

Nach dem Lunch segelten wir über eine Bucht des Plauer Sees, den Wendsee, mit dem Wendeberg in der Nähe, deren Namen von den Zeiten

---

[5] Für die Geschichte von Wilsnack bin ich den interessanten „Denkwürdigkeiten von Canterbury" des ehemaligen Dekans Stanley verpflichtet, dem einzigen mir bekannten englischen Buch, das sie enthält. Der Dekan bezieht sich auf Stenzels „Geschichte des preußischen Staates", Bd. I, Seite 175.

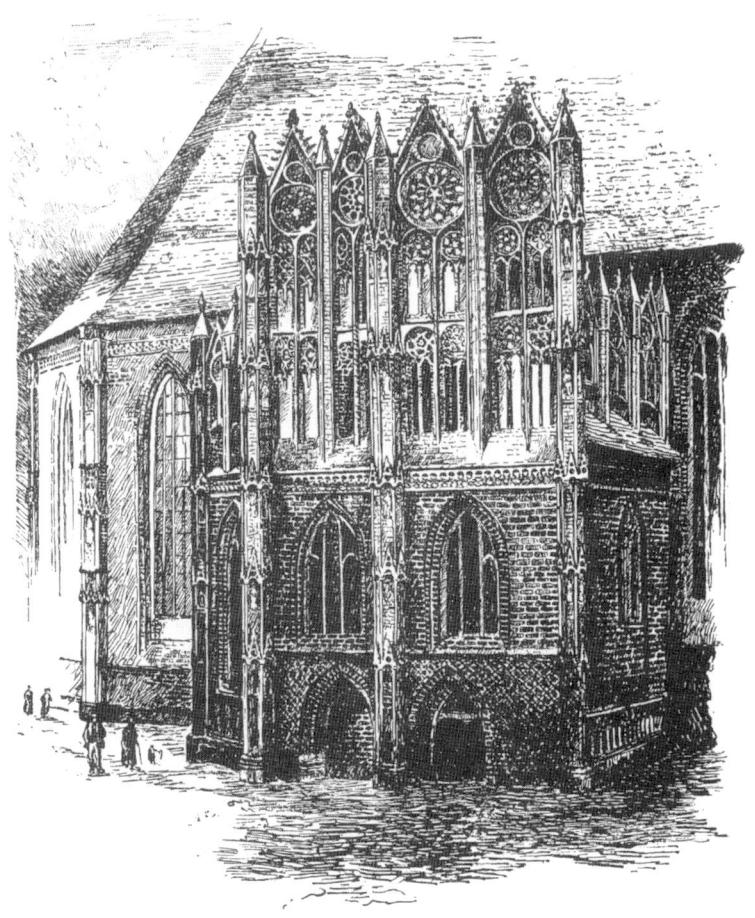

Baltic Brick Work, St. Katharine's Church, Brandenburg.

vor Heinrich dem Vogler künden, der dieses Land regierte, das ein Markgraf
von den Wenden eroberte – die wendische Mark, eine Grenzprovinz seines
Reiches.

An der Dorotheenhofschleuse weigerte sich der Mann, uns durchzulassen, ehe er nicht – ausgerechnet – unseren Registerauszug gesehen hatte.
Bereitwillig zeigte ich ihn vor und der Anblick von Pergament mit dem britischen Löwen und dem Einhorn war genug für seine Neugier – ein Gelehrter
war er nicht. Wir segelten weiter durch die Cadesche-Schleuse[6] und stoppten

---

[6] *Die Kader oder auch Kadersche Schleuse gibt es heute nicht mehr. Ebenso die Dorotheenhofschleuse. – Red.*

196

kurz vor der Straßenbrücke nach Genthin. Wir hatten – leider – den letzten von über achtzig Seen, die wir in Deutschland bereist hatten, gesehen.

Eine gute Brise am nächsten Morgen machte unser Flachwasserschippern erträglich. Genthin war uns mit drei Brücken im Wege. Danach kam eine Strecke flaches Land und gutes Segeln, dann Seedorf mit seinen Wäldern und einem neuen ziemlich hübschen Haus. Danach ein Schlag nach Süden mit achterlichem Wind. Burgzow[7] mit Obstgärten darin und drum herum hatte keine Früchte für uns zu verkaufen. Ein Dorf, das in der Hitze döste und in dem sich nichts rührte außer ein oder zwei barfüßigen, kurzgeschürzten Frauen mit schweren Körben auf dem Rücken, die armen Dinger!

Unterhalb der Wälder verließ uns der Wind, und wir mussten uns wieder an den Staken üben. Dick lachte über unsere harmlose europäische Sonne, aber an Deck war es heiß genug, und beim Fünfuhrtee hatten wir achtzig Grad Fahrenheit in unserem luftigen Salon. Gerade im rechten Augenblick kam ein Dampfer mit zwei Kähnen im Schlepp heran, der einverstanden war, uns für fünf Mark nach Niegripp mitzunehmen. Zwanzig Meilen hatten wir seit dem Morgen hinter uns und zwanzig lagen noch vor uns. Burg passierten wir bei schwindendem Tageslicht, das etwas mühsam von einem runden Mond unterstützt wurde, so sahen wir zwei doppeltürmige Kirchen – einer der Türme ohne Spitze. Schließlich hängte der Dampfer uns an einer Stelle, wo viele Kähne am Ufer lagen, ab, und wir machten in der Dunkelheit hinter einem Frachter fest.

---

[7] *Bergzow – Red.*

KAPITEL **XX**

Magdeburg und Quedlinburg

*„Wie ehrwürdig ist
das Antlitz dieses mächtigen
Bauwerks."*
Gongreve

*„Memories of the Midd-
le Ages, when the Emperors
rough and bold,
Had their dwelling in
thy castle, time defying centu-
ries old."[1]*
Longfellow

n the morning Dick and I „pro-
spected around." We walked
out to the mouth of the canal,
and looked at the yellow Elbe
swirling by, and – Dick interpreting – held parley with the lockkeeper. A light
breeze was blowing down with the strong current; sailing up stream today
was out of the question.

Am Morgen machten Dick und ich einen Rundgang. Wir spazierten zur
Mündung des Kanals, blickten auf die von der Strömung verwirbelte gelbe
Elbe und hielten einen Schwatz mit dem Schleusenwärter – Dick übersetzte.
Ein leichter Wind blies in Richtung der starken Strömung, heute flussaufwärts
zu segeln kam nicht in Frage.

Würde man einen Schlepper bekommen? Wir wurden an den Herrn
Inspektor verwiesen. Wie wir feststellten, war der Inspektor ein sehr höflicher
Mann und gleichzeitig Agent einer Schleppergesellschaft, so war ein Schlepp
nach Magdeburg schnell arrangiert. Unsere Tonnage überstieg ein bisschen

---

[1] *etwa:* „Ihr Zeugnisse des Mittelalters, die ihr den Jahrhunderten trotzt, streitmächtige
kühne Kaiser bewohnten euer Schloss." – *Red.*

Baptistery
And
Editha's
Tomb
Magdeburg
Cathedral
K.B.D.

die niedrigste Stufe seiner Tabelle, aber er war gewillt, uns trotzdem den kleinsten Betrag zu berechnen. Die Schornsteine seiner Schiffe trügen einen roten Streifen zwischen zwei weißen, und wir könnten jeden seiner Schlepper anrufen und uns anhängen. Daraufhin fuhren wir durch die Schleuse hinaus auf den großen Fluss und ankerten knapp unterhalb der Kanalmündung.

Und da lagen wir den ganzen Tag. Dick und ich ruderten etwa hundertfünfzig Yards zu einer zwischen zwei Wellenbrechern liegenden Bucht und blickten von da herüber auf die *Gipsy*. Eins der Mädchen erschien von Zeit zu Zeit auf dem Vordeck und hielt vergeblich nach etwas Zeichnenswertem Ausschau. Die anderen waren nicht zu sehen, entweder waren sie in ihrer Kabine oder vielleicht lesend oder arbeitend im Salon. Hinten in der Plicht waren die Männer beim Abwasch, interessiert beobachtet von den hinter uns liegenden Kähnen.

Manche Stunde hatten wir in Mecklenburg auf einem der tiefen klaren Seen unter den Waldbäumen verträumt, „wie Götter, unbekümmert um die Menschen", nicht wie hier, vor Anker auf einem schmutzigen Fluss. Wenn sich dort nur ein Windchen regte, waren wir frei, loszusegeln, wann und wohin wir wollten. Jetzt, hilflos wie ein Holzklotz, waren wir abhängig von ordinären Schleppern. Vorausgesetzt, wir hätten günstigen und ausreichend starken Wind, würde es wohl möglich sein, auf eigene Faust auf dem Fluss vorwärtszukommen, so wie wir letztes Jahr von Hamburg nach Dömitz gesegelt waren. Aber die Zeit wurde knapp für die lange Reise, die wir noch vor uns hatten. Winde sind launisch, und segelnd würden wir die Sächsische Schweiz vielleicht erst wer-weiß-wann zu sehen kriegen.

Frachtkähne kamen aus der Kanalmündung und legten sich nebeneinander, um, ebenso wie wir, auf einen Schlepp zu warten. Andere Kähne kamen den Strom herunter, luvten eine halbe Meile oberhalb in den Wind und schlüpften dann gerade rechtzeitig mit wieder vollen Segeln zwischen den Wellenbrechern hindurch. Schlepper mit langen Zügen kamen vorbei, aber keiner von unserer Reederei. Endlich, um vier Uhr, erspähten wir unter einem schwarzen Wimpel einen Schornstein mit den richtigen Farben. Der Schlepper kam heran.

„Was ist das für ein Geräusch?", rief Dick; ein seltsames, lautes, kratzendes, klirrendes Geräusch. Wir alten Hasen erkannten es sofort: Ein Kettendampfer! Dann erinnerten wir uns an das Wort „Kette" im Namen der Reederei. Wir hatten das nicht beachtet. Später fanden wir heraus, dass die Kette von Rothenburgsort bei Hamburg bis Melnik in Böhmen im Bett der Elbe liegt, nicht weniger als vierhunderteinundsiebzig Meilen Kette (nicht mitgerechnet die 66,5 Meilen im Nebenfluss Saale). Die eisernen Kettenglieder haben einen Durchmesser von 1,014 Zoll, ein Gewicht von über vierundzwanzig Tonnen pro Meile, das Gewicht der ganzen Kette also dreizehntausenddreiundfünfzig Tonnen.[2] Was für eine ungeheure Kette! Die größte sicherlich seit den frühesten Kettensträngen, die die alten Veneti benutzten, wie Cäsar berichtet.[3]

Wir setzten uns in Bewegung, laschten uns längsseits am Kettendampfer fest und wurden mit der Zeit immer tauber und immer schmutziger. Die Landschaft war nichts als hässlich, abgesehen von Hohenwarthe, wo eine Kirche direkt auf einer Klippe steht. Es war bereits dunkel, als der Schlepper uns nach Durchfahrt einer Eisenbahnbrücke in Magdeburg abhängte, gerade oberhalb vom Elbe-Zollhafen, der uns als Liegeplatz zugewiesen worden war.

Die Kirchenglocken läuteten wie zu unserem Willkommen, als wir ankamen. Aber andere und weniger angenehme Laute folgten, so war nur wenig Schlaf zu bekommen. Frachtkähne wurden vor und hinter uns be- und

---

[2] Herr H. Heidtmann aus Hamburg-Uhlenhorst, der die *Gipsy* während des Winters 91/92 in Obhut hatte, besorgte die Zahlen, die ich als englische angebe, vom Sekretär der Kettenkompanie. Die Kette in der Elbe zwischen Hamburg und Schmilka und die Kette in der Saale gehören dieser Gesellschaft. Die oberhalb von Schmilka gehört der Österreichischen Nordwest Dampfschleppergesellschaft.

[3] Es gibt nichts Neues unter der Sonne! Auch die Erfindung des Patentlogs wurde im Prinzip von den Römern vorweggenommen, „die Schaufelräder hinter ihren Schiffen herzogen, deren Umdrehungen ihnen ermöglichte, die Entfernung zu schätzen, die das Schiff zurückgelegt hatte." *Bericht von E. G. Ravenstein 1891 an die Geographical Section British Association.*

entladen, mit lautem Rufen und dem Klirren und Klötern von fallenden Ketten. Wir hatten einen höchst unerfreulichen Liegeplatz erwischt. Ich suchte einen besseren und fand am nächsten Morgen einen Platz an der Ostseite des Flusses, unmittelbar unter der Brücke. Ein vorbeifahrender Dampfer zog uns ein Stückchen, und wir vertäuten uns hier gut, indem wir einen Anker ausbrachten und Leinen an Ringen am Ufer festmachten. Neugierige konnten nicht nahe genug herankommen, um uns zu stören – wir hätten in diesem Hafen keinen besseren Liegeplatz finden können.

Hamburg, ein großer Seehafen, liegt achtzig Meilen vom Meer entfernt. Und hier, zweihundert Meilen oberhalb von Hamburg, ist ein florierender Flusshafen. Keine seetüchtigen Schiffe, aber Reihen von riesigen Flussfrachtern liegen längsseits der endlosen Kaianlagen. Unaufhörlich gleiten Kolonnen von Fahrzeugen hinter mächtigen Schleppdampfern stromaufwärts. Und Lastkähne fahren in immerwährender Folge abwärts, nehmen die Kette auf, lassen sie über das Schiff laufen und zurück ins Wasser sinken.

In der Stadt selbst brummen die schönen Läden und die bevölkerten Straßen von üppigem Leben. Alte Straßenarchitektur kann man in Magdeburg nicht sehen. Auf dem Breiten Weg jedoch gibt es einige Wohnhäuser mit großen Giebeln, die, obwohl sie durch Farbe modern aussehen, doch nicht lange nach Tillys Zeiten entstanden sind. Eine Hausfront in dieser hübschen Straße trägt noch eine Inschrift: „Zur Erinnerung an den 10. Mai 1631."

De Quincey behauptet fälschlich, dass Magdeburg niemals geplündert wurde. Aber es ist Geschichte, dass an diesem Tag des Jammers Tillys Soldaten die Stadt morgens um zehn Uhr betraten und dass um zehn Uhr nachts nur noch zwei große Gebäude standen und dass zwanzigtausend hilflose Menschen, Männer, Frauen und Kinder, abgeschlachtet wurden oder in den Flammen starben, die die Stadt verzehrten.

Tilly wurde von seinen eigenen Offizieren gedrängt, dem Schlachten und Plündern Einhalt zu gebieten.

„Nein, nein, gebt ihnen noch eine Stunde, dann kommt wieder."

Ein höllischer Feind!

In der menschlichen Geschichte ist nur ein anderer solcher Dämon bekannt: Alba, der sich brüstete – wie Motley uns berichtet –, dass er während seiner Regierungszeit in den Niederlanden achtzehntausendsechshundert Ketzer hinrichten ließ. Seltsam ist, dass diese beiden – der grimmige, brutale „alte Korporal" von bäurischer Herkunft, wie Gustavus ihn nannte, und der hochmütige spanische Grande, beide höchst erfolgreiche Soldaten und beide Ungeheuer der Unmenschlichkeit – sich auch in Gestalt und Gesichtszügen auffällig glichen. Und der Vergleich kann noch fortgesetzt werden. Alba starb verlassen, ein gebrochener Mann; und Tillys Stern sank für immer nach dem „Hochzeitsfest von Magdeburg", wie dieser fleischgewordene Teufel es nannte.

Wir sahen die beiden geheiligten Gebäude, die die Zerstörer verschonten:
Die Kathedrale, in der tausend arme Geschöpfe zwei Tage nach der Plünderung
gefunden wurden, Tote und Sterbende auf einem Haufen; und die alte Kirche
der Madonna.

Die Kathedrale war nicht offen, wie es Kirchen in christlichen Ländern
eigentlich sein sollten. Der Küster musste aufgestöbert werden und gottergeben
eilte er herum, als ob er seinen Obolus nicht erwarten könnte. Diese deutsche
Kirche ist für Engländer von besonderem Interesse. Sie wurde von Editha
gegründet, der Enkelin Alfreds des Großen, Tochter von Edward dem Älteren
(dem „unbesiegten König") und Schwester von Athelstan. Von ihr, der Frau
des großen Kaisers Otto I., wird erzählt, sie habe ihre Stiftung mit achtzehn
Fässern Gold bedacht. Die Gräber von Otto und Editha befinden sich in dieser
Kathedrale, die im 13. Jahrhundert auf dem Platz der dreihundert Jahre vorher
erbauten Kirche errichtet wurde, und die noch Teile der alten Bausubstanz
bewahrt. In einem runden Schrein mit spitzem Dach innerhalb der Kirche,
wahrscheinlich eine Taufkapelle, zeigte uns der Küster Bildnisse vom großen
Kaiser und, wie er sie nannte, von der „englischen Prinzessin."

Stunden würde man für diese große Kathedrale brauchen. Nicht die Hälfte vom dem, was wir sahen, ist mir im Gedächtnis geblieben. An das großartige

Äußere, die erhabene Höhe und Mächtigkeit, die großen mit einem Giebel verbundenen Westtürme und den teilweise romanischen Kreuzgang kann ich mich noch erinnern. Und an das englisch aussehende Innere mit einigen seiner unschätzbaren Kostbarkeiten: Das wundervoll geschnitzte Eichengestühl, die schöne Kanzel, die vom edlen Kopf des Heiligen Paul gestützt wird, die archaische Bronze von Erzbischof Adalbert, die einen eine halbe christliche Ära zurückversetzt, ins 10. Jahrhundert; das alte schmiedeeiserne Gitter, das eins der edelsten Bronzegrabmäler in Deutschland umschließt, die liegende Figur des Erzbischofs Ernst unter einem gotischen Baldachin, eine Arbeit Peter Vischers aus Nürnberg von 1395, und einen siebenarmigen Leuchter aus dem Jahr 1494. Das alles habe ich nicht vergessen, aber viele prächtige Dinge sind mir aus dem Gedächtnis verschwunden.

Bei der Klosterkirche Unserer lieben Frau hatten wir Glück. Beim Kauf von Fotografien trafen wir zufällig Herrn E. v. Flottwell, einen Altertumsbegeisterten, der uns den Vorzug seiner Führung angedeihen ließ. Die Kirche ist eine alte romanische Basilika, die in gotischen Zeiten etwas verändert und letztens wunderschön restauriert wurde. Der Chor ist erhöht wie üblich, mit einer Krypta darunter, die von wuchtigen Marmorsäulen gestützt wird, welche von Kreuzfahrern aus Ägypten mitgebracht worden sein sollen. Das angrenzende Kloster wird jetzt als Schule genutzt. Wir wandelten durch den alten Kreuzgang und einen kryptaähnlichen Teil, dessen Stützsäule – wann und wie ist nicht bekannt – aus einem griechischen Tempel kommen soll.

Wir besuchten auch das seltsame Brunnenhaus, wo neu aufgenommene Mönche zeremoniell geschoren wurden und ihre Tonsur erhielten. Die Ordensbrüder hier waren Prämontratenser, ein Orden der im frühen 12. Jahrhundert in Premontre in Frankreich aufkam und dessen Gründer, St. Norbert von Xanten, ein Erzbischof von Magdeburg wurde.

Unglücklicherweise führt keine Wasserstraße in den Harz, so mussten wir den Ausflug, den wir uns dahin vorgenommen hatten, per Bahn machen. Das Herz des Gebirges ist unberührt von der Eisenbahn, die aber die äußeren Bastionen von überall her erreicht. Wir entschlossen uns, unseren Angriff von Thale aus zu starten. Einige von uns stiegen auf eine glückliche Eingebung hin auf der Fahrt in Quedlinburg aus, und kein Ort, ausgenommen vielleicht Lüneburg, belohnte uns mehr. Wenn Lüneburg ein Museum für Backsteinbauweise ist, so ist Quedlinburg eins für altes Fachwerk. Nicht, dass es hier so besonders schöne Häuser gibt – anderswo gibt es bemerkenswertere –, aber hier wandert man durch eine vollständig mittelalterliche Stadt. Straße auf Straße voll von alten Gebäuden, nichts Modernes drängt sich dazwischen; Verputz in allen Farbvarianten, überkragende Stockwerke, die auf großen geschnitzten Balken ruhen, riesige Torbögen, steile Dächer von altersmürben Ziegeln mit grauem Mörtel in den Ritzen, was aussieht wie mit Schnee gesprenkelt. Das Ganze gleicht, wie eins der Mädchen es treffend ausdrückte, einer mittelalterlichen Stadt, wie es sich sonst nur Bühnenbildner vorstellen können.[4] Der Marktplatz, auf dem ein Roland am alten Rathaus steht, würde in jeder anderen Stadt ein Prachtstück sein. Hier ist er von weniger Interesse als manche dunkle Gasse, wo die über die unteren vorspringenden oberen Stockwerke fast zusammenstoßen, und wo zwei Reiter nicht aneinander vorbeikommen konnten. Aus diesem Nest von alten Behausungen steigt ein großer Felsen steil auf; und auf dem Felsen steht – und hat nahezu tausend Jahre da gestanden – eine ehrwürdige Kirche, von Heinrich dem Vogler gegründet, der 936 vor dem Hochaltar begraben wurde.[5]

Es gibt auch ein altes Schloss auf einem Felsen. Heinrich baute es als befestigten Ort gegen die Hunnen, später war es der Sitz der Äbtissinnen.

Wenn man auf der alten, in den Fels gehauenen Straße, herauf steigt, scheint sich die ferne Vergangenheit aus dem Vergessen zu erheben. Der edle Heinrich und seine Ritter mögen im vollen Schmuck ihrer Kettenpanzer, ihrer spitzen Helme und ihrer birnenförmigen Schilde diese selbe Straße hinunter geritten sein, und dann – die Stadt umgab ihre Burg damals noch nicht – hinaus über das offene Land zum ersten aller deutschem Turniere, das in Magdeburg abgehalten wurde. Heinrich, die Seele der Ritterschaft, hatte verkünden lassen, dass kein Mann von unedler Geburt oder nicht tadelsfreiem Charakter zu seinen ritterlichen Spielen zugelassen sein sollte, keiner, der nicht aus dem alten Adel stammte, keiner, der sich unrechtmäßig etwas aneignete, kein Verräter, kein Unterdrücker von Witwen und Waisen, kein Mörder, Feigling oder Ketzer, noch jemand, der Frauen in Wort oder Tat beleidigt hatte. Jedem Fürsten gestand er vier Schildknappen zu, Grafen und Baronen zwei und Rittern einen. Jeder Teilnehmer musste drei Herolden, bevor er in die Schranken trat, Namen und Stand nennen. Helm und Schwert wurden ihm währenddessen abgenommen. Die Pferde mussten ohne Fehler sein, die Sättel vorn und hinten ohne Erhöhung. Nach dem Kampf gaben die Schiedsrichter ihre Entscheidung bekannt und dem Sieger wurde der Preis von einer schönen Dame oder auch vom Kaiser überreicht.

Die Kirche, ein gutes Beispiel des alten romanischen Stils, ist eine der interessantesten in Deutschland. Sie wird wenig besucht und kein gewinnsüch-

---

[4] Schönere Häuser mit besonderem Fachwerk sahen wir nicht nur 1891 in Halberstadt, sondern 1892 auch in Braunschweig. Und Hildesheim, das wir 1892 ebenfalls besuchten, kann man in Bezug auf Häuser, Straßen und romanische Kirchenarchitektur als ein größeres und schöneres Quedlinburg bezeichnen, nur hat es nicht den Felsen.

[5] Die Gegend von Quedlinburg soll der Ort sein, wo Heinrich (damals von Sachsen) die Gesandten traf, die ihm die Kaiserkrone anboten. Er war damals gerade auf der Falkenjagd, daher sein Name „der Vogler", unter dem er berühmt wurde.

tiger Küster dämpfte unsere Freude daran. Eine nette alte Dame mit weißem Haar und glänzenden schwarzen Augen, die ihre Schätze lieb und wert hielt, war unsere Führerin. Sie brachte uns zuerst zur eigentlichen Kirche Heinrichs, heute die Krypta oder Unterkirche. Mit Ehrfurcht schauten wir auf den mächtigen steinernen Sarg, in dem die Gebeine seiner Kaiserin neunhundert Jahre lang geruht haben und worin die Heinrichs jetzt auch liegen, beide zusammen. Wir sahen, was unsere Führerin die „Betkapelle" nannte, den Gebetsplatz, der noch unter dem Boden der Unterkirche liegt. Englische Touristen wollten nicht glauben, dass es keine Badewanne sei, sagte sie. Mathilde ließ den Gebetsplatz für sich ausheben und hielt während ihrer zwölfjährigen Witwenschaft darin ihre täglichen Gebete für Heinrichs Seele.

   Dann wurden wir in die Gewölbe geführt. Im ersten war Bernhard, der Bischof von Magdeburg, ein Jahr lang gefangen. Das zweite war die Büßerzelle und zwei weitere Gewölbe sind Begräbnisplätze voll von Sarkophagen: eines für die Nonnen, alles Damen mit nicht weniger als acht edlen Ahnen; das andere für die fürstlich geborenen Damen, die allein Äbtissinen werden konnten. Als Äbtissinnen waren sie Herrscherinnen von Quedlinburg und hatten durch ihre Abgesandten Stimmrecht in den Reichsversammlungen. Die Erste war Mathilde, Enkelin Heinrichs und Tochter Ottos I., die vorletzte – sie waren seit der Reformation lutherisch – eine Schwester Friedrichs des Großen. Und die Letzte war die Prinzessin Sophie Albertine von Schweden. Diese großartige alte Stiftung wurde erst vor neunzig Jahren aufgelöst.

Otto der Große, der Vater von Äbtissin Mathilde, verbrachte seine letzten Tage in Quedlinburg, und dort bezeugten ihm Gesandte aus vielen Ländern – Polen und Böhmen, Römer und Griechen, Dänen, Hunnen und Bulgaren – vor seinem Thron ihre Verehrung. Hier hielt auch Barbarossa eine Reichsversammlung. Die Stadt wurde reich und trat der Hanse bei. Und dass die jetzigen Herrscher sie nicht vergessen haben, beweist eine Kanzel, die Friedrich, der zweite Kaiser des modernen Deutschen Reiches, und Kaiserin Victoria, der Kirche schenkten.

Vom erhöhten Chor der Basilika führt eine Tür zur kleinen gewölbten Schatzkammer, wo in der Obhut einer einfachen alten Frau unschätzbare Kostbarkeiten liegen. Liturgiebücher, so alt, oder nahezu so alt, wie die Kirche – acht- oder neunhundert Jahre kann man als sicher annehmen – mit Einbänden, die in kunstvollster Arbeit mit Elfenbein, Gold und Edelsteinen verziert sind, drei späte gotische Reliquiare in meisterhafter Holzschnitzerei, von Gold und Juwelen glänzend, und Teppiche, die die Nonnen in den fernen alten Tagen herstellten, noch vor der Gotik. Dinge auch, die kirchlichen Gemütern kostbar sind: Zerfallende Knochen von Heiligen und eine Marmorvase, die eines der Gefäße sein soll, in dem bei der Hochzeit zu Kanaan Wasser zu Wein gemacht wurde. Das rührendste Relikt von allen war ein Kamm, mit dem der kaiserliche Bart von Heinrich I. dem Vogler gekämmt wurde.

Wir aßen zu Mittag im alten Hotel Bär, dessen Wirt in Amerika gelebt hatte und gut Englisch sprach. Er bestand darauf, dass wir vor unserem Abschied das Rathaus anschauten und all die Kuriositäten, die von dort in ein neues Gebäude gebracht worden waren. Aber sie waren nichts nach den Kirchenschätzen. Das Seltsamste war ein eisenbeschlagener Kasten, in dem ein gewisser Graf, ein Tyrann von Quedlinburg, vor etwa vierhundertfünfzig Jahren zwanzig Monate lang wie ein Hund im Zwinger gefangen saß.

KAPITEL XXI

Der Harz und Halberstadt

„A slumberous strech of mountain-land far seen
Where the low westering day, with gold and green
Purple and amber, softly blended, fills
The wooded vales, and melts among the hills."[1]
Whittier

„Somnia, terrores, magicos, miracula, sagas,
Nocturnos lemures, portentaque Thessala rides?"[2]
Horace

 y an afternoon train we, very common tourists as we were, went on from Quedlinburg on the Bode, to Thale, a village in the mouth of the Bode-Thal; and were set down near the Zehnpfund hotel, which stands in a pretty garden, with wooded spurs of the Harz for background.

Mit einem Nachmittagszug fuhren wir wie gewöhnliche Touristen von Quedlinburg an der Bode nach Thale, einem Dorf am Eingang des Bodetales, und wurden nahe dem Zehnpfundhotel abgesetzt, das in einem hübschen Garten steht, mit bewaldeten Ausläufern des Harzes im Hintergrund.

Wir waren gut beraten worden (obgleich einer von uns nicht gern gefahren wird) zur Rosstrappe zu fahren und nicht zu laufen. Die Fahrt war sehr langsam und langweilig, und wir hielten den Harz für völlig überschätzt. Der Kutscher hielt mit Schwung: natürlich an einer Bierwirtschaft! Ich bezahlte ihn etwas grummelig, und ab marschierten wir mit einem langen Weg vor uns. Für einige Minuten herrschte Schweigen. Dann ein abschätziges „Ganz

---

[1] „Ein verschlafenes Bergland, weithin zu sehen, wo der im Westen sinkende Tag mit sanft gemischten Farben – Gold und Grün, Purpur und Gelb – die bewaldeten Täler füllt und zwischen den Hügeln dahinschmilzt." - *Red.*

[2] *etwa:* „Wo Traum, Schrecken, Zauber, Wunder, Sagen, Nachtlemuren und Märchen zuhause sind." - *Red.*

hübsch!" Eine kleine Strecke weiter und ein paar Minuten später schließlich im Chor „Wie schön!" – mit ununterdrückbarer Begeisterung.

Es war in der Tat schön.

Man sah von schwindelnder Höhe in einen tiefen Abgrund, eine unheimliche gewundene Schlucht. Wilde Abhänge mit zerklüfteten Felsen, deren gezackte Ränder in fantastische Zinnen zerspalten waren, begrenzten sie. Und in der schummrigen Tiefe von sechshundertfünfzig Fuß unter uns schäumte ein Gebirgsbach. Auf einem Zickzackpfad stiegen wir abwärts, und das Landschaftsbild wurde immer schöner. Das Abendlicht warf einen purpurnen Abglanz auf den grauen Granit, und die Bäume, die sich an den Felsen festkrallten, glühten in ihrem herbstlichen Rot und Gold. Wir folgten einem Pfad am Grunde der Schlucht. Ungeheure Felsblöcke umschlossen uns, deren gezähnte Silhouetten sich über unseren Köpfen scharf gegen den Himmel abzeichneten. Als das Tageslicht schwand und „der Abend mit braunen Schatten seinen mütterlichen Mantel umtat", beschlichen uns Zweifel wegen des richtigen Weges. Aber Heines „dunkeläugige Bode", die stetig neben uns her rauschte, führte unsere müden Füße schließlich zu unserem Hotel.

Dort im Speisesaal saß die andere Gruppe der *Gipsies* – müde wie wir, aber absolut entzückt. M. hatte an der Riviera nichts Schöneres gesehen, Dick nirgendwo etwas, was ihm besser gefiel. Er hatte gerade so einen Fluss wie die Bode überquert, als die Kugel ihn an der Spitze seiner Kompanie erwischte. Das Zehnpfund teilte uns schöne Zimmer zu – mit, nach deutschen Begriffen, bequemen Betten. Aber Kleinigkeiten wie abschüssige Matratzen, Bettlaken wie Säcke zusammengenäht oder so kleine Federdecken, dass sie nur ein Viertel von einem auf einmal wärmten, konnten uns in dieser Nacht nicht um den Schlaf bringen.

Kurz nach sieben Uhr am nächsten Morgen brachen wir zu Fuß auf. Auf der Steinbachthalstraße stiegen wir zwischen Bergen und großen emporragenden Zinnen von rotem Granit immer höher. Ein steiler Treppenweg zweigte bergaufwärts ab. Wir kletterten hinauf und liefen dann durch sanft ansteigende Wälder zum Hexentanzplatz. Natürlich wieder ein Wirtshaus! Das gute Bier wird auf allen Höhen Deutschlands verehrt, aber im September stören einen keine Touristen, und so standen wir auf dieser Felsenhöhe allein mit der vor uns ausgebreiteten grandiosen Harzlandschaft. Eine majestätische Sonne erleuchtete die Welt. Sie schien hinunter in die wilde Schlucht dreihundertsechzig Fuß unter uns und ließ die Bode glitzern. Und die harten Granitfelsen, die sich wie zersplitterte Lanzen aus dem Tannenwald reckten, glühten rötlich gegen das wolkenlose Blau.

Dort drüben auf der anderen Seite des tiefen Abgrunds, auf der niedrigeren Felsbastion, hatten wir gestern gestanden. Wir würden vielleicht in zwei Stunden hinunter und wieder hinaufklettern können, aber ein Vogel könnte mit

The
Bode-Thal
Harz - Mountains
by g. m. D.
from a sketch
1891.

ein paar Flügelschlägen hinüber gelangen. Eine Sage erzählt, dass ein Pferd einst mit einem Satz über den Spalt sprang:

Es war einmal ein Berggeist, Bohdo, der die Tochter des Königs des Riesengebirges liebte. Die Prinzessin ritt eines Tages auf ihrer gewaltigen

Stute und sah, dass Bohdo, den sie verabscheute, sie verfolgte. Sie floh quer durch Thüringen bis zu diesen Bergen, Bohdo, dessen Pferd bei jedem Satz Meilen übersprang, war ihr direkt auf den Fersen. Das Pferd der Prinzessin hielt plötzlich an dieser Felskante, den fürchterlichen Abgrund vor sich. Bohdo war nun dicht hinter ihr. Die Dame gab ihrem Pferd verzweifelt die Sporen, es machte einen mächtigen Satz, übersprang die Schlucht und landete sicher auf dem gegenüberliegenden Felsen, wo die tiefen Abdrücke seiner Hufe noch heute zu sehen sind, wie wir gestern bemerkt hatten: die Rosstrappe. Bohdo war glücklicherweise weniger gut beritten. Sein Pferd sprang zu kurz und er ertrank in dem Wildwasser, das nun seinen Namen trägt, in der Bode.

Kein Ort ist reicher an Sagen als der Harz.

Wer hat nicht von den Hexen gehört, die sich mit Hexensalbe aus dem Fett toter Säuglinge, Schierling, Nachtschatten und Mohnsaft bestrichen? Flogen sie nicht durch die Schornsteine und ritten auf Besenstielen, Katzen, Ziegen, Hasen, Raben und auf schwarzen Pferden durch die düstere Nacht? Bissen sie nicht Stücke aus allen Kirchenglocken, über die sie flogen, und tanzten sie nicht nach der Ankunft auf dem Berg kreischend im großen Kreis um ihren Herrn, den Teufel, zur Musik, die Kobolde auf Pferdeschädeln und Grabkreuzen machten? Wir alle haben solche oder ähnliche Geschichten gehört. Diesen Aberglauben gibt es fast überall. Er muss irgend etwas im menschlichen Geist widerspiegeln, dunkel und tief verwurzelt, gemessen an seiner Verbreitung und unauslöschlichen Lebendigkeit, so erstaunlich irrational er auch ist.[3]

Der Hexenzauber hat eine ganz eigene Literatur. Ich will hier nichts dazu beitragen, außer zu sagen, dass von diesem zentralen Punkt des Aberglaubens erhellendes Licht auf seinen Ursprung fällt, der sehr im Dunkeln liegt. Die deutsche Version ist sicherlich plausibel: Nachdem Christus die Ebenen erobert hatte, hielt sich das Heidentum noch im Gebirge. Dort feierten die Heiden im Geheimen noch ihre nächtlichen Opferfeste. Und von allen Nächten des Jahres war die erste Nacht im Mai, die Walpurgisnacht, die heiligste. Das schwache Geschlecht stellte natürlich die beste Gefolgschaft. Und da die Zeremonien bei Todesstrafe verboten waren, waren die Heiden darauf bedacht, die Christen von den Plätzen ihrer Mysterien zu verscheuchen. Daher die grauslichen Erzählungen von Teufelsfesten, unheimlichen Anbeterinnen des Bösen und von für die Menschen Bedrohlichem.

Vom Hexentanzplatz fanden wir einen hübschen Zickzackweg hinunter ins Bodetal. Wir machten zum Zeichnen Halt an der Jungfernbrücke, aßen in dem kleinen Gasthof zu Mittag und wanderten still zurück nach Thale, immer noch schwelgend im Anblick der Landschaft.

---

[3] Meines Wissens ist der Hexenaberglaube im leichtgläubigen East Anglia noch sehr lebendig.

An old House
Halberstadt
J. F. D.

Eine schöne Straße führt von Thale nach Blankenburg. Man fährt über
eine fruchtbare Ebene zwischen Reihen von Obstbäumen dahin; auf der linken
Seite ragt die große Masse des Unterharzes auf, und auf der rechten hat man
drei Meilen lang die barbarische Teufelsmauer: einen zyklophaften Bergkamm,
kein Werk von Menschenhand. Ein Wall, der vom Erdboden aufsteigt wie eine
ungeheure Festung vorzeitlicher Riesen. Kein Wunder, dass die wilden, zum
Christentum Bekehrten mit ihren verschwommenen halbheidnischen Ideen
einer mystischen Religion dem großen Satan, dem christlichen Belbog oder Gott
des Bösen, solch übermenschlichen Bau zuschrieben. Der Böse, so glaubten
sie, dem Gott die Hälfte der Welt gegeben hatte, begann den Teufelswall als

seine Grenze aufzurichten. Aber der Allmächtige, der dieses Unternehmen mit Unwillen sah, verbot den Weiterbau.

Das Schloss von Blankenburg steht malerisch auf einem Berg, etwa fünfhundertfünfzig Fuß über der Stadt. Züge warten nicht so wie Fähren, und die Zeit, die wir dafür hatten, war knapp, obwohl es ein Schloss mit Geschichte ist. Die Kaiserin Maria Theresia wurde hier geboren; es wurde von Wallenstein belagert und war lange – was es hoffentlich auch wieder wird – der Sitz des regierenden Herzogs von Braunschweig. Man betritt es durch einen zentralen, überhaupt nicht schlossähnlichen Hof, und auch die Wabe von kleinen Zimmern sieht nicht besonders nach einen Palast aus. Es gibt ein paar sehr alte Gewölbe, und das Schloss hat eine gewisse englische Behaglichkeit, die bei allem Respekt nur wenigen Palästen eigen ist. Das Haus Braunschweig – der Herzog von Cumberland ist das jetzige Oberhaupt – ist die älteste fürstliche Familie Europas, Erbstücke und Ahnenporträts gibt es zuhauf. Ein kostbares Stück ist das Schwert Heinrichs des Löwen mit großem schweren Blatt und riesigem Knauf. Und unter den Porträts ist eins von der „Warnenden Frau von Regenstein", die durch das Schloss geistert, wenn der Familie Unglück bevorsteht. Diese böse Fee ist nicht der gleiche Geist wie die weiße Frau der Hohenzollern, obgleich unser Führer sie verwechselte. Diese hier war eine Gräfin der Familie Regenstein, deren zerfallenes Anwesen wir nachher vom Zug aus auf einem frei stehenden Felsen sahen.

Halberstadt war unsere nächste Station mit der Eisenbahn.

Der Ursprung alter Städtenamen verdient meines Erachtens mehr Aufmerksamkeit als man ihm oft beimisst. Denn auch, wenn nur die Legende den einzigen Hinweis liefert, kann die Legende selbst interessant sein und dann und wann ein Licht in eine seltsame Nische der Geschichte werfen. Der Name Halberstadt war nach der Tradition ein bloßer Spitzname, der auf irgend einen früheren Einwohnerschwund hinwies, der es auf eine „halbe Stadt" reduzierte. Und der Name Quedlinburg bedeutet nicht Burg irgend eines berühmten Kriegers, Qued oder Quedlin mit Namen, sondern soll, so sagt man, an den Schoßhund einer jungen Dame erinnern:

Ein berühmter Kaiser, so geht die Sage, der in Goslar hofhielt, hatte eine kleine bildschöne Tochter. Aber sein Kind machte ihm Ärger, und er verurteilte es zum Tode. Die Großen seines Hofes baten um Gnade für sie, und der Kaiser gab insoweit nach, dass er ihr verzeihen würde, wenn die Prinzessin innerhalb von acht Tagen eine Altardecke nach einem von ihm angegebenen Muster für die Kirche von Goslar fertigstellen würde. Wenn sie aber die Aufgabe nicht erfüllen könne, solle sein Spruch gelten und sie müsse sterben. Das Muster, das er entwarf, war so schwierig, dass eine geschickte Stickerin gut und gern ein Jahr dazu gebraucht hätte. Das arme Kind machte sich an die Arbeit, aber ihr Unterfangen schien hoffnungslos. Sie rief die Mutter Gottes an, aber die

Romanesque
Church of
Our Lady
Halberstadt
K.J.D.

kam nicht. Zuletzt rief sie in ihrer Verzweiflung den Bösen. Der kam sofort
und versprach, dass das Altartuch rechtzeitig fertig sein würde. Aber er machte
eine schreckliche Bedingung: Wenn er am letzten der acht Tage während der
letzten Stunde vor Mitternacht kommen würde und sie schlafend fände, solle
ihre unschuldige Seele ihm gehören. So wuchs die Stickerei und wurde sehr
schön. Die letzte Nacht kam, und die Arbeit war fast getan, aber die Prinzessin konnte ihrer übergroßen Müdigkeit nicht länger widerstehen und schlief
ein. Sie hatte einen geliebten Schoßhund, der sie Tag und Nacht nicht verließ.
Als er in dieser Schicksalsnacht auf ihrem Schoß lag, hörte er den Schritt des
Teufels im Vorzimmer. Im nächsten Moment würde er das Zimmer betreten
haben, aber dem wachsamen kleinen Hund gelang es, mit lautem Bellen seine
Herrin rechtzeitig zu wecken. Der Böse schmetterte den armen Liebling im
Zorn auf den Boden und tötete ihn so auf der Stelle. Aber der Prinzessin Leib
und Seele waren gerettet! Dankbar für ihre Befreiung baute die Kaisertochter
ein Kloster, und zum ewigen Gedenken an Quedel, ihr treues Hündchen, nannte
sie die Gründung Quedlinburg. Außerdem wurde der Hund einbalsamiert und
beim Tod der Prinzessin mit ihr zusammen ins Grab gelegt. In einer kleinen
Kapelle in Goslar soll das Abbild der Dame mit einem kleinen Hund in ihrem
Sarg zu sehen sein. Und man sagt auch, dass die Altardecke ehedem in der
Kathedrale gezeigt wurde.

Wie die Erzdiözese von Magdeburg und viele andere Mitglieder dieses
gesamten alten Komplexes Deutsches Kaiserreich war Halberstadt ein Fürst-

bistum, dessen kirchliche Herren im unkritischen Mittelalter oft mächtige Säbelrassler unter ihren ritterlichen Standesgenossen waren. Wir sahen das alte Haus des Fürstbischofs und gingen rund um den großen Dom und die Liebfrauenkirche. Aber der Mangel an Zeit – die Dunkelheit kommt schnell im September – verbot die Jagd nach dem Küster, und wir sahen beide Kirchen nicht von innen. Die schönen schrägen Stützpfeiler der Kathedrale lassen einen an Norwich denken. Aber nichts in England ist der romanischen Liebfrauenkirche vergleichbar – interessant, wenn auch nicht schön –, die aus den ersten Jahren des elften Jahrhunderts stammt. K.'s Zeichnung nach einer Fotografie gibt eine bessere Idee davon als es meine Worte vermögen.

Solange es hell war, gingen wir zwei- oder dreimal um den alten Marktplatz – bei weitem der schönste, den wir je sahen. Das alte Rathaus teilt ihn in zwei Hälften, und um beide Teile herum stehen malerische Fachwerkhäuser, wunderschöne Beispiele für das Handwerk des 15. und 16. Jahrhunderts. An der Rathausmauer steht der vierte Roland, den wir zu sehen bekamen. Eine Familienähnlichkeit, eine archaische Ungeschlachtheit, verbindet all diese seltsamen Figuren, aber der Gesichtsausdruck dieses Paladins ist engelhafter als der der anderen. An diesem Abend speisten wir gut in einem alten Gasthof, dem „Goldenen Ross", das für seine vorzügliche Küche bekannt ist.

Eine nette alte Wirtin begrüßte meine Damen mit einer Verbeugung und nahm beim Abendessen ihren Platz am oberen Ende der Tafel ein mit dem Haushaltsschlüsselbund vor sich. Wir waren Gegenstand des allgemeinen Interesses – „aus England" wurde ringsum geflüstert. Eine junge deutsche Dame trank zwei große Gläser Bier zum Abendbrot und ein drittes danach! Wie hübsch wird sie mit vierzig aussehen – blond und dick!

Ein später Zug brachte uns zurück nach Magdeburg. Aber hatte die *Gipsy* sich heimlich auf und davon gemacht? Kein Ankerlicht leuchtete von ihrem Liegeplatz unter der Brücke. Wilson hatte ein Märchen richtig zu stellen: Sein Ölzeug, die Lampe und verschiedenes Kochgeschirr, das in der vorigen Nacht an Deck geblieben war, war verschwunden: Man sagt, es gibt Leute, die glauben, dass die „Geister der fließenden Wasser" noch immer in der alten Elbe wohnen. Blauäugige Jungfern mit gelbem Haar, die sich als Dienstmädchen auf dem Magdeburger Markt anbieten, und die man nur daran erkennt, dass ein Zipfel ihrer Schürzen ständig tropft. Polizisten aber sind nicht so leichtgläubig und vermuteten weniger romantische Diebe. Die Beamten waren wirklich eifrig, aber ich musste eine neue deutsche Lampe kaufen und Wilson mit deutschem Ölzeug neu ausrüsten.

Unsere andere „Abteilung", Dick und zwei Mädchen, hatte während unserer Abwesenheit nach Braunschweig fahren wollen. Sie hatten aber den Zug verpasst und an jenem Abend den „Barbier von Sevilla" im hiesigen Magdeburger Theater gesehen, gehört und genossen.

KAPITEL **XXII**

Durch Anhalt nach Sachsen

„Ein Schiff, das gegen die Tide, gegen den Wind und ohne Segel
fährt, fährt gegen Gott."

„From that river so fast,
From that champaign so vast,
He collected rare tribute and presents;
Water rates from the ships' loads,
Highway rates on the roads,
And hard poor rates from all the poor peasants."[1]

Hood

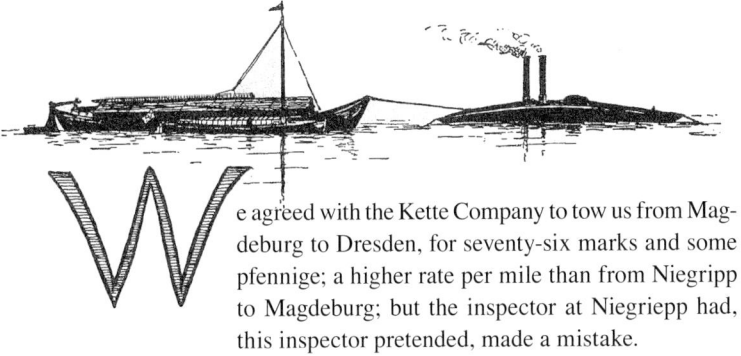

We agreed with the Kette Company to tow us from Magdeburg to Dresden, for seventy-six marks and some pfennige; a higher rate per mile than from Niegripp to Magdeburg; but the inspector at Niegriepp had, this inspector pretended, made a mistake.

Wir vereinbarten mit der Kettenkompanie, dass sie uns für sechsundsiebzig Mark und ein paar Pfennige von Magdeburg nach Dresden schleppen würde. Ein höherer Preis pro Meile als von Niegripp nach Magdeburg, aber der Inspektor gab vor, dem Inspektor in Niegripp sei ein Fehler unterlaufen. Der Agent einer anderen Kompanie bot uns bessere Bedingungen an, aber da war ich schon mit der Kette handelseinig geworden. Natürlich konnten wir uns an jeden vorbeifahrenden Kettenschlepper an- oder abhängen und so die Reise in uns passenden Abschnitten machen.

---

[1] etwa: „Vom schnellen Fluss und dem weiten Land verlangte er Abgaben und Geschenke; Wassersteuern von den Schiffsladungen, Chausseesteuern auf den Straßen und harte armselige Abgaben von all den armen Bauern."

215

Wir mussten sechs volle Stunden warten. Kein Schlepper kam vor vier Uhr nachmittags vorbei, und dann wurde uns auch noch befohlen – die Schleppschiffer sind Alleinherrscher auf ihren Konvoys – am letzten Kahn längsseits zu gehen. Es war ein unheilvoller Start für uns: Der Kahn steuerte direkt auf den Brückenbogen auf der gegenüberliegenden Seite des Flusses zu, im Winkel, statt einen Bogen zu machen und es geschickter anzugehen. Er war fünfmal so groß wie wir und quetschte uns hilflos gegen die Brücke – das hätte einen hässlichen Unfall geben können.

Wir verließen den Konvoi in Schönebeck und lagen dort die Nacht über mit der Versicherung der Kahnleute, dass ein anderer Schlepp etwa bei Tagesanbruch vorbei käme. Aber kein Schlepp kam vor fünf Uhr am nächsten Nachmittag! Dann also weiter mit etwa fünf Meilen pro Stunde, da die Gegenströmung stark war – Ankunft in Rosslau um fünf Uhr morgens. Es war Mondschein, als wir unter der Eisenbahnbrücke loswarfen und uns auf der Nordseite des Flusses längsseits ans gepflasterte Ufer legten, eine Stelle, die ich mit Hilfe der Karte als nahe der Bahnstation ausgesucht hatte. Sie erwies sich als recht bequemer Liegeplatz.

Von Rosslau nach dem alten wallumgürteten Zerbst ist es nur eine kurze Bahnfahrt. Große Reste der Wälle und viele Türme stehen noch, und am Wall, am nordöstlichen glaube ich, fanden wir ein altes Kloster, jetzt eine Jungenschule. Wieder ein schöner alter Marktplatz, wieder eine Rolandstatue und weitere hübsche Straßen mit Fachwerkhäusern, meist aus dem 17. Jahrhundert.

G. suchte sich eine Ansicht in einer Nebenstraße, die sie schnell fertigbringen konnte, und zeichnete die paar Häuser, die man auf der Illustration sieht. Aber es gab weit mehr malerische Häuser, eine Ecke gleich in der Nähe

216

zum Beispiel, wo eine Lampe an einer Kette quer über die alte Straße hing. Die Toreinfahrten sind bemerkenswert: breit, hoch und gewölbt, aus Stein mit eingemeißelten grotesken Abbildungen und unten oft auf beiden Seiten als Sitz gestaltet. Die Türen sind zweiflügelig aus alter geschnitzter Eiche.[2]

Der ärgste Feind einer Stadt ist das Feuer. Vor ein paar Jahren standen ausschließlich alte Giebelhäuser am Marktplatz. Jahr für Jahr sind welche niedergebrannt und nur wenige noch übrig.

Wie konnten diese armen Länder eine solche Fülle von kleinen Regenten ertragen? Alle paar Quadratkilometer regierte ein anderer Fürst mit seinem Vorzeigepalast und einem pompösen kleinen Hofstaat, der seine Untertanen nach seinem durchlauchtigen Willen und Vergnügen besteuerte.[3]

Dieses kleine Zerbst war einst eine Hauptstadt, deren Herzöge – die Linie ist jetzt ausgestorben oder in dem Anhalter Zweig aufgegangen – ein viel zu großes Schloss hatten, das jetzt vernachlässigt und verfallend leer steht. Wir gingen durch endlose Räume, die alle ineinander übergehen, da die Deutschen keinen Sinn in Korridoren sehen. Ein paar schlechte Bilder, viele ohne Rahmen, hängen noch an den Wänden. Von einem hatte uns der Kastellan eine Geschichte zu erzählen:

Eine Dame, die erste Frau des Herzogs Friedrich August, ist in rotem Kleid porträtiert. Das Kleid war als Geschenk von ihrer Schwiegermutter aus Paris geschickt worden. Später wurde gesagt, es sei vergiftet gewesen. Jedenfalls starb die junge Herzogin bald, nachdem sie es getragen hatte. Die alte Herzogin wurde so verabscheut, dass, als sie starb, ihre Leiche in einer Klavierkiste heim nach Zerbst transportiert wurde, da man einen Gewaltakt fürchtete. Wir sahen die Särge beider Damen in den Gewölben unter der herzoglichen Kapelle, den der jungen mit roter Decke, den ihrer Schwiegermutter mit einer schwarzen. Warum können Fürsten nicht wie andere Leute ihre Toten außer Sichtweite bestatten? Bemitleidenswert ist der Anblick dieser Grüfte, die vollgestellt sind mit menschlichem Staub in vergoldeten Kästen. Unser Führer hatte offenbar ein Faible für Begräbnisse – tatsächlich ist der gemeine Mann immer fasziniert von pompösem Beisetzungsprunk. Er verbreitete sich

---

[2] Das meiste Holz in alten Häusern, zum Beispiel die Balken, die in England aus Eiche wären, sind in diesem fichtenbestandenen Land aus Fichte.

[3] Es gab viele Steuern: Die Fräuleinsteuer für die Aussteuer der Töchter, Steuer für die Ausstattung der jüngeren Söhne, auf den Aufstieg in einen höheren fürstlichen Rang, um Geld für Badereisen aufzutreiben. Als ein Graf einmal sein Bein brach, erhob er eine „Beinbruchsteuer", die viele Jahre lang gezahlt wurde. – *Pütter II, 293*

Und liest es sich nicht wie ein Ammenmärchen, dass in einem Staat die fürstlichen Einkünfte einfach in einem Raum aufgestapelt wurden, zu dem Hoheit den einzigen Schlüssel besaß?
– *Mecklenburg, Ernst Boll*

weitschweifig über die großen Begebenheiten, die dieser Sargkeller gesehen hatte. Fürstliche Leichen müssen für die Bestatter ihr Gewicht in Gold wert gewesen sein!

Wunderbar sind die Gepflogenheiten der Fürstenhöfe!

Ernst Boll gibt einen kuriosen Bericht vom Begräbnis eines regierenden Herzogs, bei dem auch Pferde in die Kirche kamen. 1504 war das Jahr, der Ort Wismar und die Leiche die des Herzogs Magnus II. von Mecklenburg:

Während der Messe stand der Sarg des Fürsten in der Mitte der Kirche, bedeckt mit einem kostbaren Stoff, an jeder Ecke mit goldenen Wappenschildern behangen und umgeben von einhundertfünfzig Wachskerzen. Zwölf Männer mit verschleierten Gesichtern hielten Fackeln. Dann betrat eine Prozession von Pferden die Kirche, die, behangen mit dem fürstlichen Wappen, zum Altar geführt wurden. Das erste Pferd trug das herzogliche Wappen von Mecklenburg an Stirn, Brust und Hinterteil. Vier Vasallen mit Wappenbannern folgten. Dann wieder vier Vasallen mit Wachskerzen. Das zweite Pferd trug auf einem Spruchband das Wappen von Werle, das dritte das von Schwerin, das vierte das von Rostock und das fünfte das Wappen von Stargard. Dann kam des Herzogs Schlachtross in Kriegsaufzäumung und darauf eine Gestalt in der Rüstung des Toten. Danach folgten zwei Vasallen, von denen jeder einen Schild mit allen Wappen trug. Sodann der Marschall mit einem schwarzen Stab und der Kanzler mit dem fürstlichen Siegel, beide in bodenlangen Roben; dann die Beamten vom Hofstaat des Verstorbenen, danach Familienmitglieder und Prälaten. Am Ende der Messe wurden alle Fackeln und Kerzen in den Chor getragen und die Pferde rund um den Altar geführt. Die Bischöfe und Priester empfahlen Gott die Seele des Toten, worauf drei feierliche Hymnen gesungen wurden. Am Ende der ersten wurde ein Drittel der Fackeln unter Wehklagen und Weinen auf den Boden geworfen. Nach der nächsten geschah das Gleiche mit dem zweiten Drittel und nach der letzten noch einmal mit allen übrigen Fackeln. Zuletzt wurden alle Kerzen plötzlich auf einmal gelöscht.

Dick fuhr mit zwei seiner Schwestern nach Dessau, der Hauptstadt des Herzogs von Anhalt. Dies ist das Wesentliche seiner Aufzeichnungen:

Wir wanderten durch den stillen Ort, eine saubere hübsche Landstadt, die nach den turbulenten Tagen eines Lannes, Davoust und Ney, den Tagen der Schlachten von Giganten in den großen Feldzügen an der Elbe, wie im Schlaf da lag. Wir wurden im Schloss herumgeführt von einer guten Frau, deren Mittagessen wir anscheinend unterbrochen hatten. Sie machte viel zu schnell für uns Bilderliebhaber – dabei gibt es wirklich bemerkenswerte Bilder im Schloss. Wir sahen eine interessante Folge von kleinen, niedrigen, gewölbten Räumen im Stil des 16. Jahrhunderts und bewunderten alte Möbel in der freimütigen Art unbedarfter Kritiker. Alles hat eine Aura von Geschmack und

verfeinerter Einfachheit. Der Ort ist selbstverständlich vom Gedenken an den tapferen „Alten Dessauer"[4] umwittert. Da war sein Abbild – nicht wie er die Erdwälle von Turin erstürmt – sondern in seiner Staatsrüstung. Sein Name hat einen so mächtigen Zauber, dass unsere Führerin ihr schnell kalt werdendes Essen vergaß und anhielt, um uns die Relikte mit schönem Stolz zu zeigen. Sie wiederholte „Alter Dessauer" so fortwährend, dass wir uns im Schloss nach dem Dessauer Marsch zu bewegen schienen.

Wir fragten unsere Führerin nach der englischen Prinzessin, die kürzlich einen Herzog von Anhalt heiratete. Aber mit den jüngeren Söhnen hatte sie wenig im Sinn: „Ach, der gehörte auch zum ‚Alten Dessauer'!" Wir machten uns schließlich aus dem Staub und gingen auf Bildersuche zum Amalienstift. Dort kümmerte sich eine andere alte Dame um uns. Als sie merkte, dass wir Engländer waren und keine Russen, wie sie erst gedacht hatte, fragte uns die gute alte Seele sogleich nach ihrem Sohn – „ein schöner Mann und sehr beliebt" –, der Kellner in London war! Wir mussten zugeben, dass wir ihn nicht kannten, zur erstaunten Enttäuschung der liebevollen alten Mutter.

Um zwei Uhr nachts ertönte die Pfeife eines Schleppzuges. Skipper und Crew mussten aus den Kojen kommen, aber der Schlepper war nicht von unserer Gesellschaft, also gingen wir wieder hinein. Morgen, Nachmittag und Abend verstrichen, aber keiner von der Kette erschien, und wir mussten bis sechs Uhr am nächsten Morgen warten, ehe wir loskamen. Dann ein langer Schlepp bis fünf Uhr nachmittags durch langweiligste Landschaft. Lange Wellenbrecher

---

[4] *Leopold von Anhalt-Dessau, 1676 bis 1747, preußischer Fedlmarschall und laut Kleist „einer der besten deutschen Degen." – Red.*

reichten aus sandigen Buchten weit in den Fluss hinein, hinter den Buchten mit Weidengestrüpp lagen überwachsene Moräste. Nur Coswig unterbrach das Einerlei mit einem malerischen Schloss am Wasser.

Um fünf Uhr erst ein Pfeifton – „Klarmachen" –, dann fünf Pfeiftöne – „Halt". Wir waren kurz vor Wittenberg angekommen, und hier ankerte der Schleppzug. Wir blieben geduldig bis acht Uhr angehängt, bis ich es für klug hielt, uns abzukoppeln. Für die Nacht blieben wir, wo wir waren, da es völlig dunkel geworden war und der Fluss von Dampfern und unübersichtlichen Schleppzügen wimmelte.

Am Morgen fanden wir uns an einem Landungssteg wieder, unterhalb der Mündung eines Baches und mehr als eine Meile entfernt von Wittenberg.

Beim Betreten der Stadt kamen wir an einem viereckigen hässlichen Gebäude mit zwei schwerfälligen Türmen vorbei, dem alten Schloss der Kurfürsten von Sachsen,[5] deren Hauptstadt zu Luthers Zeiten Wittenberg war. Die Schlosskirche liegt daneben. Es war enttäuschend, diese christliche Kaaba von Handwerkern bevölkert und eingerüstet zu sehen, so dass wir die Gräber von Luther und Melanchthon nicht besuchen konnten. Die hölzernen Türen, an die Luther seine Thesen nagelte, gibt es längst nicht mehr, stattdessen neue Bronzetüren zum Gedächtnis.

Ich erkühne mich, zu sagen, dass, so groß Luthers Ruhm auch ist, wir sein Gedächtnis nicht genug ehren. Ein Mann Gottes; war sein Werk nicht das eines Propheten im wahrsten Sinn des Wortes? Er sah, dass unsere heilige Religion vor Korruption stank und verfaulte. Er stritt für die Wahrheit und stellte sich als einfacher Mönch gegen die Herrscher der Welt, gegen Papst und Kaiser, um am Ende zu siegen und ein neues Leben für die Christenheit zu erringen.

Wir gingen weiter zum Marktplatz, wo die Statuen der beiden Reformatoren stehen – nach unserem Dafürhalten ist die von Melanchthon die bei weitem schönere – und an Melanchthons Haus vorbei zum Augusteum.

Hinter dem moderneren Gebäude liegt noch ein Teil des alten Klosters, in dem Luther als Mönch der Augustiner lebte und später auch als Professor der neu gegründeten Universität. Dort ist sein Wohnzimmer erhalten, so wie er es verließ, mit Fenstersitzen für ihn und seine Frau Katharina, und mit einer Sammlung von Andenken.

Ein Bild ist sehr anrührend, nicht so sehr als Kunstwerk wie durch sein Aussage: Karl V., der große Kaiser, an Luthers Grab. Der Kaiser hatte die protestantische Schmalkaldische Liga besiegt. Er nahm ihren Führer, Kurfürst Johann Friedrich, gefangen und stand jetzt in der Schlosskapelle seines Gefangenen am Grab desjenigen, den er als den Erzfeind seiner Kirche und des Reiches

---

[5] „Gekrönte Hände" nannten sie sich selbst; Fürsten, die keine Wahlmänner waren, hießen „gekrönte Häupter", so sagt wenigstens Victor Hugo.

angesehen hatte, ihm zur Seite der grausame fanatische Alba. Die kaiserliche
Majestät hätte den Leichnam des Ketzers ausgraben und verbrennen lassen
können. Aber Karl verachtete solch erbärmliche Rache: „Lasst ihn in Frieden
ruhen, er hat seinen Richter bereits gefunden. Ich führe Krieg mit den Lebenden, nicht mit den Toten."

In einem anderen Zimmer hängen Porträts einer Reihe von Kurfürsten,
und so dankbar man den Beschützern Luthers sein muss, so muss man über
die Bilder doch lächeln. Ihre eigenen Historiker bestätigen, dass rote Nasen ein
Kennzeichen der sächsischen Dynastie waren, und man müsste wahrhaftig weit
laufen, um rotnasigere Männer zu finden als diese ehrenwerten alten Herren.

Der Herzog aus dem Hudibras, der „ … Sachsenherzog, der so fett war,
dass, wie Historiker berichten, Mäuse Höhlen und Labyrinthe als Wohnung in
sein Hinterteil fraßen, ohne dass er es merkte" kam einem unweigerlich in den
Sinn und die Versuchung, diese Zeilen zu zitieren, war unwiderstehlich.

Ganz nette Säufer waren einige der alten deutschen Potentaten, die
manchmal sogar ihre trinkfesten Untertanen in Erstaunen setzten. Von einem
seltenen Exemplar von ihnen zum Beispiel, einem gewissen Herzog von
Pommern, wurde gesagt, er sei bei einem Zechwettstreit „zu Wasser geritten"
worden, obgleich das häufig genug vorkam: Ein großes Trinkgefäß wurde
in einiger Entfernung aufgestellt, und der Trinker musste auf allen Vieren
dorthin kriechen, wobei der Mann, der ihn herausgefordert hatte, breitbeinig
auf seinem Rücken saß. Hübsche kleine Festgebräuche hatten sie in diesen
hochmächtigen Zeiten!

Und so, wie ihre heidnischen Vorfahren hofften, nach ihrem Tod „den
großen Friedensort zu finden, wo glänzendes Gold als Beleuchtung diente,
und das Bier von selbst auf einen zukam", so scheinen manche dieser mittel-

alterlichen Teutonen selbst im Himmel Trinkgelage erwartet zu haben. Hier ist ein Epitaph, das Boll zitiert – ich kenne ein anderes und zweifelsohne gibt es viele weitere – und das Dick mir übersetzt hat:

„Hier war mein einziges Vergnügen, den kühlen Becher zu leeren. Nimm mich, Herr, im Reich des Friedens auf und gewähre mir kühle Becher in Ewigkeit."

Wir blieben zwei Tage in Wittenberg. An Altertümern ist es vielleicht nicht so reich wie Halberstadt, aber man findet ein hübsches Rathaus und einige alte Behausungen, wie die von Lukas Cranach und anderen, sowie schöne geschnitzte alte Tore. Die Stadtkirche ist sehenswert, besonders ein Bronzetaufbecken von 1457, gearbeitet von Hermann Vischer aus Nürnberg, dem Vater von Peter Vischer. Die Universität ist verlegt und mit Halle vereinigt worden.[6]

Um elf Uhr abends „*Gipsy* ahoi" von einem vorbeikommenden Kettenschiff, aber wir waren nicht geneigt, so spät zu starten.

„Gut, dann morgen früh", riefen sie, „ein Raddampfer wird kommen, mit dem Sie weiterreisen können."

Zu passender Stunde, um acht Uhr früh, tauchte der Raddampfer auf. Die Kettengesellschaft hat Rad- sowie Kettendampfer. Wir waren bereit. Eine Leine war vorn übernommen und an einem Kahn befestigt worden, ein Mann am Ufer hatte unsere Taue vorn und achtern losgemacht und ich hatte uns in den Strom hinausmanövriert, als Wilson fragte: „Wo ist Pieter?" Langsam und unbekümmert spazierte der hundert Yards weiter weg am Ufer entlang.

„Komm, Pieter!"

Nichts konnte ihn veranlassen zu rennen.

„Dann musst du uns an der Brücke zu fassen kriegen."

Unsere Leine wurde von den Kahnleuten gelöst, wir brachten ein Tau auf den hintersten Kahn des Zuges, hatten unsere beiden Leinen festgemacht und begannen, uns vorwärts zu bewegen, als der alte Mann an Bord stolperte – der gutmütige Dick hatte ihn mit der *Snail* geholt.

Das war am Freitagmorgen, am 25. September. Wir fuhren mit diesem Schleppzug bis vier Uhr nachmittags am Sonntag, dem 27. September.

Meilen vor und nach Wittenberg hat der historische Fluss keine attrak-

---

[6] Als Universitätsstadt hatte Wittenberg, das die Studenten Leucoris nannten, nicht immer den besten Ruf, was Fausts bösem Beispiel zu verdanken sein mag. Ein Couplet, das im Umlauf war, bleibt vielleicht besser unübersetzt:

„Leucorin intranti tibi quae sint obvia quaeris,

Sus, miles, meretrix, aut studiosus erit."

– *Wer es trotzdem wissen will, schaue unter www.quickmaritim.de im Internet nach.*
– *Red.*

tiven Ufer; hier und dort ein weiß getünchtes Schloss mit vielen Fenstern, immer am beherrschendsten Punkt, einem Kliff oder einer eindrucksvollen Biegung des Flusses. Häufig sahen wir Pendelfähren wie auf dem Rhein, wobei die Strömung geschickt benutzt wird, um das Boot ohne Menschenkraft auf die andere Seite zu bringen. Und ab und zu eine schwimmende Wassermühle: Zwischen zwei Schuten ein ungeheures Schaufelrad, das mit Wasserkraft eine Achse dreht, die mit dem Ufer verbunden ist und Maschinen antreibt, die Holz sägen, Korn malen und Strom erzeugen.

Heutzutage denkt kein Schiff daran, ohne Dampfkraft stromaufwärts zu fahren. Was für ein langsames Geschäft muss das früher gewesen sein! Ihre winzigen Segel konnten kaum eine Hilfe für die großen schwerfälligen Kähne bedeutet haben, und oft waren keine Pferde zu bekommen, so dass man warpen musste. Das wurde jedoch genial gemacht:

Man brauchte nur zwei Mann, ein Beiboot und zwei Warpanker, wie groß das Fahrzeug auch war. Ein Warpanker wurde, sagen wir, auf der rechten Seite des Stromes gesetzt, voraus in einer Entfernung von etwas weniger als der Strombreite. Der Kahn scherte dann aus, und die seitliche Strömung brachte ihn auf die linke Seite, nicht weit unterhalb des Warpankers. Dort hielt ihn sein eigener Anker, während das Boot den ausgesetzten Warpanker auf der linken Seite wieder vorausbrachte. Wie beim Kreuzen gegen den Wind hatte der Zug auf dem Seil die gleiche Wirkung wie der Kiel eines Segelschiffes.

Unser Schlepper ankerte jede Nacht samt allen angehängten Kähnen in der Strommitte.

Das Grab von Luthers Frau befindet sich in Torgau. Das Schloss dort ist ein riesiges Gebäude – neunundneunzig Fenster zählten wir an der Südfront.

Fischerboote machten dann und wann für ein oder zwei Meilen längsseits an uns fest. Männer, Boote und Gerätschaften so grob wie Rothäute und ihre Kanus, aber weniger effektiv; auch sitzen die Männer hinten und paddeln nach indianischer Weise, nach vorn schauend.[7]

Pelgern[8] ist ein hübsches Dorf, hat einen Kirchturm mit Satteldach und noch einen anderen viereckigen roten Ziegelturm auf hohem Ufer. Nicht weit von hier zeigte der Müller Strauch früh an einem nebligen Morgen Karl V., dessen Bruder Ferdinand, dem König der Römer, und Moritz, dem Herzog von Sachsen, eine begehbare Furt über die Elbe; worauf die Armee unter Alba (dessen Kavallerie zuerst hinübergelangt war und eine Brücke für die

---

[7] Wir dachten nicht daran, sie über den Wels, alias schlauer Silurus, alias Glanis, alias Plattfisch zu befragen, ein Monster, das in der Elbe heimisch sein soll. Noch darüber, ob große Fluten von Bibern angekündigt werden, die dann ungewöhnlich hohe Dämme bauen, wie Hood in einer Torgauer Zeitung las *(siehe Fischerei in Deutschland – Hood).*

[8] *Belgern – Red.*

Infanterie ausgebessert hatte) in der Schlacht bei Mühlberg kämpfte und gewann. In der Tat ist der Strom in manchen Zeiten fast von der Quelle bis zur Mündung rot von Blut gewesen. In jahrhundertelangem fruchtlosen Zwist kämpften Deutsche gegen Deutsche, bis zu einem großen grenzübergreifenden Krieg, in dem die Deutschen ihr Leben nicht vergeblich einsetzten. Von ihrem heroischen Widerstand gegen Napoleon, besonders hier an der Elbe, sprang der patriotische Funke über, der nach einem anderen großen Krieg in unserer Zeit aufflammte und die getrennten deutschen Stämme zu einem Vaterland zusammenschloss.

Auf den Wiesen wurde noch Heu gemacht; wie, dafür mag ein Feld als Beispiel dienen: Zwei Männer in Reitstiefeln sahen zu. Die Arbeiter waren zu acht – vier arme barfüßige Frauen, die Heu zusammenrechten und aufluden, zwei Ochsen, die den Wagen zogen, und zwei weitere arme Frauen oben auf dem Fuder.

Die Wellenbrecher, die Sand- oder Kiesbuchten und das dichte Weidengestrüpp begleiteten uns weiter. Aber der Strom wurde schnell enger und der Wasserstand war sogar für September niedrig. Wir überholten niemanden und wurden auch nicht überholt. Aber flussabwärts glitten an uns vorbei: „eine Menge Holzflöße, darauf die Flößer mit ihren langen ausladenden Rudern und die kleinen Hütten mit der Rauchfahne, wo sie ihr Abendessen kochen", und Massen von einheimischen Kähnen. Einige davon waren neu, nicht mal gestrichen, ein paar hatten Kränze an der Pinne, was Jungfernfahrt bedeutete, und alle waren mit Früchten beladen.[9] Viele hatten die seltsamsten Namen, lauter Konsonanten, im slawischen „Czech", der Sprache Böhmens.

In Riesa, offensichtlich eine Handelsstadt, wurde unser Raddampfer durch ein Kettenschiff abgelöst. Einmal brach die Kette, und während der Schlepper das Ende heraufholte, vertrieb sich der Kahn vor uns damit die Zeit, hilflos herumzutreiben und uns auf Grund zu setzen.[10]

---

[9] Sachsen und Böhmen sind sehr fruchtbare Länder. Nicht einmal in Kalifornien habe ich reicher tragende Äpfel- und Pflaumenbäume gesehen.

[10] Es gibt nur einen Kettenstrang. Wenn sich zwei Dampfer begegnen, wird die Kette unterbrochen und mit einem Kettenschloss wieder zusammengefügt – eine zeitraubende Sache.

K<small>APITEL</small> **XXIII**

Durch Meißen und Dresden

„Ein rebenbegrenzter Fluss."
Whittier

„There is a pretty castell of lyme and stane,
O! git it standes not pleasantlie."[1]
Old Ballad

Schloss – Hirschstein we guessed it was – perched on a mighty rock above the Elbe, stood guard at the entrance to quite new scenery. Having brought us through leages of dismal swamp, the Elbe now ushered us into highlands – picturesque hills and crags.

Ein Schloss – Hirschstein, wie wir annahmen – thronte auf einem mächtigen Felsen über der Elbe und bewachte den Eingang zu einer ganz neuen Landschaft. Die Elbe brachte uns jetzt nach Meilen von trostlosem Sumpfland in eine bergige Gegend mit malerischen Hügeln und Felsen.

Wir fuhren unter großen roten Sandsteinklippen entlang. Jeder geschützte Winkel zwischen den Felsen und auf Vorsprüngen nach Süden gelegene Terrassen zeigten grüne Gärten und – seltsamer Anblick für uns Reisende aus dem Norden – Weinberge. Der Wechsel war erfreulich. Der Schlepper, über dessen Langsamkeit wir zunächst genörgelt hatten, schien uns jetzt fast zu schnell voranzukommen.

Meißen erschien am Flussufer; Zu unserer Linken lagen Häuser und niedriges Land, vor uns überspannte eine Steinbrücke den schnellen Strom.

---

[1] „Da ist ein schönes Schloss aus Stein und Mörtel. O, steht es nicht wundervoll da."
- Red.

Zu unserer Rechten stieg eine felsige Anhöhe aus dem Wasser auf, deren Fuß von kleinen Häusern umringt war. Einer Krone gleich saß auf ihrem Gipfel das perfekte Schloss aus dem Märchenland – eine romantische Ansammlung von grauen Mauern und hohen roten Dächern. Eine vielfältige Skyline von Türmen, hohen Spitzen und Zinnen. Auf guten Rat hin warfen wir unmittelbar nach der zweiten Brücke los und fanden am Westufer einen bequemen Liegeplatz. Die Familie war begierig sich zu bewegen, nachdem sie so lange an Bord festgehalten war. Gruppenweise wanderten wir über kurvige Wege, auf und ab durch die winkligen steilen Gassen mit überkragenden malerischen mittelalterlichen Behausungen und sogar hinauf auf die Albrechtsburg. Einige gingen zum Abendgottesdienst in die lutherische Kirche. Den ganzen nächsten Tag widmeten wir dem Besichtigen und Zeichnen.

Die alte Hauptstadt Misnia[2] ist ein bezaubernder Ort. Den gotischen Dom mit seinen Gräbern und Kapellen und dem daran anschließenden Kloster mussten wir in Begleitung eines Küsters durchstreifen, der dauernd über die Schulter blickte und Ausschau hielt nach einer zahlungskräftigen Reisegruppe am Eingang. Sachen, die wir kannten, pickte er unweigerlich heraus, aber zum Bewundern dessen, was uns neu war, wie die bemalten Statuen im Chor und den ersten Sakramentschrein, den wir sahen – einen hohen gotischen Aufbau auf der Evangelienseite des Hochaltars –, ließ er uns keine Zeit.

Im Schloss, in der Albrechtsburg, hatten wir mehr Glück. Ein hübsches Mädchen, das gut Englisch sprach, war uns eine geduldige Führerin. Wir stiegen mit ihr die schöne Wendeltreppe hinauf und gingen durch all die großen gewölbten Gemächer, für deren Restaurierung erst kürzlich fünfundzwanzigtausend Pfund aufgewendet worden waren. Sie zeigte uns Fresken und Gemälde und die Ausblicke aus den großen Fenstern. In einem Raum hatte sie uns gerade ein Fresko erklärt, das zwei Männer zeigt, die eine große Traube tragen und mit einer Inschrift versehen ist, die so beginnt: „Caleb und Josua, Hand in Hand, die zogen in's gelobte Land", als sie aus dem Fenster blickte und in fröhliches Lachen ausbrach: „Sehen Sie nur, da sind sie, Caleb und Josua Hand in Hand. Sehen Sie bloß, diese spaßigen Männer." Ohne Zweifel kamen sie ihr seltsam vor, unsere Getreuen, Ifould und Pieter, mit ihren Marktkörben. Die beiden würden selber gelacht haben, wenn sie sie gehört hätten.

Mit Dick ging ich durch die Königliche Manufaktur, in der das Dresdner Porzellan hergestellt wird. Hundertfünfzig Jahre lang, nachdem Böttcher diese Kunst entdeckt hatte, wurde das alte Schloss für diesen Zweck benutzt.

---

[2] Eine wichtige Markgrafschaft, auch unter dem Namen Osterland bekannt. Wahrscheinlich gab es bei Meißen sehr viele Slawen. Auf der Westseite des Flusses, in einem Halbkreis von sechs Meilen Durchmesser, gibt es fünfunddreißig Orte auf der Karte, die die charakteristische Endung „itz" haben.

Albrechtsburg
Meissen an der Elbe

Wir waren jetzt ganz dicht bei Dresden, nur sechzehn Meilen zu Wasser. Städte sind keine besonders guten Liegeplätze, deshalb schlug ich vor, dort keinen Halt zu machen, sondern weiter zu fahren und zwischen den Bergen der Sächsischen Schweiz – Meißner Hochland sollte es besser heißen – einen Platz zu suchen, von dem aus sowohl Dresden als auch andere interessante Punkte erreichbar wären.

Am Dienstagmorgen vor fünf Uhr hängten wir uns an einen vorbeifahrenden Schleppzug an. Die Landschaft um Meißen ist hübsch, aber die Mädchen zogen weise den Schlaf vor und warfen nicht einmal durch die Kabinenfenster einen Blick nach draußen. Unterhalb und in Sichtweite von Dresden wartete der Schlepper zwei Stunden und in der Stadt selbst noch einmal zwei Stunden, ehe eine Reihe von Kähnen und Flößen, die unter der Augustusbrücke durch wollten, auch für uns genug Platz zur Durchfahrt ließen. G. hatte Zeit, von einem einmaligen Standpunkt aus eine schnelle Skizze von Dresden zu machen – vom Deck einer Norfolk-Wherry auf der Elbe. Seltsamerweise kam es uns allen ein bisschen vor wie London von der Themse aus, sogar der Dunst wies eine entfernte Ähnlichkeit mit dem Londoner Nebel auf. Der Strom hatte starke Wirbel unter der Brücke und klatschte seinen schlammigen Bart gegen die Piers. Ich dachte an die Brückendurchfahrt in Magdeburg, aber da die *Gipsy* die letzte am Schleppzug war, hatte ich sie genügend unter Kontrolle.

Auch oberhalb von Dresden ist das Land ziemlich hübsch, zu unserer Linken sahen wir bewaldete Hügel gesprenkelt mit Villen. In Pillnitz ist eine königliche Residenz mit chinesischen Pagodendächern. Wir mussten dort eine Weile stoppen, da ein Kahn nach dem anderen zwischen dem Ufer und einer Insel durch wollte. Ein Fasan krähte zur Bettzeit, der erste, den wir in

Deutschland gehört oder gesehen haben. An der Pirnaer Brücke war es ganz dunkel, und Reihen von erleuchteten Fenstern blinkten aus dem Schloss über uns. Im Weiterfahren konnten wir nur die sehr hohe Skyline auf beiden Seiten des Flusses ausmachen.

Wir überredeten den Schiffer vom Kahn vor uns, an Bord zu kommen. Ich hatte einen Ort namens Rathen als guten Liegeplatz ins Auge gefasst. Könnten wir dort stoppen?

„Nein, nein, Schandau, Schandau."

Dick schenkte Scotch Whiskey in großen unverdünnten Mengen ein. Er ging runter wie Öl und dann: „Naja! Der Dampfer wird Rathen langsam passieren, ich kann mit meinem Boot eine Leine ans Ufer bringen, womit Sie ausscheren können. Aber denken Sie dran, die Elbe ist voller Felsen."

Es war so dunkel, dass selbst Katzen sich angerempelt hätten. Ich konnte nicht von der Plicht bis zum Bug sehen und ließ die *Gipsy* ohne zu steuern ihrem Vordermann folgen. Wilson postierte sich auf dem Vordeck mit dem Befehl, den Anker fallen zu lassen, wenn der Kahn uns treiben ließ und die *Gipsy*, schon ausgeschert, ihre Richtung verlor.

„Backbord, Sir! Langsam! Steuerbord!", rief er plötzlich.

Es war wie im Inneren eines Wolfsrachens, ich konnte keinen Zoll weit sehen, aber ein Licht in der Nähe zeigte uns, dass wir einen ankernden Kahn ganz knapp verfehlt hatten. Dann lautes Gerufe vorwärts und rückwärts am Schlepp entlang. Dick kam zu mir, um mir zu sagen, dass der Schlepper jetzt wieder schneller würde und dass dies hier Rathen wäre.

„Dann ruf dem Kahn zu: Los!"

„Alles geschehen, Sir.", kam es von Wilson.

Ich legte Steuerbordruder. Bald fiel der Anker. Alles in Ordnung, dachte ich und ließ die *Gipsy* in die Strömung schwojen. Plötzlich gab es einen gewaltigen Rumms! Sie war mit dem Steven hart auf einen Felsen gekracht und wieder zurückgeprallt. Ich steuerte direkt backbord, die Leine bekam Zug und die *Gipsy* schor vom Land weg. Dick und Wilson nahmen eine Laterne und gingen mit der *Snail* auskundschaften. Sie fanden eine Reihe von Felsen in einiger Entfernung vom Ufer, unsere ganze Backbordseite entlang. Mit einer Leine sicherten sie die *Gipsy* an einem Felsen am Ufer, wir lichteten den Anker, scherten noch weiter aus und ließen sie wieder lose. Als die Leine sich lockerte, wurde die *Gipsy* vom Tau in die Mitte des Stromes gezogen. Das einzige, was ich sehen konnte, war ein weißer Fleck vor uns auf einer anscheinend steilen Felswand. Der bezeichnete unsere Position. Wenn kein Gegenwind dem starken Strom zu Hilfe käme, würde sie wohl nicht abtreiben. Aber ich fürchtete die großen Holzflöße, die ständig flussabwärts gingen. Aber hier waren wir nun einmal. Unser Ankerlicht wurde erneuert und alle gingen nach unten außer dem Skipper, der eine bange Nacht hatte.

Doch was der Morgen enthüllte, belohnte mich reichlich. Unsere kleine Norfolk-Wherry lag, wie ich vermutet hatte, mitten im Strom, der mit gut vier Knoten an ihr vorbei rauschte. Der weiße Fleck, an dem ich mich orientiert hatte, entpuppte sich als ein weißes Haus auf einer Terrasse. Und hinter ihm kamen große, hier und da bewaldete Felsen zum Vorschein. Vor uns zog sich meilenweit eine zyklopische Masse von schroffen Wänden hin, deren flacher, aber tief zerklüfteter Grat sich tausend Fuß über die Bäume erhob. Ein ebenso einzigartiger wie seltsam anmutender Anblick! Nördlich des weißen Hauses öffnete sich ein Seitental, das das Auge auf eine dunstige Wand von weiter entfernten Felsen mit gezackter Silhouette lenkte. Auf der gegenüberliegenden Seite dehnten sich saftig grüne Wiesen bis zu bewaldeten Höhen mit gewaltigen einzelnen Felskronen. Und hinter uns schien die Sonne auf einen Felsenwall, der sich sechshundert Fuß hoch über unsere Köpfe erhob und dessen sämtliche Spitzen und Zinnen sich im Fluss spiegelten, der sich um seinen Fuß wand.

Meine Wache war gerade vorbei, ich hatte kaum ein Bad genommen und mich angezogen, als ein Boot bei uns anlegte.

„Polizei, Wasserpolizei!", stellte sich der Steuermann vor. Zuerst verlangte er unsere Papiere und betrachtete ehrfurchtsvoll unseren Registerbrief. Dann sagte er, wir müssten uns verholen. Es gab nur eine Durchfahrt zwischen den Felsen. Aber wenn wir erst da hindurch wären, könnten wir innerhalb des Riffs nahe am Ufer liegen, wo kein Floß uns Unannehmlichkeiten bereiten könnte. Er wollte sehr zuvorkommend sein und schickte einen Nachbarn, der uns den Weg zeigen sollte. Dieser Nachbar, der Besitzer des weißen Hauses, kam mit fünf Männern. Zwei brachten eine Leine ans Ufer und drei stakten. Ich übergab unserem Lotsen die Pinne, aber der, an seine langen, schwer zu steuernden Kähne gewöhnt, verkantete sie kräftig übersteuernd und brummte auf einen Felsbrocken. Das hätten wir auch selbst gekonnt. Aber die netten

Leute meinten es gut. Als wir es schließlich geschafft hatten, bewiesen sie uns ihren guten Willen, indem sie uns alles liehen, was wir brauchten: Stangen, um uns vom Ufer abzuhalten, eine längere Gangway und zusätzliche Leinen und Anker. Sie mähten sogar das Gras an der Wherry entlang, damit die Damen keine nassen Füße bekämen, wenn sie an Land gingen.

Wir hätten in dieser ganzen schönen Umgebung keinen besseren Platz auftun können. Bezauberndes Land ringsum, das Dorf Rathen bequem zum Einkaufen sowie Fähre und Bahnstation in der Nähe. Die *Gipsy* war jetzt von Nord nach Süd durch die ganze Länge des Deutschen Reiches gereist. Die Elbe floss nahezu fünfhundert Meilen nördlich von uns in die Nordsee und südlich lagen nur zehn Meilen ihres Laufs zwischen uns und der Grenze zu Österreich. Wir hätten uns ein bisschen weiter aufwärts schleppen lassen können – bis zum Zufluss der Moldau – und, hätte die mehr Wasser gehabt, an Prag vorbei zur Stadt Budweis, fast ganz durch Böhmen. Aber gerade jetzt hatte die Moldau nur einen Wasserstand von zwanzig Zoll. Wir beschlossen, zu bleiben, wo wir waren und die Personendampfer zu benutzen, die von Dresden nach Aussig gehen, um so den Rest des Stromes zu sehen.

Die *Gipsy* bewegte sich sechzehn Tage lang nicht von der Stelle – der längste Halt, den sie je irgendwo gemacht hatte.

Kapitel XXIV

Die Sächsische Schweiz

„The Mountains that enfold
In their wide sweep the coloured landscape round,
Seem groups of giant kings in purple and gold,
That guard the enchanted ground."[1]
Bryant

hose sixteen days, from September 29th, were perfect enjoyment. Pliny tells us that Germans of his day knew only three seasons – winter, spring and summer – and not the name nor the fruits of autumn. Could he had been shipmate with us, he would not have so libelled Germany.

Diese sechzehn Tage nach dem 29. September waren pures Vergnügen. Plinius berichtet, dass die Germanen seiner Zeit nur drei Jahreszeiten kannten – Winter, Frühling und Sommer – weder den Namen noch die Früchte des Herbstes. Wenn er unser Bordgefährte hätte sein können, hätte er anders über Deutschland gesprochen.

Was das Klima angeht, so gab es nicht nur keinen Regen, während wir in Rathen waren, sondern wir hatten im Gegenteil ständig herrlichsten Sonnenschein. Und was Früchte betrifft, so ist dieses Tal der Oberelbe wahrlich ein Garten Eden. Die Obstbäume bogen sich unter ihrer Last. In den Weinbergen war die Lese noch nicht beendet, und auch das Weinfest von Meißen noch nicht gefeiert, als wir das Land am 16. Oktober verließen.

Wir sahen ohne Zweifel diese schöne Gegend in ihrer besten Zeit, ihrem zweiten Sommer – Altweibersommer, wie er in Deutschland genannt wird. Die lieblichsten Winkel muss man zu Fuß aufsuchen. Auf trockenem Moos konnte man jetzt in den Wäldern umherlaufen; die Tage waren heiß, aber nicht zu heiß für Unternehmungen; der immerwährende Sonnenschein

---

[1] *etwa:* „Die Berge, die sich in weiten Schwüngen um diese farbige Landschaft entfalten, gleichen Gruppen von Riesenkönigen in Purpur und Gold, die dies verzauberte Gebiet bewachen." - *Red.*

beleuchtete die Landschaft und zeigte das Relief der Gipfel und Felsgesichter in gleißendem Licht oder in Schatten kontrastreich verschleiert, das üppige, von keinerlei Regen besudelte Laub glühte in den reichsten, köstlichsten Farben des Herbstes.[2]

Der Anblick der Bastei von unserem Liegeplatz aus brachte mir die Befestigungen des Hudson in Erinnerung. Aber dies hier ist das Beeindruckendere von beiden, wenn mich mein Gedächtnis nicht täuscht. Am ersten Morgen gingen wir dort hinauf, blickten hinunter über den Fluss, über felsige Gipfel und Nadelwälder, oder spähten von einer überhängenden Klippe hinunter in einen tiefen dunklen Abgrund. Wir durchwanderten auch den Uttewalder Grund, eine tief eingeschnittene Schlucht, wo ständiger Schatten herrscht und ungeheure, waagerecht zerspaltene Sandsteinbrocken wie von Titanenhänden übereinandergeschichtet sind.

Der merkwürdige Tafelberg südlich von uns war der Lilienstein. Die Aussicht beim Aufstieg ist von Tannen versperrt – das gleiche Übel wie im Harz –, aber wir stiegen bis zum Gipfel und fanden alle Ansichten der gewundenen Elbe auf- und abwärts großartig. Wir konnten unsere Wherry gerade noch als kleines Pünktchen ausmachen. Drüben über dem Fluss erhob sich der Königstein, eine Festung, die auf einem anderen Tafelberg gebaut ist, achthundert Fuß steil aus der Elbe hoch, wie ein vergrößertes indianisches Bergfort oder wie das Schloss und Schatzhaus, das Dädalos für König Cocalos errichtete, das selbst die Riesen nicht einnehmen konnten. Immer, wenn ihre Hauptstadt bedroht ist, senden die sächsischen Könige ihre Kroninsignien und die unschätzbaren Kostbarkeiten des Grünen Gewölbes dorthin, damit sie auf dem Königstein in Sicherheit sind.[3]

Wir fanden keine andere intakte Festung an der Elbe, nur zerfallene Verschanzungen von Raubrittern, die, wie Goethes Götz von Berlichingen, von

---

[2] Sächsische Schweiz ist ein höchst ungeeigneter Name für dieses Meißner Hochland, das eher gebirgsähnlich als gebirgig ist; unübertroffen in seiner einzigartigen Schönheit, aber völlig verschieden von der Schweiz. Der Deutsche nennt im Gefühlsüberschwang jede Gegend mit ein paar Hügeln eine Schweiz – Mecklenburgische Schweiz, Halberstädter Schweiz. Und das Schlimmste hat er sich geleistet, als er dieser märchenhaften Region einen so falschen Namen anhängte. *Der richtige Name ist „Elbsandsteingebirge", was sicher den Kern der Landschaft trifft. – Red.*

[3] Vom Lilien- und vom Königstein schreibt Alison: „Diese beiden riesigen Felsstöcke kann man als die vorgeschobenen Schildwachen von Dresden bezeichnen. Der Reisende in den hier beschriebenen Gegenden wird die wohlbekannten Grundzüge magischer Szenen wiedererkennen, wo er inmitten schreckensvoller Schluchten, düsterer Wälder, rauschender Wasserfälle und breiter Ströme im Herzen Deutschlands das Inbild und den Zauber der alpinen Einsamkeit findet." *History of Europe.*

The Pabstein   The Lilienstein   The Königstein
from the Hill behind Rathen

Plünderungen lebten. Nur drei Meilen stromabwärts, bei Wehlen, gibt es die Reste eines solchen Räubernestes und bei Rathen verwittern die Überbleibsel eines anderen.

Der Rathener Räuber war mit einem anderen Freibeuter verbündet, dem Ritter von Hohnstein, der seinen Horst auf einem Felsen drei Meilen landeinwärts hatte, so dass niemand zu Wasser oder zu Lande durchkommen konnte, ohne einem von ihnen Zoll zu bezahlen. Das Hohnsteiner Schloss ist modernisiert worden, doch nichts kann seine romantische Lage verderben, wahrlich ein Schauplatz von Begebnissen alter Zeiten. Wenn man auf dem Hockstein steht, einer großen Felsbastion, sieht man, getrennt durch eine fürchterliche Schlucht, auf einer gegenüberliegenden Zinne das Schloss Hohnstein liegen wie festgekrallt. Blauer Nebel stieg aus dem Abgrund auf, das Auge konnte nicht bis zur tiefen Talsohle durchdringen.

Wir kletterten hinunter und wanderten einige Meilen die Schlucht entlang. Graue verwitterte Felswände ragen an jeder Seite hunderte von Fuß hoch auf. Tannen klammern ihre Wurzeln in unsichtbare Ritzen und recken sich eng an den Fels gedrückt dem Licht entgegen. Farn wächst in jeder Höhlung des Sandsteins. Die Seiten der Schlucht sind durchfurcht von winterlichen Wasserfällen. In der Mitte eilt zwischen moosigen Steinen ein klarer Bach dahin, der Strudel bildet für kleine Forellen, die davonschießen, wenn der Schatten eines Menschen auf sie fällt. Dann weitet sich der Cañon zu einem Amphitheater. Strenge Felsentürme stehen wie eine Festungsmauer auf jeder Seite. Aber anmutiges Grün besänftigt ihre Schroffheit, und der Bergbach tanzt zwischen den hellen Wiesenteppichen.

Es war ziemlich merkwürdig, aus diesem abgeschiedenen Nymphengarten emporzusteigen und aus der Waldlandschaft heraus ausgerechnet an einem Kohlfeld herauszukommen. Es war ein hoher langer Gebirgskamm von bestelltem Land, von dem man ein weites Gebiet überblickt. Hügel auf Hügel, Gipfel auf Gipfel in fernem geheimnisvollem Nebel verschwimmend, während in unserer Nähe aus dem fetten Ackerboden graue Felsen herausrag-

ten wie die bloßliegenden Gebeine einer untergegangenen Welt. Von dort stiegen wir auf einem steilen Bergpfad ins tiefe Elbtal hinab, unmittelbar hinter „unserem" Dorf Rathen. Rathen betrachteten wir bald wie unser eigenes Dorf – ich wollte, Miss Mitfords Feder könnte es beschreiben! Fast alle Einwohner kannten uns, und wir begannen, viele von ihnen kennenzulernen. Wir kannten unseren freundlichen Nachbarn, Herrn Böhme; wir kannten seine großen und seine kleinen Hunde, die unsere ständigen Begleiter waren; die kleinen fraßen auf Grund unserer Bekanntschaft eines Tages unser Essen auf. Wir kannten die Ziegen, die auf dem Gras am Ufer weideten, und die netten bloßbeinigen Frauen, die das Gras mähten und Heu machten. Wir kannten die Gänse und ihre Hirtin, das arme kleine Mädchen, das weinte, wenn es am Sonntag Schuhe tragen sollte. Wir kannten den Briefträger, der einmal einen Brief brachte für „Herrn Donkey, Yacht Tessig", und den sauertöpfischen Kerl, der die Pendelfähre bediente.

Herr Böhme aus dem weißen Haus vermietet Zimmer. Unser Vertrauensmann in Dresden bestellte sie einmal für den ganzen Sommer. Das Haus ist auf einer Terrasse gebaut, weit genug über dem üblichen Hochwasser, aber in jenem Sommer gab es tatsächlich eine ungewöhnliche Flut. Innerhalb von drei Tagen bedeckte sie das Ufer, stieg über die steinerne Terrasse und zum ersten Stock des Hauses, gute zwanzig Fuß hoch. Frau S. erzählte den Mädchen, dass sie alle möglichen Wrackteile unter ihrem Fenster vorbeitreiben sah – zerbrochene Boote und sogar totes Vieh. Sie wurde damals buchstäblich in die Flucht geschlagen und musste sich in die Berge retten. Sie fuhren mit dem Boot ein Seitental hinauf und ruderten zwischen den Kronen der Obstbäume und den ersten Stockwerken der Häuser, wo die Leute ihnen samt Kühen und Schafen aus den Fenstern nachsahen. Am Ufer auf der Bergseite fanden sie Zuflucht im Gasthof auf der Bastei. Dick sah an der Karlsbrücke in Prag die Bresche, die diese Flut geschlagen hatte.

KAPITEL XXV

Die Böhmische Schweiz

„Hold your tongues! both Swabian and Saxon,
A bold Bohemian cries;
If there's heaven upon this earth,
In Bohemia it lies."[1]
Longfellow

he capital, Prague, was not attained by us all; but some delightful days we all spent in the country of Bohemia.

Die Hauptstadt Prag besuchten nicht alle von uns. Aber gemeinsam verbrachten wir ein paar schöne Tage in diesem Land Böhmen.

An einem Tag bestiegen wir in Rathen den Zug und fuhren durch grüne fruchtschwere Täler und an rundköpfigen Bergen, die ihre Abhänge der Sonne zuwandten, vorbei bis nach Aussig, wo wir den Fluss überquerten und zur Ruine Schreckenstein herauf stiegen.

Es dürfte kaum eine romantischere Lage für die Burg eines Räubers geben als diesen frei stehenden Granitfelsen, zweihundert Fuß über dem Wasser, der das ganze Tal beherrscht. Man konnte sich diese alten eisengerüsteten

---

[1] „Haltet euren Mund, ihr Schwaben und Sachsen", ruft ein stolzer Böhme. „Wenn es einen Himmel auf Erden gibt, dann liegt er in Böhmen." *–Red.*

Prahlhänse vorstellen, denen – nicht anders als den Arabern auf einem „ghraz-
zu" – im Traum nicht einfiel, dass ehrliche Räuberei ihre Ehre beschmutzen
könnte. Sie waren „täglich auf der Suche nach neuen Beutezügen", denn war
nicht „Plündern und Rauben ein gutes Leben", das in der Tat einzig wahre für
einen Edelmann. „Es gibt kein Vergnügen und keinen Ruhm in dieser Welt für
Kriegsleute", sprach ein Raubritter zu seinen alten Kumpanen, „als ein solches
Leben zu führen, wie wir es in alten Zeiten taten. Was für eine Freude war
es, wenn wir auf Abenteuer ausritten und zuweilen unterwegs einen reichen
Priester oder einen Zug Maultiere fanden. Was uns auch begegnete, alles war
unser oder musste sich nach unserem Belieben freikaufen."

Natürlich hängt ein Sagengewebe um das alte Räubernest:

„Was, zum Teufel, ist das für ein Wein?", schnauzte ein Ritter von
Schreckenstein seinen Kellermeister an, „ist das ein Wein, den man seinem
Herrn vorsetzt, du Hund?"

„Es ist der Wein, der gnädige Herr wird sich erinnern", stammelte
der Diener, „den wir letztes Jahr auf einem Schiff auf der Elbe mitgehen
ließen."

Um die Wahrheit zu sagen: Er war schlecht, dieser Wein, der Ritter wurde
krank und während seiner Krankheit ein Heiliger: „Ach, niemals wieder will
ich Schiffe ausrauben. Ich will eigene Weinberge anlegen und nur Wein von
meinen eigenen Trauben trinken!"

Der Weinberg wurde angepflanzt und jetzt, nachdem der Ritter und alle
seine Missetaten vergangen sind, sein Leib zu Staub wurde und sein Raubnest
zerfiel, hat sein einziges gutes Werk seit Jahrhunderten Bestand. Wir sahen
selbst den Weinberg des Ritters und eine gedruckte Ankündigung, dass der
Schreckensteiner Wein im Restaurant zu kaufen wäre.

Die schönsten Abschnitte des Flusses liegen in Böhmen. Es kann nichts Hübscheres geben als die Strecke von Tetschen nach Herrnskretschen. Das schmale Band der Elbe windet sich zwischen mächtigen Hügeln, fast Bergen, hindurch, die mit dunklen Tannenwäldern bedeckt und von Felsenbollwerken gekrönt sind. Hier zieht sich eine saftig-grüne Wiese unterhalb der Hügel am Flussufer entlang; dort duckt sich ein weißes Haus mit rotem Dach unter die Bäume. Oder ein Dörfchen erscheint am Eingang eines Seitentales, aus dem ein Nebenfluss herausstürzt.

Und Herrnskretschen! Wo inner- oder außerhalb Böhmens könnte man einen bezaubernderen Fleck finden? Glückliche Tage waren das, die wir in dieser wunderschönen Nachbarschaft verlebten. Einmal stiegen wir zum Prebischtor hinauf. Ein reißender Strom fließt durch ein enges Tal, das von überhängenden Felsen eingefasst ist. Im Tal ein weit auseinandergezogenes Dorf. Die Häuser teils Stein, teils Holz, jedes mit seiner eingebauten Veranda, auf der bunte Wäsche zum Trocknen hängt. Wir gingen am Strom entlang durch das Dorf und folgten dann nach links einem Nebenfluss. Mit Holz beladene Ochsengespanne rumpelten schwerfällig auf der Straße daher, angetrieben von gut aussehenden Kerlen mit klaren dunklen Gesichtern, hängenden Schnurrbärten, baumelnden Pfeifen, hohen Stiefeln, blauen Schürzen und rotgeränderten Jacken – herausgeputzt, wie es die Mädchen nannten. Lastentragende Frauen begegneten uns, gebückt unter schweren Ladungen von Feuerholz. Schmutzig waren sie, die armen Dinger, aber malerisch! Mit fröhlichem Kopftuch, kurzen rot- und blaugestreiften Röcken, mit bloßen Beinen, nur mit gestreiften wollenen Knöchelsocken ohne Fußteil und ohne Schuhe. Sie sahen aus, als ob sie nie jung gewesen wären. Aber niemals fehlte das müde Lächeln und das höfliche „Tag",

Schloss Tetschen on the Elbe.

wenn sie beiseite schwankten, um uns Vergnügungssüchtige vorbeizulassen.[2]

Ein steiler Aufstieg bringt einen auf den Gipfel des Berges, auf dem als seltsame Laune der Natur eine wundervolle Felsbrücke steht, fünfzig Fuß hoch, etwa einhundert Fuß überspannend – und das unvermeidliche Gasthaus.

Vom Gasthof aus und von unterhalb sind die Ausblicke grandios. Aber das war noch nicht das Schönste. Ein wenig begangener Weg führt von der Rückseite des Restaurants zum oberen Ende einer Furcht erregenden Schlucht. Eine Felsnase verbreitert sich an ihrem äußersten Punkt und bildet so eine günstige Plattform, von der man hinunter blickt in so etwas wie die „mächtigen Eingeweide der Erde" oder „die Wurzeln der Berge" – in unerreichbare Tiefen. Der Felsgrat, auf dem man steht, bildet eine Schwindel erregende Enge. Nur ein paar Schritte zurück, und man sieht in der anderen Richtung, vom Rand einer anderen Kluft, über ein Meer von bewaldeten Hügeln, über die sich der Basaltkegel des Rosenberges erhebt.

Prebischkegel. Bohemian Switzerland.

---

[2] Auf einer sächsischen Bahnstation übergab eine kleine alte Frau einem Träger den Korb, den ihr armer Rücken meilenweit geschleppt hatte. Der große Kerl hob ihn mit Anstrengung hoch, und die Frau lachte fröhlich über ihn. Zu komisch, sagte sie, einen Mann einen Frauenkorb tragen zu sehen. Man sieht die armen Frauen als passendes Gespann mit Hunden zusammen die kleinen landesüblichen Karren ziehen.

Einige von uns erforschten auch die Edmundsklamm, einen Yellowstone Cañon in verkleinertem Maßtab, mit Wasser am Grund und abschüssigen Felsen an beiden Seiten. Man kann nur mit Booten hinein.

Die Zeit in diesem Meißner Bergland verging nur zu schnell. Wir unternahmen Ausflüge mit Bahn und Schiff zu allen entfernteren interessanten Stellen und wanderten auf langen Spaziergängen – den schönsten, die wir je machten – in der Gegend von Rathen und auf beiden Seiten der Elbe. Und natürlich versäumten wir nicht, uns Dresden anzusehen – die Galerien, die Porzellan- und Waffensammlungen, die Kirchen und die Oper.

Am Freitag, dem 16. Oktober, steht „Ach, adieu Rathen!" in meinem Tagebuch. Ich kam mir wie ein Junge vor, der zur Schule zurück muss, denn unsere so schönen Ferientage gingen ihrem Ende zu. Um halb neun Uhr morgens verließen wir unseren kleinen Hafen, diesmal, ohne die Unterwasserfelsen zu berühren, und gingen in der Strommitte vor Anker. Unser Aufbruch hatte sich herumgesprochen. Die Familie des Bauern, der unsere Pantry beliefert hatte, brachte den Mädchen einen prächtigen Blumenstrauß. Herr Böhme schickte ihnen auch einen und wollte überdies nichts hören von einer Bezahlung für die Benutzung seiner Gerätschaften auf dem Liegeplatz. Als der Dampfer in Sicht kam und wir, die Leine achtern ausbringend, mit dem Bug in die Strömung einschwojten, schienen all die netten Leute von Rathen entschlossen, uns bis zuletzt nachzusehen. Vom Ufer und aus den Fenstern wurden den Zigeunern Abschiedsgrüße zugewunken. Und sogar auf der äußersten Spitze der Bastei entdeckten wir winzige Figuren und das Flattern von kleinen Taschentüchern.

Wir hatten keine Zeit mehr, die Elbe hinabzusegeln und hatten deshalb vereinbart, dass ein Schiff der österreichischen Nord-West-Schleppergesellschaft uns nach Hamburg ziehen sollte. Wir hatten uns ausbedungen, längsseits vor seinem Radkasten angelascht zu werden. Sie berechneten einhundertfünfundzwanzig Mark.

Man braucht unsere Reise stromabwärts weiter nicht zu beschreiben. Unser Schlepper war ein kraftvolles Schiff, etwa zweihundert Fuß lang. Wir fuhren bei Tageslicht und ankerten nur in den dunkelsten Stunden. Trotzdem erreichten wir den Hamburger Hafen nicht vor vier Uhr nachmittags am 21. Oktober. Diese Nacht verbrachten wir noch längsseits der *Helene* im Zollhafen.

Am Morgen durchquerten wir hinter einem Hafenschlepper mit großer Geschwindigkeit den belebten Hafen bis zum Eingang eines Fleets. Auf diesem den Grachten in Amsterdam ähnlichen Kanal stakten wir zwischen merkwürdigen hohen Häusern in die Binnenalster und setzten bei der Fahrt über die Außenalster unser Segel zum letzten Mal.

Damit hatten wir mehr als tausendsechshundert Meilen durch Deutschland gesegelt.

Dann, nach ein oder zwei Tagen mit Packerei, und nachdem wir mit Herrn Heidtmann, dem Bootsbauer, alles besprochen hatten, hieß es Adieu.

Old Pieter ruderte uns mit der *Snail* an Land, wo ein Wagen wartete, um uns zu den Docks zu bringen. Ein Druck seiner ehrlichen alten Hand.

„Also goodbye, Sir! Goodbye, die Damen!"

Aller Sehnsucht folgt Abschied.

Nachwort

Reisen in fremde Länder ist schon lange Traum und Ziel von Menschen. Im Zeitalter der Entdeckungen hatten solche Reisen jedoch politische und wirtschaftliche Interessen. Über diese abenteuerlichen Fahrten wurde die Menschheit auch sehr schnell informiert. Die Berichte über die Entdeckungsreisen von Kolumbus, Tasman, Cook, Darwin und anderen geben uns heute noch Auskunft und zeichnen ein anschauliches Bild von Menschen, Kultur und Landschaft ferner Länder, zeigen aber auch das Abenteuerliche dieser Reisen.

Im 18. und 19. Jahrhundert wurden Reisebeschreibungen zu Bestsellern auf dem Buchmarkt, denn wenigen waren Reisemöglichkeiten gegeben. Man befriedigte seine Sehnsucht nach der Ferne mit dem Griff zum Buch.

Nun waren es nicht mehr nur Entdeckungsfahrten, die unternommen wurden. Berichte über Abenteuer in fremden Länder erschienen in vielen Sprachen, und Übersetzungen dieser Reisebeschreibungen konnten für die Einwohner der bereisten Länder auch ein Spiegel sein, den Fremde ihnen vorhielten.

Auch Mecklenburg wurde Ziel solcher Reisen im 18. und 19. Jahrhundert. Vor allem Engländer wollten das Geburtsland ihrer „guten Queen Charlotte", der Mecklenburg-Strelitzer Herzogstochter Sophie Charlotte, kennenlernen.

Thomas Nugent, der sich mit der Geschichte der Slawen befasste, bereiste Mecklenburg 1766, und schon fünfzehn Jahre später konnten deutsche Leser seinen Bericht in Briefen „Reise durch Deutschland, und vorzüglich durch Mecklenburg" in ihrer Muttersprache zur Hand nehmen. Viel erfahren wir über Land und Leute, Hofleben und Mecklenburger Gelehrte, Mode und Kultur. Der Bericht fiel sehr freundlich aus, denn schließlich bewegte er sich im Land des Bruders seiner Königin.

Sechzig Jahre später war es der englische Journalist Charles James Apperley, ein damals bekannter Sportsmann und Pferdeliebhaber, der Mecklenburg bereiste. In seinem Buch „Aus alten Zeiten – Nimrods Tagebuch" berichtet er nicht nur von Mecklenburgs Pferdezucht, wir erfahren einiges über den Zustand der Straßen, von der Beschaffenheit der Gasthäuser, vom Leben der Menschen auf dem Lande und in den Städten sowie von den ersten Pferderennen in hiesigen Landen. Hier dauerte es achtzig Jahre, bis eine Übersetzung ins Deutsche erschien.

Der Reisebericht von Henry Montagu Doughty erschien jedoch bisher nicht in deutscher Sprache, obwohl die Reise vor knapp einhundertzehn Jahren stattfand und schon 1892 in großer Auflage in London erschien.

Die Ursache dafür wissen wir nicht.

Als Doughty 1890 und 1891 Mecklenburg und Preußen bereiste, wurde er jedoch durchaus im Lande öffentlich in der damaligen Tagespresse wahrgenommen, denn seine Reise war ungewöhnlich. Sie war eine sportliche Leistung, denn nicht die nun auch in Mecklenburg fahrenden Eisenbahnen wurden genutzt (nur zeitweise), auch nicht die „Pferdeomnibusse", die jetzt über die neu angelegten „Mecklenburger Kunststraßen" rollten, es war auch keine Fußwanderung, nein, er erkundete Mecklenburg und Brandenburg mit seinem Boot, der Wherry *Gipsy*.

Wer war dieser Mann?

Henry Montagu Doughty wurde 1841 als ältester Sohn von Charles Montagu Doughty, dem Besitzer von Theberton Hall in Suffolk, geboren. Er trat als Seekadett der königlichen Marine bei und diente als junger Mann in der Flotte ihrer britischen Majestät. Sein Vater starb sehr früh und Henry wurde Herr auf Theberton Hall. Das war sicher auch der Grund für sein frühzeitiges Ausscheiden aus der Marine. Nach einem Jurastudium wurde er an das Gericht von Lincolns Inn berufen und war viele Jahre lokaler Friedensrichter. Sein jüngerer Bruder Charles Doughty war ein begeisterter Reisender. Vor allem Arabien und der schwarze Kontinent hatten es ihm angetan. Bekannt wurde er durch seine „Reise durch die arabische Wüste", die er 1888 veröffentlichte und zu der Thomas Edward Lawrence (genannt Lawrence von Arabien) das Vorwort schrieb.

Henry M. Doughty aber bewahrte sich seine Liebe zum Wasser. Nachdem er Edith Cameron, die Tochter des obersten Richters von Vancouver, British Columbia, geheiratet hatte, lebte er mit seiner immer größer werdenden Familie, es wurden zwei Söhne und vier Töchter geboren, auf seinem Landsitz. Die Broads in Suffolk und Norfolk waren Ziele der Familie, die sie mit kleinen Booten erkundeten. Damals segelten hier noch die alten Lastensegler, einmastige Boote mit einem baumlosen Gaffelsegel, einem geklinkerten Rumpf und niedrigem Freibord. Diese Wherrys hatten keinen Kiel, dadurch einen geringen Tiefgang, konnten aber trotzdem am Wind gesegelt werden. Manche hatten sich mit einem abnehmbaren Kielschwert ausgerüstet, was die Segeleigenschaften erheblich verbesserte. Trotzdem waren sie für Törns auf rauem Wasser ungeeignet. Sie transportierten Getreide, Holz, Kohle, Ziegel, Sand, Rohr und andere Fracht zwischen den Seehäfen Great Yarmouth und Lowestoft und den Städten und Dörfern des weiten Hinterlandes von Norfolk und Suffolk im Osten Englands.

1885 erwarb Henry M. Doughty solch ein Frachtschiff und ließ es zu seiner *Gipsy* umbauen. Im ehemaligen Laderaum entstanden Kabinen, es wurde ein mit manchem Komfort ausgestatteter Vergnügungssegler. Nachdem die Broads von Norfolk und Suffolk erkundet waren und das Büchlein „Summer in Broadland" vorlag, suchte Doughty nach neuen Gewässern. 1888 ließ er die *Gipsy* von einem Dampfer nach Holland schleppen, wo sie anschließend auf der Zuider See für die Erkundung der friesischen Gewässer und Kanäle in Holland vorbereitet wurde. 1888/1889 erfolgte dieser Segeltörn, und Doughty veröffentlichte sein zweites Buch. Die Wherry überwinterte in Leeuwarden.

Auf der Suche nach einer neuen Herausforderung hörte er von den Seen in Mecklenburg. Entsprechendes Kartenmaterial überzeugte ihn vom Reiz einer solchen Reise, die noch kein Engländer mit einem Boot, wenn überhaupt ein Mensch, in dieser Form unternommen hatte. So entstand der Plan, über die friesischen Wasserstraßen und die Elbe diese terra inkognita zu erkunden. Zu solch einem Unternehmen gehörte sicher eine gehörige Portion Abenteuerlust. Zwar gab es entsprechendes Kartenmaterial, aber die Wirklichkeit ist doch oft anders, als es Papier ausweist. Im späten Frühjahr des Jahres 1890 wurde die Besatzung zusammengestellt, und das Abenteuer konnte beginnen. Über Emden, Wilhelmshaven, Bremerhaven und Hamburg wurde die Elbe erreicht. Um auch das Land zu erkunden, standen Besuche der Städte Bremen, Hamburg, Stade und Lüneburg auf dem Programm. Dann ging es elbaufwärts bis Dömitz. Hier war das Tor ins „wendische Land", von hieraus konnte die Erkundung Mecklenburgs beginnen.

Henry Montagu Doughty war ein gebildeter Mann. Er hatte die einschlägigen Reiseführer von Baedecker studiert, sich mit der Geschichte Mecklenburgs beschäftigt und kannte Ernst Bolls Landesgeschichte ebenso wie spezielle Literatur zu Burg Stargard, den Wallenstein- und Tilly-Zeiten in Mecklenburg und Brandenburg sowie die in England erschienene Literatur zur Geschichte der „Teutonen", aber auch Sagen und Legenden von allen Gegenden, die er bereiste. Er war ein Kenner der Architektur- und Kunstgeschichte.

Als englischer Landedelmann, Mitglied des Royal Harwich Yacht Clubs, reiste er mit zwei seiner Töchter (im zweiten Jahr mit seinen vier Töchtern und den beiden Söhnen), seinem Butler Ifould, dem Fischer Wilson aus Suffolk und dem friesischen Seemann Pieter.

Gegenüber Menschen reagiert er mit englischer Gelassenheit. Städte, die er besucht, beschreibt er als ein Mann, der aus einem Land kommt, dass industriell hochentwickelt ist und auf eine lange und erfolgreiche Kolonialgeschichte zurückblicken kann. Er honoriert Höflichkeit und steht Grobheiten und Faulheit unverständlich gegenüber. Er will Land, Städte und Landschaft selbst entdecken. So ist verständlich, wenn er schreibt: „Die Erfahrung hatte uns gelehrt, dass man die Schönheiten einer alten Stadt am besten aufstöbert, wenn man zu Fuß geduldig durch Straßen und Gassen wandert." Er will ein Land auch mit den Füßen begreifen. Historische Ereignisse nimmt er zur Kenntnis, wie seine lakonische Bemerkung belegt, die entstand, als er in der Nacht vom 10. zum 11. August 1890 in Wilhelmshaven lag: „In dieser Nacht kam der Kaiser an Bord seiner *Hohenzollern* von der formellen Übernahme Helgolands." In der Neubrandenburger Zeitung liest sich solch ein Ereignis wenige Tage später:

„Am Sonnabend hat sich der feierliche Uebergang der Insel Helgoland aus dem Besitze Englands, welches das wogenumbrauste Felseneiland 82 Jahre hindurch sein eigen nannte, in denjenigen des Deutschen Reiches vollzogen, und als Kaiser Wilhelm II. auf der Rückreise von England am Sonntag an der Küste Helgolands zu kurzem Aufenthalte landete, konnte der erlauchte Monarch (bevor er nach Wilhelmshaven zurückkehrte –P. M.) seinen Fuß hiermit bereits auf deutsche Erde setzen."

Martialisches war ihm fremd. Als er in Rostock den Sedantag erlebte, schwor er sich, nie wieder an einem 2. September eine deutsche Stadt zu betreten.

Eine der ersten Begegnungen Doughtys mit Mecklenburg könnte heute noch ein gängiges Klischee bedienen. Auf die Frage an einen Schleusenmeister, ob er nicht für die entrichtete Gebühr die Schleuse öffnen und schließen müsste, lautete die Antwort: „Nein, Sie müssen es selbst tun – das ist die Regel. Es mag in anderen Ländern nicht so sein, aber hier in Mecklenburg sind wir zweihundert Jahre zurück." Später stellt Doughty jedoch fest, dass es in Mecklenburg viele freundliche und hilfsbereite, aber auch sehr neugierige Menschen gibt.

Für die Mecklenburger selbst scheint es ein erstaunliches Ereignis gewesen zu sein, denn die Presse nahm doch einen, man kann sagen, regen Anteil. So vermeldet sogar die Mecklenburg-Strelitzer Landeszeitung als Korrespondenzübernahme die Ankunft in Schwerin im August 1890:

> —— Ein englischer Vergnügungs-Segler ist gestern Abend auf dem Schweriner See hier angekommen und unweit des Bootshauses vor Anker gegangen. Derselbe ist von England über den Canal nach Hamburg und von da durch die Elbe, Elde, Stör hierher gekommen. Das Schiff ist ein in England zu Lustreisen gebräuchliches sog. Hausboot und heißt „Gipsy". Seine Bemannung besteht aus dem Besitzer, einem Koch und zwei Matrosen; auch befinden sich zwei Damen an Bord. (M. N.)

Sicher war die Gipsy recht komfortabel ausgerüstet, aber ob Doughty und seine Besatzung die Reise immer als „Lustreise" betrachtet haben, ist anzuzweifeln, denn es war oft harte Arbeit und Abenteuer, sicher auch Genuss, wenn wir die Begeisterung spüren, mit der alle die Landschaft, die Ruhe und den Frieden genießen und sich zeitweilig im Paradies wähnen. Doughty stellt selbst erstaunt fest, dass ihre Reise so intensiv in der Presse verfolgt wird.

Sicher kokettiert er dabei etwas, denn er selbst wollte ja als erster Engländer, vielleicht auch als erster überhaupt dieses Revier besegeln.

Die Warener Zeitung vermerkt ebenfalls die Ankunft am 18. September 1890 in Waren:

„Am Dienstag Vormittag landete hier das von Malchow kommende größere englische Vergnügungs-Segelboot, von dem wir s. Z. berichteten, daß es auf einer Reise von England über Hamburg in Schwerin längere Zeit Aufenthalt genommen. Die Reisegesellschaft besteht aus 6 Personen, dem Besitzer des Bootes nebst seinen beiden Töchtern und drei Matrosen. Die eigenartige Construction des Bootes, welches mit vollständigem Verdeck versehen ist, sowie die innere Einrichtung desselben riefen hier das allseitige Interesse des am Strande zahlreich versammelten Publikums hervor. Am folgenden Vormittage setzte die Gesellschaft ihre Vergnügungs-Reise fort."

Nachdem die „Königin der Seen" – die Müritz – erreicht ist, erkundet die Crew nicht nur diese, sondern auch die umliegenden Seen. Die herrliche Landschaft führt zu dem Entschluss, das Boot in Waren aufzudocken und im folgenden Jahr die Reise fortzusetzen. Noch gibt es die Mecklenburg-Strelitzer Seen zu erkunden, über die Havel und ihre weiteren Seen auf die Elbe zurückzukehren und diese bis nach Böhmen zu besegeln.

So finden wir auch 1891 wieder entsprechende Mitteilungen in der Presse. Manche klingt dabei etwas merkwürdig uninformiert:

)(Wesenberg, 19. Aug. Auf den Seen zwischen Rheinsberg, Canow und Mirow fährt ein angeblich englischer Lord mit einem kleinen Dampfer spazieren. Das Schiff selbst ist mit allem möglichen Comfort ausgestattet. Zwei Damen, jedenfalls Töchter des Herrn, begleiten ihn, die Bemannung besteht aus 6 Matrosen in englischer Tracht.

Drei Tage später erfahren die Zeitungsleser:

§ Neustrelitz, 26. Aug. Mittelst seiner Segelyacht langte gestern der bereits mehrfach erwähnte englische Lord in Begleitung von vier Damen und zwei Bootsleuten, von Rheinsberg kommend, hier an; derselbe wird, wie verlautet, einige Tage hier verweilen, um die Umgegend unserer Stadt kennen zu lernen.

Aber nicht nur in der Presse finden wir Spuren des ungewöhnlichen Segeltörns. Bei den Besuchen in den Städten wurden auch die vorhandenen Museen erkundet, Informationen zur Geschichte in Gesprächen eingeholt. Man stellte die Aufgeschlossenheit und den Stolz auf die Vergangenheit fest und trug sich natürlich in die ausgelegten Besucherbücher ein. So belegt in Waren 1890 und in Neubrandenburg 1891.

Anfang September 1891 verließen Doughty und seine Besatzung Mecklenburg: „Adieu, Vandalia oder Wanderland, „Old merry Mecklenburg", wie deine Söhne dich genannt haben! Adieu denn! Jetzt wird es viele hundert Meilen Preußen heißen."

Berlin und Potsdam sind die nächsten Stationen der ungewöhnlichen Reise. Dann folgen die Havelseen der Mark Brandenburg.

Auch hier werden die Engländer von der Öffentlichkeit wahrgenommmem.

Seit 1883 gab es in Berlin die Wochenzeitschrift „Wassersport – Fachzeitschrift für Rudern, Segeln und verwandte Sportzweige". Am 11. September

Eintragung im Besucherbuch des
Museums Neubrandenburg, 26. August 1891

Eintragung im Besucherbuch des Naturhistorischen Landesmuseums in Waren. Die Eintragung erfolgte zwischen dem 7. August und dem 12. Oktober 1890.

1891 saßen drei Mitarbeiter dieser Zeitschrift in der Redaktionsstube etwas untätig, denn die Nr. 37 des 9. Jahrganges war gerade erschienen und man hatte fast eine Woche Zeit für die nächste Ausgabe, ohne dass schon konkrete Vorstellungen dazu vorhanden waren. Da schreckte eine Meldung in der Tagespresse hoch: „Potsdam, den 10. September. Hinter der Heiligengeistkirche liegt das englische Fahrzeug, auf dem eine Familie von Mecklenburg her unterwegs ist." Das könnte ein Beitrag für die Nr. 38 werden! Der Journalist Meyer macht sich auf die Jagd nach dem merkwürdigen Schiff, von dem man schon gehört hatte. Mit dem Zug nach Potsdam zum vermuteten Liegeplatz, dann die Mitteilung, dass die Engländer vor einer halben Stunde Anker auf gegangen waren. Also mit dem Dampfschiff die breite Havel abwärts. Glück gehabt, auf dem Schwielowsee wird das merkwürdige Segelboot entdeckt. Ein Fährmann findet sich, der Herrn Meyer an Bord der *Gipsy* bringt.

„Mit der größten Liebenswürdigkeit heißt mich der Eigner, Herr Henry Montagu Doughty, Seeoffizier a. D. und Großgrundbesitzer in Suffolk, an Bord willkommen, stellt mich seinem Sohne vor, einem Offizier im englischen Landheer, der mit einer Schusswunde im Bein von Indien zurückgekehrt ist und seinen mehrmonatlichen Urlaub zur Vollendung seiner Genesung an Bord des schwimmenden väterlichen Sommersitzes zubringt. Ein älterer Sohn war Tags zuvor wegen Ablaufs seines Urlaubs von Potsdam über Hamburg nach England abgereist, um als Offizier an Bord eines brittischen Kriegsschiffes wieder Dienst zu thun."

Nun erfolgt die Besichtigung des Bootes, das dem Leser der Zeitschrift umfangreich und begeistert vorgestellt wird. Beim Tee lässt sich Herr Meyer vom bisherigen Segeltörn berichten und vernimmt aus berufenem Munde, dass die Havelgewässer Mecklenburgs und Brandenburgs das schönste, malerischste Segelrevier sind, das die Weltenbummler je erlebt haben. Die Mädchen

Eine Familienfahrt durch Deutschlands Binnengewässer.

Es ist 11 Uhr vormittags und Donnerstag. Stille herrscht in den Redaktionsräumen, ist doch eine neue Nummer ihrem Schicksale entgegen geflogen, hinaus vor die kritischen Augen der geschätzten Leser, und eine neue ist erst in acht Tagen fällig. Der eine Redakteur raucht und schreibt nicht, der andere — schreibt auch nicht, sondern lauscht den neuesten Nachrichten, die sein Kollege aus einem Berge von Tagesblättern herausgespürt. — Halt, das ist ja höchst interessant! „Potsdam, den 10. September. Hinter der Heiligengeistkirche liegt das englische Fahrzeug, auf dem eine Familie von Mecklenburg her unterwegs ist." Längst hatten wir die Reisenden erwartet, von deren früheren Fahrten wir schon so viel in den letzten Jahren durch englische Blätter erfahren.

„Da müssen Sie hin", sagt der rauchende und lesende Kollege, erfreut, so unerwartet Stoff für die nächste Nummer entdeckt zu haben, deren „Spiegel"*) noch völlig leer vor ihm liegt.

„M. w." („Machen wir" heißt das, siehe Briefkasten in voriger Nummer). Um 12 Uhr 20 Min. geht der nächste Zug nach Potsdam und um so lieber mache ich mich auf den Weg zum Potsdamer Bahnhof, als ich schon so oft mit höchst

„Wassersport" vom 17. September 1891

247

belegen es ihm mit ihren Aquarellen und Skizzen, die sie während der Reise gemacht haben. Der zweieinhalbseitige Beitrag endet:

„Möge besonders die Jugend unserer Schulen und Universitäten mit ihren alljährlich wiederkehrenden schönen Ferien sich diese Gelegenheit immer mehr zu nutze machen, ihr Vaterland auf staubfreier Fahrstraße kennen zu lernen; es werden sich ihnen Schönheiten erschließen, die ihnen kaum in irgend einer anderen Weise zugänglich sind."

Immer wieder werden Städte besucht. Die Bewunderung der Engländer gehört den mittelalterlichen Kirchen mit ihren Kunstschätzen, wobei Brandenburg und Magdeburg hervorgehoben werden. Favoriten bei den Städten sind Lüneburg und Quedlinburg als Vertreter der Backstein- und Fachwerkarchitektur. Nachdem die Elbe erreicht ist, haben Doughty und seine Crew mehr als achtzig Seen in Deutschland befahren.

Von Magdeburg aus wird der Harz erkundet. Nun erlebt die Besatzung eine weitere grandiose Landschaft, die einst Sagenwelt und Aberglauben anregte, wovon Doughty auch die Leser unterrichtete. Es geht die Elbe aufwärts, geschleppt von einem Kettendampfer. Zeitweise macht man Pause, um das Umland zu erkunden, lernt Zerbst kennen und die Folgen der jahrhundertelangen Kleinstaaterei in Deutschland. Politisch sensibel kommentiert er: „Wie konnten diese armen Länder eine solche Fülle von kleinen Regenten ertragen? Alle paar Quadratkilometer regierte ein anderer Fürst mit seinem Vorzeigepalast und einem pompösen kleinen Hofstaat, der seine Untertanen nach seinem durchlauchtigsten Willen und Vergnügen besteuerte." Wittenberg und Meißen sind weitere Stationen; und schließlich geht es an Dresden vorbei in das Elbsandsteingebirge. Sechzehn Tage liegt die *Gipsy* nun in Rathen. Der dritte Höhepunkt „Landschaft" kann mit Begeisterung erkundet und genossen werden. Natürlich fehlt auch ein Besuch der Dresdner Gemälde-, Porzellan- und Waffensammlung nicht.

Am 16. Oktober 1891 verläßt die *Gipsy* Rathen. Von einem Raddampfer geschleppt erreicht sie nach ihrer Erkundungsfahrt durch friesische, holsteinische, mecklenburgische, preußische, brandenburgische und sächsische Gewässer nach fünf Tagen Hamburg.

Die *Gipsy* bleibt in Hamburg, für neue Abenteuer bereit, Doughty und seine Töchter kehren nach Theberton Hall zurück.

Schon 1892 erscheint der Bericht über diese ungewöhnliche Reise unter dem Titel „Our Wherry in Wendish Lands — From Friesland, through the Mecklenburg Lakes, to Bohemia." Das Buch ist prächtig ausgestattet mit filigranen Federzeichnungen der Töchter – Zeugnisse der Architektur der Städte, Ansichten der Landschaft, der Wälder und Seen. Beigegeben sind vier Landkarten, die zur Orientierung dienen. So wurde der Reisebericht auch gleichzeitig ein Reiseführer für interessierte Wassersportler in England.

Erstaunlich ist, dass das Buch auch relativ früh bei uns wahrgenommen wurde. Schon am 1. Januar 1895 finden wir in der Beilage zur Mecklenburg-Strelitzer Landeszeitung eine umfangreiche Besprechung des Buches. Unter der Überschrift: „In Wendish Lands" schreibt der Rezensent:

„Es sei hiermit auf ein Buch hingewiesen, das soeben in London erschienen und recht wohl geeignet ist, auch mecklenburgische Leser zu interessieren, sofern sie der englischen Sprache mächtig sind."

Dabei beschränkt er sich nicht auf eine Beschreibung des Inhalts:

„Den landschaftlichen Vorzügen und künstlerischen Schätzen von Schwerin wird Lob und Anerkennung gespendet. Aber die neugierige Zudringlichkeit müßiger Leute macht den Aufenthalt in der Stadt schließlich so unleidlich, dass als ruhiger und ungestörter Stationsort Kleinen aufgesucht wird ... Es bietet diese Flucht der Fremden vor der Schweriner Neugier einen immerhin beachtenswerten Wink für alle die Kreise, die Sommer-Fremden-Verkehr nach Schwerin zu ziehen bestrebt sind."

oder

„Außer den eigentlichen Reiseschicksalen sind auch vielfach nicht uninteressant die Urteile, die der Verf. über mecklenburgische und allgemeine deutsche Verhältnisse abgiebt. Manche sind richtig und halten uns einen ganz heilsamen Spiegel vor. Andere sind natürlich auch schief und beruhen darauf, daß aus Einzelfällen unzulässig generalisierende Schlußfolgerungen gezogen werden. Weil Verf. z. B. in der Nähe von Röbel eine größere Anzahl Frauen bei der Feldarbeit verrichten, während er die Männer bei der Armee wähnt; und weil er in jener Gegend primitive Eggen und ‚prähistorische' Pflüge, also vermutlich ‚Haken' gesehen hat, so schließt er, daß der Gebrauch vollkommenerer Instrumente bei uns unbekannt und ungebräuchlich sei. Ja, den Umstand, daß dort wegen des leichten Bodens und der bis vor kurzem schlechten Kommunikation die Landwirtschaft wohl verhältnismäßig nicht allzuhoch entwickelt ist, führt er ebenfalls auf das Heerwesen zurück, um mit der Frage zu schließen, wie lange der deutsche Patriotismus noch im Stande sein werde, die erzwungene industrielle Unthätigkeit seiner besten Männer zu tragen.

Richtiger ist wohl, wenn er die im Vergleich mit England geringere und spätere industrielle Blüte Deutschlands darauf zurückführt, daß die gesamte Jugend der höher gebildeten und besitzenden Klassen in den Offiziers- und Beamtenstand hineindränge, und zum geschäftlichen Leben weniger Neigung spüre."

Erst im März 1932 wendet sich der Neustrelitzer Heimatforscher Walter Karbe wieder dem Bericht Doughtys zu. In den Mecklenburg-Strelitzer Heimatblättern übersetzt er ein Kapitel. In einer Vorbemerkung dazu heißt es: „Über das ganze Unternehmen hat dann Mr. Doughty ein stattliches Buch geschrieben, das von seinen des Zeichnens kundigen Töchtern auch hübsch mit Bildern geschmückt wurde. Aber das Werk ist bei uns kaum bekannt geworden ..."

1938 ist es der Oberstudiendirektor Albert Rohrberg, der in den Mecklenburgischen Monatsheften unter dem Titel „Ein Engländer entdeckt Mecklenburg vor 50 Jahren" eine umfangreiche Besprechung des Buches vornimmt.

Es dauert weitere fünfzig Jahre, bis das Buch wieder einmal in der deutschsprachigen Literatur auftaucht. 1988 erscheint im Hinstorff-Verlag Jürgen Borcherts „Des Zettelkastens anderer Teil": „Übrigens gibt es eine von 1891 stammende, sehr interessante Schilderung dieses Platzes (Mirow –P. M.) durch einen englischen Globetrotter, so eine Art Mr. Nugent zu Wasser, denn Mr. Doughty bereiste mit seinen Töchtern auf der Segelyacht *Gipsy* die mecklenburgischen Binnengewässer und hinterließ der Nachwelt eine sehr farbige Schilderung dieser Reise."

Borchert zitiert dabei im Folgenden Teile der Karbeschen Übersetzung. In den Rundbriefen der Altschülerschaft Neubrandenburg/Friedland hatte Herr Breest 1973 das Neubrandenburg-Kapitel übersetzt.

Das Original des Buches war wahrscheinlich in deutschen Bücherregalen kaum vorhanden. Mir sind nur drei Exemplare der Erstausgabe in Mecklenburg bekannt. Sie befinden sich in der Landesbibliothek in Schwerin, im Karbe-Wagner-Archiv in Neustrelitz und in einer privaten Sammlung in Wesenberg. Dass das Buch in England seinen Reiz nicht verloren hat, belegt die Tatsache, dass 1985 bei Southampton Ashford Press Publishing ein Reprint als zweite Auflage erschien, die sehr schnell vergriffen war und schon heute nur selten antiquarisch zu erhalten ist.

1998, zum 750jährigen Jubiläum der Stadtgründung Neubrandenburgs, übersetzte Frau Christina Bechly aus Hamburg die Mecklenburg-Kapitel für die Schriftenreihe des Regionalmuseums Neubrandenburg. Damit erschien erstmals ein großer Teil dieses noch heute lesenswerten Buches in deutscher Sprache. Im Vorwort wurde hier schon der Wunsch geäußert, dass es das ganze Buch verdient, übersetzt zu werden, denn es ist nicht nur für die Mecklenburger interessant. Die Beschreibungen der besuchten Städte in Norddeutschland, Preußen und Sachsen, die Begeisterung über die Landschaft der Havelseen, des Harzes und des Elbsandsteingebirges machen es auch für Nicht-Mecklenburger zum Leseerlebnis. So wurde die Bitte ausgesprochen, dass sich doch ein Verlag dafür finden sollte.

Nun ist es endlich soweit. Dank Frau Christina Bechly und dem Verlag Quick Maritim Medien liegt das Buch vor und wird sicher viele Freunde finden. Dabei ist es nicht nur ein Buch, das man mit Vergnügen lesen kann, sondern für Wasserwanderfreunde ist es auch heute noch ein Reiseführer. Man kann mit dem Paddel- oder mit dem Motorboot auf den Spuren Doughtys „wandern" und wird überrascht feststellen, dass die Landschaft auch heute noch zum großen Teil unverfälscht vorhanden ist.

Machen Sie es, lieber Leser, wie Doughty: „Von ganzen Herzen genoss ich das sonnenwarme köstliche Leben, die absolute Freiheit, das Vergnügen des Erforschens, die sanften Aufregungen des Segelns und die vollkommene Ruhe."

Peter Maubach
Regionalmuseum Neubrandenburg
Oktober 2001

Nachsatz zum Schicksal der Gipsy:

Nach der abenteuerlichen Erkundungstour blieb das Boot auf dem Kontinent und war noch auf mancher deutschen Wasserstraße zu bewundern, bis nach Österreich und Prag führte sie ihr Weg und wurde von manchem gechartert. 1902 wurde die *Gipsy* wieder nach Norfolk zurückgeschleppt und für weitere Törns auf den englischen Broads ausgerüstet. Zeitweise hieß sie *Cyclop*. Als sie für das Segeln untauglich wurde, setzte man die Wherry in Thorpe St. Andrew in Norfolk an Land und sie diente als Heimstatt für eine arme Familie, die diese Wohnstatt bis 1950 nutzte. Bald danach wurde sie abgebrochen. So endet die 65jährige Geschichte eines ungewöhnlichen Bootes.

‚Wassersport', 9. Jg. No. 45, 5. November 1891

A Bohemian Cañon.

Glossar

Abdrift	von Wind oder Strömung verursachter seitlicher Versatz eines Bootes
achtern	hinten, hinterer Teil eines Bootes
äquinoktialer Sturm	Sturm, der zur herbstlichen Tag- und Nachtgleiche stattfindet
ausrauschen	Herausgleiten einer Leine aus einer Öse, einem Block oder einem Auge
Backbord	in Fahrtrichtung links
Barometer	Luftdruckmesser
Baum	größere Stange aus Holz, die das Segel an dessen unterer Kante hält. Der Baum ist über einen Gelenk-beschlag oder eine Gabelvorrichtung mit dem Mast verbunden.
Block	Umlenkrolle für Leinen
Dalben	dicker, in den Grund gerammter Pfosten (oft Baumstamm)
Deck	begehbares Dach des Schiffskörpers
Draggen	speziell geformter Anker
dwars	seitlich
Faden	englisches Längenmaß, das für Tiefenangaben verwendet wird: 1 Faden = 1,85 m
Fall	Leine, mit der das Segel oder anderes an Bord hochgezogen und dort gehalten wird
Flussabwärts	mit der Fließrichtung/von der Quelle des Flusses (die sich in Höhenlagen befindet) zur Mündung in einen anderen Fluss oder das Meer
Flussaufwärts	entgegen der Fließrichtung/von der Mündung des Flusses zur Quelle
Freibord	Höhe der Bordwand von der Wasserlinie bis zur Deckskante
Fuß	englisches Längenmaß: 1 Fuß = 30,48 cm
Gaffel	größere Stange aus Holz, die das das Segel an dessen oberer Kante hält. Die Gaffel ist mit einer Gabelvor-richtung und einer Leine mit der Mastspitze verbunden.
Gaffelnock	äußerste Spitze der Gaffel

geklinkert	spezielle Form des Holzbootsbaus, bei der die einzelnen Planken einander überlappen
Gezeiten	mondbedingte Wasserstandsveränderungen, Ebbe und Flut
Halse	Drehung des Bootes, bei der der Wind immer von hinten ins Segel steht
in den Wind schießen	Aufstoppen durch Drehung des Bootes bis der Bug genau in Windrichtung zeigt und der Wind an beiden Seiten an den Segeln vorbeiweht
Inch	englisches Längenmaß: 1 Inch = 2,54 cm
kappen	abschneiden oder abhacken
Ketsch	Segelboot mit einem zweiten Mast, der hinter dem Großmast aber vor dem Ruder steht
Kiel	hier: unter dem Rumpf angebrachtes Holzteil, das verhindert, dass das Boot seitwärts über das Wasser getrieben wird, wenn der Wind von schräg vorn oder von der Seite kommt
Kinken	Verdrehung in einer Leine (kein Knoten), die sich nicht von selbst löst und dazu führen kann, dass eine Leine plötzlich stecken bleibt.
klar	problemlos
klarieren	ein Problem beheben
Knoten	hier: Maßeinheit für Geschwindigkeit: 1 Knoten = 1 Seemeile pro Stunde
Koje	Bett
kreuzen	mit einem Segelschiff in Zickzacklinien auf ein Ziel zufahren, dass genau dort liegt, wo der Wind her kommt
Kurs	vorgesehener Weg eines Schiffes
Kurs anliegen	den vorgesehenen Weg des Schiffes einhalten (was bei Segelschiffen aufgrund der Wind- und Strömungsveränderungen nicht immer möglich ist)
Lee	Windschatten, dem Wind abgewandte Seite
loswerfen	eine Leine lösen
Loten	Feststellen der Gewässertiefe mittels einer markierten Leine
Luv	Windseite, dem Wind zugewandte Seite
luvgierig	Neigung eines Bootes, in den Wind (nach Luv) zu drehen
Meile	Längenmaß: 1 englische/amerikanische Meile = 1609,3 m

mittschiffs	in der Mitte des Bootes oder Schiffs
Oberliek	Obere Kante des Segels
Pantry	der Platz an Bord, wo das Essen zubereitet wird
Pinne	Mit dem Ruderblatt verbundene Lenkstange des Bootes
querab	seitlich des Boots, rechtwinklig zum Bug
Rahnock	äußerste Spitze einer quer zum Mast angebrachten Holzstange (Rah)
Rahsegler	Schiff, dessen Segel an Rahen befestigt sind
Reff, reffen	Verkleinerung der Segelfläche durch Zusammenbinden eines Teils des Segels auf dem Baum oder am Mast
Reff ausschütten	Vergrößerung der Segelfläche
Reff einstecken (oder einbinden)	Verkleinerung der Segelfläche
Riemen	aus einem Stück Holz angefertigte Paddel zum Fortbewegen eines Bootes mit Muskelkraft
Ruder	Steuer des Bootes
Salon	Hauptaufenthaltsraum an Bord, „gute Stube"
Schot	Leine, mit der die Stellung des Segels verändert werden kann
Schothorn	untere, hintere Ecke des Segels, an der die Schot angebracht ist
Schute	Frachtkahn, zumeist ohne eigenen Antrieb
Seemeile	nautisches Längenmaß, 1 Seemeile = 1,852 Kilometer
Seitenschwert	großes Brett, das mittschiffs seitlich angebracht ist und unter die Wasserlinie abgesenkt werden kann, um die seitliche Abdrift bei Am-Wind-Kursen zu verringern
Spiere	am Mast angebrachte Stangen (zum Beispiel Baum und Gaffel)
Spill	Winde
Spriet	Stange, die vom Mast zur oberen hinteren Ecke des Segels führt
Sprietsegel	Segel, das ohne Baum aber von einer Spriet gehalten wird
staken	kraftraubendes Verfahren, das Boot mit Stangen, die man in den Grund steckt, fortzubewegen
Steuerbord	in Fahrtrichtung rechts
Takelung	Besegelung, Art und Weise, wie Mast, Spieren und Segel angeordnet sind

Talje	Flaschenzug, Seilsystem, das den Zweck hat, Kraftübertragung leichter zu machen
Tide	Gezeit (Ebbe und Flut)
Tjalk	niederländischer Lastensegler, zumeist mit flachem Boden und Seitenschwertern
Tonne	Schifffahrtszeichen, das die Orientierung auf dem Wasser erleichtert
Treideln, trecken	ein Schiff mit Leinen und Menschen- oder Pferdekraft von Land aus fortbewegen
verschalkt, schalken	Sicheres Verschließen der Niedergänge und Luken (Fenster und Türen)
Vorpiek	Kleiner, spitz zulaufender Lagerraum ganz vorne im Boot
Vorstagsegel	dreieckiges Segel, das an einem Seil zwischen Bugspriet und Mastspitze befestigt ist
Wanten	Leinen, die den Mast seitlich halten
warpen	Fortbewegen eines Schiffes durch Ausfahren eines Ankers: durch Drehen an der Ankerwinde bewegt sich das Boot vorwärts, um Vertreiben zu meiden, muss jeweils ein zweiter Anker ausgebracht sein.
Wherry	Lastensegler englischer Bauart
Winsch	Winde
Yard	englisches Längenmaß, 1 Yard (=3 Fuß) = 91,5 cm
Zoll	englisches Längenmaß, 1 Zoll = 2,54 cm

Achtern

Hatten Sie genauso viel Spaß am Lesen dieses Buches, wie wir beim Übersetzen, Redigieren und machen? Das freut uns! Denn wir von Quick Maritim machen Bücher nur über Dinge, die wir selbst gut finden und mit denen wir uns auskennen; vor allem eben über das Bootfahren. Egal ob nautischer Reiseführer, Einsteigerbuch, Wasserstraßenkarte oder unsere Reihe „Pleiten, Pech und Pannen auf dem Wasser" – alle Bücher von Quick Maritim sind mit Humor, Liebe zum Detail und viel praktischer Vernunft gemacht. Surfen Sie doch mal vorbei: www.quickmaritim.de

Ihr Team von Quick Maritim